AF525654

Ryan Martin

10 METHODEN, MIT DER WUT ANDERER UMZUGEHEN

Aus dem Englischen von
Gerrit J. ten Bloemendal

KNESEBECK

FÜR MEINE GROßARTIGEN KINDER
RHYS UND TOBIN, DIE JEDEN TAG
SCHÖNER MACHEN.

INHALT

SICHERHEIT GEHT VOR

Der Versuch, besser mit wütenden Menschen umzugehen, bedeutet nicht, dass Sie physische und/oder psychische Gewalt tolerieren müssen. Niemand zwingt Sie, an einer Beziehung festzuhalten, die für Sie ungesund ist. Wenn Sie das Gefühl haben, in Gefahr zu sein, sollten Sie sich unbedingt in Sicherheit bringen.

EINLEITUNG

Der Umgang mit wütenden Menschen

Der Moment, in dem mir klar wurde, dass es ein Problem gibt

Ende des Jahres 2021 erhielt ich an einem Nachmittag einen unerwarteten Anruf, der mir zeigte, wie schwierig wütende Menschen im Alltag sein können. Die Anruferin stellte sich als Bibliothekarin vor und meinte, dass eine Freundin ihr von meiner Arbeit berichtet hätte. Und sie fragte mich, ob ich ihre Mitarbeiter im Umgang mit ungehaltenen Besuchern schulen könne.

»Können Sie mir etwas mehr über die Probleme erzählen?«, fragte ich.

»Manche unserer Besucher sind ausgesprochen schwierig«, erwiderte sie. »Unser Personal ist immer wieder mit wütenden, aggressiven Besuchern konfrontiert, und deshalb suchen wir nach Möglichkeiten, besser damit umzugehen.« Sie beschrieb mir einige Fälle, in denen ihr Team der Feindseligkeit der Büchereibesucher ausgesetzt gewesen war. Ihr Bestreben war es nun, Strategien für ihre Mitarbeiter an die Hand zu bekommen, die ihnen helfen könnten, die Anfeindungen nicht persönlich zu nehmen und in solchen Situationen deeskalierend einzuwirken.

In dem Moment wurde mir klar, dass es ein Problem gibt. Ich hatte schon zahlreiche Anfragen für Vorträge zu Themen wie aggressives Verhalten im Straßenverkehr, in Flugzeugen oder Streitereien in der Schule erhalten. Damals steckten wir noch mitten in der Corona-Krise, waren angewiesen, in öffentlichen Räumen Masken zu tragen und Abstand zu halten. All diese Regeln erregten viel Wut bei den Menschen, die gegen Masken waren und die Pandemie als überstanden erachteten. Es gab immer wieder Meldungen über Flugpassagiere, die angeschrien oder gar geschlagen* worden waren. Dies ereignete sich sogar so oft, dass Fluggesellschaften Maßnahmen ergriffen und schärfere Strafen androhten, um Wut- und Aggressionsausbrüche weitgehend zu unterbinden.

Doch irgendwie hatte ich den Eindruck, dass die Situation in der Bibliothek etwas anders gelagert war. Ich selbst habe mich noch nie über eine Bibliothekarin aufgeregt. Im Gegenteil, ich habe eigentlich nur gute Erfahrungen gemacht. An der Uni arbeite ich mit etlichen zusammen und einige gehören zu meinen besten Kollegen. Als meine Kinder noch klein waren, verbrachten wir manchmal ganze Wochenenden in der Bücherei, aber Probleme gab es dort nie. Ehrlich gesagt, sind die Bibliothekare, mit denen ich gearbeitet habe, auffallend nette und hilfsbereite Menschen, auch wenn das nach einer Verallgemeinerung klingen mag.

Als ich also den Anruf bekam, war mein erster Gedanke: Wie kann es sein, dass wir jetzt so weit sind, dass sogar Bibliothekarinnen angeschrien werden?** Da ich mich nie nur auf meine persönlichen Erfahrungen verlasse, beschloss ich nachzuforschen, ob ich mit meiner Meinung über die Mitarbeiter in einer Bibliothek alleine dastand. Schnell zeigte sich, dass das nicht der Fall war. Zumindest im Jahre 2013[1] ging eine überwältigende Mehrheit der US-Amerikaner offenbar gern in Büchereien: In einer Umfrage gaben 94 Prozent an, Büchereien als freundliche und angenehme Orte zu empfinden, während 91 Prozent meinten, »selbst noch nie schlechte Erfahrungen mit einer öffentlichen Bücherei gemacht zu haben«. Offen gesagt ist diese allgemeine Wertschätzung von

* Dies war in den vergangenen zwei Jahren des Öfteren vorgekommen. In einem Fall erlitt eine Passagierin einen Nasenbruch, nachdem ihr ein anderer Passagier zweimal ins Gesicht geschlagen hatte. In einem weiteren Fall wurde ein Flugbegleiter verprügelt und verlor dabei einige Zähne.

** Nach dem Telefonat sprach ich mit einer befreundeten Bibliothekarin über dieses Thema. Auch sie gab an, dass sie wie viele andere Dienstleister gelegentlich mit wütenden Kunden zu tun hatte. Und sie fügte hinzu, dass sie den Eindruck der Kollegin, dass die Anfeindungen insgesamt zugenommen hätten, bestätigen könne.

Büchereien womöglich eines der wenigen Dinge, worüber sich die Amerikaner einig sind.

Aber wie passt das mit dem Anruf zusammen? Es lassen sich drei mögliche Erklärungen dafür finden:

1. Das Blatt hat sich seit 2013 gewendet und Büchereien sind zu einem Ort von Wut und Aggression geworden, weshalb auch Anfeindungen gegenüber Mitarbeitern deutlich zugenommen haben. Ich bezweifle, dass dies der Fall ist.
2. Die sechs Prozent der US-Amerikaner, die Büchereien nicht als freundlich und angenehm betrachten, verhalten sich dort wütend und aggressiv. Auch das stimmt meines Erachtens nicht.
3. Es gibt viele Menschen, die Büchereien zwar als freundliche und angenehme Orte empfinden, jedoch schnell die Fassung verlieren, wenn etwas nicht so läuft, wie sie sich das vorstellen. Ich bin mir ziemlich sicher, dass das zutrifft.

Seit diesem Anruf sind die Anfragen nach Schulungen zum Thema Umgang mit wütenden Menschen häufiger geworden. Nicht nur Dienstleister, sondern auch Menschen aus anderen Berufsgruppen berichten mir, dass sie von der Feindseligkeit ihrer Mitmenschen überfordert sind. Und es scheint tatsächlich so, als befänden wir uns derzeit in einer sehr aggressiven Zeit. Auch wenn es keinen internationalen Gradmesser für Wut gibt, deuten die vorliegenden Daten darauf hin, dass die Menschen zurzeit besonders wütend sind, zumindest in den USA. Die Zahl der Meldungen von Wutausbrüchen im Straßenverkehr, einschließlich Schießereien[2], ist sehr hoch und viele Lehrer klagen über zunehmende Gewalt an Schulen[3]. Auch Dienstleister aus unterschiedlichsten Branchen erzählen von wütenden Kunden und Klientinnen. Alles in allem kochen die Emotionen derzeit ziemlich hoch, und Anzeichen dafür, dass sich die Gemüter bald beruhigen werden, gibt es keine.

Zwei Typen von wütenden Menschen

In unserem Alltag gibt es, pauschal gesagt, zwei unterschiedliche Szenarien, wie und wann wir wütenden Menschen begegnen: Entweder handelt es sich, wie oben beschrieben, um eine einmalige Interaktion mit einem fremden Menschen, der sich wegen unserer Arbeit, unseres Fahrstils oder etwas anderem über uns aufregt, weil wir ihm beim Erreichen seiner Ziele im Weg sind oder er sich ungerecht oder schlecht behandelt fühlt. Dabei kann es sich um einen Kunden, eine Besucherin einer öffentlichen Veranstaltung oder die Person im Fahrzeug hinter uns handeln. Wir wissen nichts über diese Person, auch nicht, was sie an diesem Tag schon erlebt hat. Wir haben keine Ahnung, ob sie ständig wütend und feindselig ist oder heute nur zufällig einen schlechten Tag hat. Das Einzige, was wir wissen, ist, dass wir in diesem Moment ihre Wut abbekommen und sie nach dieser Begegnung vermutlich nie wieder sehen werden.

Der zweite Fall der Interaktion mit einem wütenden Menschen ist in der Regel deutlich komplizierter. Denn hierbei handelt es sich nicht um eine einmalige Begegnung, sondern um eine wütende Persönlichkeit, die wir regelmäßig sehen, vielleicht sogar täglich, wie etwa einen Vorgesetzten, eine Freundin, die Lebenspartnerin, ein Geschwister oder Elternteil oder sogar eines der eigenen Kinder. Das sind keine einmaligen Begegnungen, sondern regelmäßige Auseinandersetzungen. Und die Fähigkeit, mit diesen wütenden Menschen umzugehen, zu arbeiten und zu leben, ist entscheidend für unseren Erfolg und unser Glück.

Dieses Buch soll beim Umgang mit beiden Typen helfen. Diejenigen, die mit vielen wütenden Menschen zu tun haben – sei es aufgrund ihres Jobs (wie etwa Flugbegleiterin, Kellner, Bibliothekarin) oder aus einem anderen Grund –, werden wertvolle Hilfsmittel an die Hand bekommen, um diese einmaligen Interaktionen erfolgreich zu bewältigen. Und diejenigen, in deren Leben eine wütende Person existiert, wird dieses Buch dabei unterstützen, diese besser zu verstehen, mit ihr zu arbeiten und so mit ihr umzugehen, dass sie nicht selbst unter ihrem toxischen Charakter leiden.

Etwa ein Drittel aller Menschen gibt an, gute Freunde oder Familienmitglieder zu kennen, die Probleme mit Wut haben.[4]

Für wen ist dieses Buch?

Dieses Buch ist für alle Menschen, die Hilfe suchen, um die Herausforderungen, die das Leben mit einer wütenden Person oder mehreren wütenden Personen mit sich bringt, zu bewältigen. Hierzu zählt auch das Arbeitsleben, in dem man es regelmäßig mit wütenden Menschen zu tun haben kann. Hilfreich ist dieses Buch ebenso für Menschen, die ständig mit einer bestimmten Person konfrontiert sind, die ein Wutproblem hat, dazu zählen:

- der Liebespartner oder die Liebespartnerin, der oder die oft wütend wird und sich dann so verhält, dass Sie sich unwohl dabei fühlen,
- das eigene Kind, das ständig wütend wird,
- ein Elternteil oder gar beide Eltern, die oft ausrasten, verletzende Dinge sagen oder Sie zwingen, permanent auf der Hut zu sein,
- der Vorgesetzte oder eine Kollegin, die Sie schnell angreifen und bei der Arbeit verunsichern oder ängstigen,
- eine befreundete Person, deren Wut Ihr gutes Verhältnis zueinander erschwert.

Für wen ist dieses Buch nicht?

Dieses Buch ist nicht für Menschen, die in einer toxischen Beziehung leben. Ebenso wenig für Personen, die regelmäßig von einer wütenden Person aus ihrem Umfeld physisch oder psychisch verletzt werden. Wer in einer toxischen Beziehung lebt – damit sind Verhaltensmuster gemeint, die von einem Partner benutzt werden, um Macht und Kontrolle über den jeweiligen Partner zu erhalten[5] –, dem rate ich, dieses Buch wegzulegen und sich Hilfe zu holen, um sich aus dieser Beziehung zu lösen. In Deutschland, der Schweiz und Österreich gibt es spezielle Hotlines und Beratungsstellen, an die man sich wenden kann. Namen und Kontaktdaten finden Sie am Ende dieses Buches.

An dieser Stelle möchte ich auf eine sehr wichtige Unterscheidung hinweisen, die nicht jedem bewusst ist. Es gibt nämlich einen Unterschied zwischen *Wut* und *Aggression*. Wut ist ein Gefühlszustand, eine Emotion, die dadurch ausgelöst wird, dass man sich ungerecht behandelt fühlt oder meint, im Erreichen eigener Ziele behindert zu werden. Diese Emotion tritt häufig auf, die meisten Menschen geben an, mehrmals täglich oder wöchentlich wütend zu sein.[6] Das unterscheidet sich jedoch von den verletzenden Handlungen, die manchmal in Verbindung mit Wut auftreten. Denn dabei handelt es sich um Aggression, also ein Verhalten, bei dem jemand eine andere Person verbal oder physisch verletzt.

Dieser Unterschied ist von großer Bedeutung, vor allem im Kontext dieses Buches. Die Welt ist zwar voller wütender Menschen, doch das bedeutet nicht, dass alle auch aggressiv sind. Wut kann auf nahezu unbegrenzte Weise zum Ausdruck gebracht werden, aber körperliche Gewalt kommt dabei relativ selten vor. Viel häufiger ist, dass Menschen nach einem eigenen Wutausbruch Angst bekommen oder traurig sind. Sie geraten dann leicht in verbale Auseinandersetzungen, beschädigen das Eigentum anderer, verhalten sich im Straßenverkehr gefährlich oder nehmen Alkohol, Drogen oder andere Suchtmittel zu sich. Auch wenn die wütenden Menschen, mit denen Sie es zu tun haben, Ihnen oder anderen gegenüber nicht gewalttätig werden, macht das den Umgang mit ihnen nicht einfacher. Sie können Ihr Leben dennoch so negativ beeinflussen, dass Sie sich erschöpft, überfordert, ängstlich oder sogar selbst wütend fühlen.

Ein Gefühl der Überforderung und Unsicherheit

Als Psychologieprofessor forsche ich bereits seit über 20 Jahren zum Thema Wut und zu anderen Gefühlsregungen. Ich habe gesunde und ungesunde Formen von Wut untersucht, Vorlesungen über Wut und weitere Gefühlszustände gehalten und zu Beginn meiner beruflichen Laufbahn im Rahmen klinischer Studien mit wütenden Menschen gearbeitet. Im Rahmen meiner Forschungsarbeit und mithilfe der sozialen Medien habe ich mich sowohl mit wütenden Menschen als auch mit jenen, die mit ihnen zusammenleben oder -arbeiten, auseinandergesetzt, um ihr Verhalten und ihre Erfahrungen besser verstehen zu können.

Der Auslöser dafür, dieses Buch zu schreiben, war eine Reihe mit dem Titel »How To Deal With Angry People« (Der Umgang mit wütenden Menschen), die ich für TikTok gemacht hatte. Die Resonanz darauf war riesig und ich bekam das Gefühl, dass es einen großen Informationsbedarf zu diesem Thema gibt. Ich erhielt Tausende Reaktionen und Fragen, und sowohl die Medienplattform Buzzfeed[7] als auch die Website Bored Panda[8] berichteten darüber. Aus den Reaktionen und Fragen war deutlich herauszulesen, dass viele Menschen, die mit Wut konfrontiert wurden, sich überfordert und unsicher fühlten. Sie stellten Fragen wie: *Wie kann ich mich zurückziehen, wenn der andere mich nicht in Ruhe lässt? Was soll ich tun, wenn sich eine wütende Person der Kommunikation entzieht? Was ist, wenn die Wut zwar anderen gilt, ich aber damit konfrontiert bin?*

Diese und weitere ähnliche Fragen fand ich so interessant, klug und differenziert, dass sie als Grundlage für dieses Buch dienten. Sie halfen mir, die Situationen, in die Menschen geraten, besser zu verstehen. Außerdem bezwangen sie mich, darüber nachzudenken, wie ich Menschen bei der Bewältigung dieser emotional komplizierten Interaktionen und Beziehungsdynamiken unterstützen kann.

Der Austausch in den sozialen Medien hat auch gezeigt, dass sehr viele Personen mit wütenden Menschen arbeiten, zusammenleben oder anderweitig mit ihnen zu tun haben. Laut der British Association of Anger Management (Britische Organisation für Aggressionsbewältigung) hat etwa ein Drittel aller Menschen eine befreundete Person oder einen Angehörigen mit einem Wutproblem. Da diese Zahl Arbeitskollegen, Kunden und Menschen, denen wir auf der Straße begegnen, nicht miteinschließt, ist sie nur als Spitze des Eisberges anzusehen. Wut scheint sich immer weiter auszubreiten, und daher nimmt, auch wenn man selbst keine wütende Persönlichkeit ist, die Wahrscheinlichkeit stetig zu, mit einer wütenden Person konfrontiert zu werden.

Bevor ich anfing, dieses Buch zu schreiben, habe ich mit zahlreichen Menschen Gespräche geführt, die sich selbst als wütend beschrieben und/ oder mir erzählten, dass es eine solche Person in ihrem Leben gibt. Auffällig war, dass das Leben jener Menschen, die der letzten Gruppe angehörten, so stark mit der wütenden Person verknüpft war, dass sich diese Verbindung nicht leicht oder gar nicht kappen ließ. Entweder war die wütende Person ein Vorgesetzter, ein Elternteil, die Lebenspartnerin, ein ehemaliger Partner und gleichzeitig Elternteil eines gemeinsamen Kindes oder gar ein eigenes Kind. Es ging also um eine Person, die eine gewisse Machtposition innehatte (Vorgesetzter, Elternteil), oder um jemanden, zu dem eine starke Verbindung bestand (Lebenspartner, Geschwister). Und die Menschen, mit denen ich sprach, sahen keinen Weg, die Beziehung zu dieser wütenden Person zu beenden. Sie fühlten sich in der Situation gefangen und wussten nicht, wie sie damit umgehen sollten.

Fünf Leitsätze

Zu Beginn dieses Buches möchte ich Ihnen noch fünf Leitsätze mit auf den Weg geben. Sie sind meines Erachtens wichtig, um wütende Menschen zu verstehen und möglichst viel Nutzen aus diesem Buch zu ziehen.

Manchmal ist Wut gerechtfertigt

Wir hören es nicht gern, aber in manchen Fällen ist die Wut, die einem entgegengebracht wird, durchaus gerechtfertigt. Schließlich sind wir alle nur Menschen und Menschen machen nun mal Fehler. Wir tun – absichtlich oder unabsichtlich – Dinge, die anderen Probleme bereiten. Vielleicht stehen wir ihren Zielen im Weg, sie fühlen sich ungerecht behandelt oder halten unser Verhalten sogar für respektlos. Wut ist nicht von Haus aus schlecht. Im Gegenteil, sie ist sogar gesund und wichtig. Denn sie zeigt uns, dass uns Unrecht angetan wurde, und gibt uns Kraft, mit dieser Ungerechtigkeit umzugehen. Die Wut, die jemand uns gegenüber empfindet, kann also eine nachvollziehbare und gesunde Reaktion auf unser Verhalten sein.

Das bedeutet allerdings nicht, dass diese Wut auf uns grundsätzlich gerechtfertigt ist. Wut kann sehr unterschiedlich zum Ausdruck gebracht werden, und manchmal erfolgt dies auf gemeine und ungerechte Weise. Es kann sein, dass wir uns falsch verhalten haben und jemand deshalb zu Recht wütend auf uns ist, die Art, wie derjenige dann aber reagiert, völlig inakzeptabel ist. Diese Dynamik und diese Unterscheidung müssen wir erkennen, wenn wir gut mit wütenden Menschen umgehen wollen. Wir müssen bereit und in der Lage sein, ehrlich zu sein, die Situation zu durchschauen und Vorwürfe auszuhalten. Zu akzeptieren, dass man einen Fehler gemacht hat und womöglich eine Teilschuld trägt, erfordert emotionale Anstrengung. Erst wenn wir diese Bereitschaft haben, kann sich Erfolg einstellen.

TIPP

Denken Sie daran, dass Sie nicht in einer toxischen Beziehung mit einer wütenden Person bleiben müssen, die ungesund oder gefährlich für Sie ist.

Wut ist ein Gefühl und eine Eigenschaft

Auf diesen Aspekt werde ich im ersten Kapitel dieses Buches noch ausführlich eingehen. An dieser Stelle reicht es zu wissen, dass Wut sowohl ein Gefühl als auch eine Eigenschaft sein kann. Jeder Mensch kann Wut als Gefühl empfinden und in einer bestimmten Situation wütend werden.

Das ist eine völlig normale und gesunde emotionale Reaktion, ähnlich wie Trauer, Angst oder Glück. Allerdings gibt es Menschen, die häufiger wütend werden als andere. Wird jemand aber öfter wütend als normal oder spürt diese Wut intensiver als andere, betrachten wir die Person als eine wütende Persönlichkeit. Dann ist Wut eher eine Eigenschaft als ein Gefühl. Wut ist dann Teil der Persönlichkeit.

Diese Unterscheidung findet sich auch bei anderen Emotionen. Es gibt Menschen, die ziemlich ängstlich sind, die stärker Angst und Besorgnis empfinden als die meisten anderen Menschen. Das heißt aber nicht, dass sie sich ständig fürchten. Genauso wenig bedeutet das, dass eher furchtlose Menschen sich niemals fürchten. Auch sie sind ab und an unruhig, schreckhaft und ängstlich. Trauer, Glück, Stolz, Neugierde sind ebenso sowohl Gefühle als auch Eigenschaften.

Wenn jemand wütend auf Sie ist, reagieren Sie darauf mit Ihrer eigenen komplizierten Gefühlswelt

Die Wut anderer Menschen findet nicht in einem emotionalen Vakuum statt. Ist jemand auf Sie wütend, werden Sie darauf ebenfalls mit Gefühlen reagieren, vielleicht sogar mit Wut *(Wie kommt sie dazu, mich so zu behandeln?)*. Oder Sie bekommen Angst, weil Sie sich in Gedanken mögliche Bedrohungen und Angriffe ausmalen. Vielleicht reagieren Sie aber auch verlegen, beschämt oder defensiv, wenn Sie über Ihren Anteil an der Wut des anderen nachdenken.

Mehr als einige andere Gefühle kann Wut als soziale Emotion angesehen werden. Da sie in der Regel im zwischenmenschlichen Bereich auftritt, treffen in jeder Wut-Situation natürlich immer mehrere Gefühlswelten aufeinander. Eine solche Dynamik ist sehr komplex, und die Bewältigung einer solchen Erfahrung erfordert ein hohes Maß an Einsicht und Verständnis in die emotionalen Zusammenhänge. Wir müssen nicht nur unsere eigenen Gefühle verstehen und steuern, sondern gleichzeitig auch die des anderen.

Wütende Menschen sind keine Monster

Aus verschiedenen Gründen werden wütende Menschen oft als schlechte Menschen angesehen. Anders als Traurigkeit oder Angst wird Wut als kontrollierbare Emotion betrachtet. Daher weisen wir Menschen, die schnell wütend werden, Schuld an ihrem Zustand zu, was wir bei Menschen, die mit Depression oder Angst zu kämpfen haben, nicht tun würden. Hinzu kommt, dass wütende Menschen andere mit physischer oder verbaler Aggression verletzen können. Daher ist das Bild, das wir von ihnen haben, eher negativ. Oft werden sie als rücksichtslos, egoistisch, unsensibel und gemein erachtet.

Ich möchte diese Sichtweise etwas korrigieren. Denn Wut kann unterschiedlichste Ursachen haben und nicht immer sind Gemeinheit oder Respektlosigkeit damit verbunden. Gibt es wütende Menschen, die im Kern ihres Wesens narzisstisch oder asozial sind? Ja. Gibt es wütende Menschen, deren Wut in dem festen Glauben verwurzelt ist, dass sie besser sind als andere, und die keine Reue kennen? Natürlich. Solche Menschen existieren in der Tat und ihre Wut kann außerordentlich toxisch und potenziell gefährlich sein.

Bei anderen rührt die Wut jedoch woanders her. Sie kann mit Schmerz, Angst oder gar den Sorgen um die Welt um sie herum verbunden sein*. Es gibt zum Beispiel Menschen mit einem so stark ausgeprägten Gerechtigkeitssinn, dass jede Form von Ungerechtigkeit sie aufbringt. Sie empfinden die Welt als zutiefst ungerecht und sind deshalb die meiste Zeit ihres Lebens wütend. Schon die kleinste Ungerechtigkeit genügt, um die Wutspirale in Gang zu setzen – und das nicht, weil andere ihnen nichts bedeuten, sondern weil ihnen im Gegenteil viel an Menschen liegt und sie deshalb manches nicht ertragen, was sie sehen.

Da Sie dieses Buch lesen, möchte ich Sie bitten, etwas zu tun, was durchaus herausfordernd sein kann. Versuchen Sie, mit Mitgefühl und

* Manchmal sind Menschen überrascht zu hören, dass ich mich selbst zu dieser Gruppe zähle. Ich bin häufig wegen unterschiedlichster sozialer Themen wütend, äußere dies aber nicht auf feindselige oder aggressive Art.

Verständnis auf jene Menschen in Ihrem Leben zu blicken, die schnell wütend werden. Bemühen Sie sich, die Welt mit deren Augen zu sehen und ihre Lebensgeschichte zu berücksichtigen. Das bedeutet aber nicht, dass Sie ihre Feindseligkeit dulden oder ihren Missbrauch tolerieren sollten. Mitnichten. Niemals würde ich jemandem nahelegen, eine missbräuchliche, feindselige oder gefährliche Situation beizubehalten. Mir geht es nur darum, die Welt aus der Perspektive wütender Menschen zu betrachten und sich Gedanken darüber zu machen, was sie vielleicht durchgemacht haben.

> **TIPP**
>
> Therapeutische Angebote können helfen, wenn es Ihnen nicht gelingt, sich von einer wütenden Person zu lösen.

Manchmal sind wütende Menschen toxisch und gefährlich

Wichtig ist zu erkennen, wenn wütende Menschen einem nicht guttun. Diese Menschen sind nicht notwendigerweise schlecht, aber die Präsenz in Ihrem Leben erweist sich als ungesund für Sie. Aus den Gesprächen mit Betroffenen und den Beiträgen in den sozialen Medien lässt sich ableiten, dass das Leben mit wütenden Menschen, vor allem mit jenen, deren Wut sich in Aggression entlädt, sehr anstrengend sein und die psychische Gesundheit erheblich beeinträchtigen kann. Viele erzählten, dass sie nicht nur jede Menge Zeit damit verbringen, ihre eigenen Gefühle zu kontrollieren, sondern auch jene der wütenden Person. Sie fühlen sich nie ganz wohl und können nicht sie selbst sein, weil sie ständig damit beschäftigt sind zu verhindern, dass es zu einem neuerlichen Wutausbruch kommt.

Betrachten Sie dieses Buch bitte nicht als Anleitung dafür, wie Sie Missbrauch tolerieren können. Das Letzte, was ich möchte, ist, dass jemand glaubt, feindseliges und aggressives Verhalten ertragen zu müssen. In einer perfekten Welt würden wütende Menschen an ihren Gefühlen arbeiten, sodass andere dies nicht tun müssen. Sie könnten mit ihrer Wut gut umgehen und würden andere nett behandeln. Mein letztes Buch, *Why We Get Mad: How to Use Your Anger for Positive Change* (Warum wir ausrasten: Wie man seine Wut für eine positive Veränderung nutzen kann), war darauf ausgelegt, wütenden Menschen zu helfen, dies zu schaffen. Das Problem dabei ist nur, dass nicht jede wütende Person weniger wütend sein möchte. Die Wut hat schließlich eine für sie positive Funktion. Manchmal fühlt sich jemand sogar in seiner Wut bestärkt, sodass er eine Veränderung dieser Wut als schädlich für sich selbst ansehen würde. Wieder andere wütende Menschen möchten sich gern verändern, doch diese Veränderung macht ihnen Angst und ist schwierig. Sie erkennen zwar, dass sie anderen Menschen mit ihrer Wut schaden, und möchten das ändern, haben aber noch keinen Erfolg damit gehabt.*

Wenn sich die wütende Person in Ihrem Leben für Sie besonders toxisch anfühlt und Sie keine andere Lösung sehen, ist es vollkommen in Ordnung, die Beziehung zu beenden. Auch wenn es für die wütende Person schwer sein kann, dies zu akzeptieren, gibt es nun mal keine Vorschrift, die besagt, dass man andere in seinem Leben behalten muss. Wenn der Kontakt mit bestimmten Menschen Ihnen nicht guttut, sollten Sie ihn auf ein Minimum reduzieren oder abbrechen.

Der Aufbau dieses Buches

Teil eins des Buches befasst sich damit, wütende Menschen zu verstehen. Dabei geht es um das Herausarbeiten von Persönlichkeitstypen, um Biologie, emotionale Entwicklung, emotionale Ansteckung und Denkmuster. All dies sind meines Erachtens wichtige Elemente für die Entwicklung von Empathie und Verständnis, die beide notwendig, aber nicht ausreichend sind für den Umgang mit wütenden Menschen. Obwohl ich in diesem Teil tiefer auf die Erfahrungen wütender Menschen eingehe, enthält jedes Ka-

* Mehrere Menschen haben mir erzählt, dass sie die Lektüre meines letzten Buches genau aus diesem Grund als sehr herausfordernd empfanden. Sie fingen zwar an zu begreifen, wie sehr sie sich selbst und auch anderen mit ihrem Verhalten schadeten, doch ebendiese Erkenntnis fanden sie auch sehr beängstigend.

pitel auch einige nützliche Tipps und endet mit einer Übung, die Ihnen dabei hilft, die wütenden Menschen in Ihrem Leben besser zu verstehen.

In Teil zwei gebe ich Ihnen zehn Methoden für den Umgang mit wütenden Menschen an die Hand:

1. Wie finden Sie heraus, was Sie wirklich wollen?
2. Wie bleiben Sie ruhig und gefasst?
3. Wie erkennen Sie unterschiedliche Formen von Wut?
4. Wie verstehen Sie die Wut aus der Perspektive des anderen?
5. Wie erkennen Sie, ob die Wut berechtigt ist?
6. Wie gehen Sie mit Menschen um, die die Kommunikation verweigern?
7. Wie reagieren Sie richtig auf Wut im Internet?
8. Wie vermeiden Sie Angriffe auf den Charakter?
9. Wann ist es angebracht, sich zurückzuziehen?
10. Wie lassen sich diese Maßnahmen kombinieren?

Verteilt im Buch finden Sie neben Beispielen aus dem Leben von Betroffenen, mit denen ich Gespräche geführt habe, auch aktuelle Forschungsergebnisse, die Ihnen helfen sollen, emotional belastende Momente zu bewältigen.

Noch wichtiger: Dieses Buch soll Ihnen zeigen, wie Sie mit wütenden Menschen produktiv und effektiv interagieren können. Für einen erfolgreichen Umgang mit der Wut und Feindseligkeit anderer braucht es mehr als nur bestimmte Werkzeuge. Die sind natürlich wichtig, Sie sollten sie besitzen und anwenden können. Darüber hinaus müssen Sie aber auch gesunde Ziele vor Augen haben und selbst dann in der Lage sein, daran festzuhalten, wenn es gerade nicht gut läuft. Dieses Buch hilft Ihnen dabei, Ihre Ziele im Blick zu behalten und zu einem ruhigen und selbstbewussten Umgang mit der Wut anderer zu gelangen.

TEIL EINS
WÜTENDE MENSCHEN VERSTEHEN

KAPITEL 1

Eine wütende Persönlichkeit oder eine Person, die wütend ist?

Wut kann zweierlei sein

Zum einen kann Wut ein Gefühlszustand, eine Emotion sein, die wir alle schon mal erlebt haben. In diesem Fall lässt sich Wut beschreiben als psychische Reaktion darauf, ungerecht oder schlecht behandelt oder in seinen Bestrebungen blockiert worden zu sein. Dann ist Wut das emotionale Bedürfnis, die Person, die Ihnen Unrecht getan hat, oder die Sache, die Ihnen im Weg steht, anzugreifen. Wie jede andere Emotion ist auch Wut mit bestimmten Gedanken, psychologischen Erfahrungen und Verhaltensweisen verbunden.

Wut kann aber auch als Persönlichkeitseigenschaft oder Wesenszug betrachtet werden. Dann lässt sich Wut als ein ziemlich beständiges Muster aus wütenden Gefühlen, Gedanken und Verhaltensweisen beschreiben. Jemand mit einer wütenden Persönlichkeit wird öfter wütend als andere Menschen. Nicht weil er häufiger mit Auslösern konfrontiert wird, sondern weil er gewisse Dinge als provozierender empfindet als andere Menschen. Wie jede Eigenschaft ist auch diese nicht immer zu sehen. Genauso wie ängstliche Personen nicht ständig ängstlich oder unruhig sind, geraten wütende Menschen nicht andauernd außer sich.

Fallstudie: Izzy – »Zwischen dem Verhalten, wenn er wütend ist, und dem, wenn er nicht wütend ist, liegen Welten«

Ich sprach mit einer Frau namens Izzy*, die ich in den sozialen Medien kennengelernt hatte. Sie hatte auf einen Beitrag reagiert, in dem ich wütende Menschen oder Menschen, die Erfahrungen mit einer wütenden Person hatten, dazu aufrief, sich bei mir zu melden.

In meinem kurzen Gespräch mit ihr erwies sie sich als eine sehr achtsame Person, die ihre Emotionen und auch die von Menschen in ihrer Umgebung verstand. Sie hatte sich mit Psychologie befasst, was ihr Verständnis großteils erklärte. Aber abgesehen von dem Wissen, das sie sich angeeignet hatte, war sie von Haus aus eine Frau, die viel über sich und ihre Gefühle nachdachte und sich Gedanken darüber machte, warum Menschen – sie selbst eingeschlossen – sich so fühlen, wie sie sich fühlen, und das tun, was sie tun.

Izzy wuchs mit einem wütenden Vater auf. Sie beschrieb ihn als jemanden, der »wahrscheinlich sein ganzes Leben mit Wut zu kämpfen hatte«. Bevor wir zu diesem Punkt kamen, sprachen wir aber erst darüber, wie er war, wenn er nicht wütend war. Denn bei ihrem Vater gab es einen großen Unterschied zwischen dem Zustand, in dem er sich die meiste Zeit befand, und dem, wenn er ausrastete. »Wenn er keinen Wutausbruch hatte, war er im Allgemeinen eine angenehme Person«, erzählte Izzy. »Er war charismatisch und unterhielt sich gern mit Menschen. Er konnte sehr liebevoll sein.«

Doch gleichzeitig sagte sie: »Wenn er wütend wurde, verlor er die emotionale Kontrolle und ging verbal auf andere los. Dann sagte er Dinge, die nicht zu dem Charakter zu passen schienen, den er zeigte, wenn er

* Das ist nicht ihr richtiger Name. Ich habe alle, mit denen ich Gespräche geführt habe, gebeten, sich ein Pseudonym auszudenken. Meistens taten sie es, aber manchmal überließen sie es mir, was ich als sehr belastend empfand, denn ich dachte sofort: »Was, wenn ich einen Namen wähle, den sie hassen oder der sie an jemanden aus ihrer Vergangenheit erinnert?«

nicht wütend war.« Er sprach dann Dinge aus, die richtig verletzend waren. Oder, wie sie hinzufügte: »Er wusste genau, womit er einen in einer bestimmten Situation verletzen konnte«, und das verwendete er gegen Menschen. Als sie zum Beispiel einmal nicht seiner Meinung war und er daraufhin wütend wurde, meinte er: »Du bist wirklich eine schwierige Person. Ich habe jetzt schon Mitleid mit dem, der dich mal heiraten wird.«

In ihrer Kindheit dachte sie, dass sie der Grund für seine Wutausbrüche war. Denn jedes Mal, wenn sie etwas tat, was ihm nicht gefiel, rastete er komplett aus. Heute weiß sie, dass »seine Wut daher rührte, dass er nicht in der Lage war, seine Gefühle, die ihn überwältigten, zu steuern«. Ihrer Ansicht nach war er schnell unruhig, gestresst und enttäuscht, und in solchen Situationen fiel es ihm schwer, seine Gefühle zu beherrschen. »Wenn er die Kontrolle über etwas verlor, wurde er leicht wütend.«

Seine Wut richtete sich in der Regel gegen Menschen, die er gut kannte, zum Beispiel die eigene Familie. Bei Kollegen oder Fremden zeigte er sie normalerweise nicht. Allerdings neigte er auch zu Wutausbrüchen im Straßenverkehr. »Insgesamt regte er sich weniger schnell über einen Fremden auf als über jemanden aus der Familie.« Laut Izzy rührte dies daher, dass er sich im Kreis der Familie sicher fühlte und daher weniger Scheu hatte, Gefühle zum Ausdruck zu bringen. Die Ausnahme der Wutausbrüche im Straßenverkehr ist ein guter Beleg dafür, dass das Gefühl von Sicherheit eine bedeutende Rolle spielt. Denn das Auto ist ein relativ sicherer Ort, um wütend zu werden, da andere Fahrer in der Regel nichts davon mitbekommen.

Es scheint, dass seine Wut einem Gefühl der Unsicherheit entsprang. Dies lässt sich auch daran erkennen, wie er auf seinem Standpunkt beharrte. Wenn er wütend war, war es unmöglich, seine Meinung zu ändern, sagte Izzy. Nach den Wutausbrüchen wurde nie darüber geredet, was genau der Auslöser gewesen war. Trotzdem sagte sie: »Ich glaube, anschließend fühlte er sich schlecht. Vielleicht sah er nicht ein, dass er im Unrecht war, aber er erkannte schon, dass seine Reaktion völlig überzogen gewesen war.« Er hatte sich auch selten dafür entschuldigt, nur ein paar Mal in ihrem Leben hatte Izzy ihn sagen hören, dass es ihm leidtut. Stattdessen tat er so, als wäre nichts passiert, und kaufte ihr dann etwas als eine Art Entschuldigung (zum Beispiel Süßigkeiten oder etwas, das sie sich gewünscht hatte). Sie betrachtete dies als Strategien zur Konfliktvermeidung.

Eines der Dinge, die sie mir erzählte, war wirklich interessant und zeigt, wie wichtig Unsicherheit in diesem Zusammenhang ist. So neigte ihr Vater bei Konflikten zwischen ihnen dazu, ihr Gedanken zu unterstellen. Er sagte dann so etwas wie: »Du denkst, dass ich ein schrecklicher Mensch bin oder dass ich dumm bin.« Das alles dachte sie gar nicht, aber seine Annahmen verstärkten seine Unsicherheit und Abwehrhaltung noch mehr.

Izzy erzählte viel darüber, wie all das ihr Leben beeinflusste. Sie beschrieb, wie sich die Muster, die sie mit ihrem Vater erlebt hatte, auf spätere Beziehungen auswirkten. »Wenn er wirklich wütend war, konnte ihn nichts mehr umstimmen«, sagte sie. »Wenn ich nicht seiner Meinung war, etwas nicht wollte oder versuchte zu erklären, dass er mich verletzte, drang ich nicht mehr zu ihm durch.« Also stellte sie die Versuche ein, weil es keinen Sinn machte. Als Erwachsene bemerkte sie, dass sie selbst sehr wütend werden konnte, wenn Menschen etwas taten, das ihr nicht gefiel, weil sie annahm, dass sie sowieso nichts dagegen ausrichten konnte. So hat die Wut ihres Vaters sie gelehrt, sich in Beziehungen hilflos zu fühlen.

Für Izzy gab es noch andere Langzeitfolgen, insbesondere im Zusammenhang mit Beziehungen. So erzählte sie, wie schwer ihre emotionale Verletzlichkeit für sie war. Schließlich hatte sie von ihrem Vater gelernt, dass Gefühle manipulativ sind. Wenn sie weinte, beschuldigte er sie, manipulativ zu sein, da sie ihn damit als den Bösen darstellte. Heute glaubt sie, dass er sich schämte und versuchte, diese Scham zu verdrängen, indem er sie beschuldigte. Gleichzeitig fürchtet sie sich davor zu weinen, weil sie Angst hat, die Leute könnten denken, dass sie lügt oder versucht, sie zu manipulieren. Darüber hinaus hat ihr Vater seine Wut dazu missbraucht, Menschen um sich herum zu kontrollieren, und so möchte sie nicht sein. Oft hat sie das Gefühl, dass sie die Emotionen anderer Menschen auf eine Art und Weise steuert, die sich für sie ein wenig wie »Bemutterung« anfühlt. Letztlich hat viel davon seinen Ursprung darin, dass sie große Wut als beängstigend empfindet. »Ich habe immer noch kein gesundes Verhältnis zur Wut«, sagte sie.

Izzy erzählte mir, dass ihr Vater mit zunehmendem Alter etwas milder geworden ist. Ob dies eine normale Entwicklung ist oder eher mit der Veränderung ihrer Beziehung zusammenhängt, lässt sich schwer sagen. Wenn Menschen älter werden, sind sie oft auch etwas entspannter, da es für sie wichtiger wird, positive Gefühle zu erleben. Nachdem Izzy von zu Hause ausgezogen war, veränderte sich die Beziehung zu ihrem Vater ziemlich stark. Da sie sich natürlich weniger häufig sahen, spielte seine Wut auch keine so große Rolle mehr in ihrer Beziehung. Sie glaubt aber auch, dass er mit zunehmendem Alter »bewusster« mit seiner Wut umgegangen ist und sich dadurch seine Emotionen verändert haben.

Wut als Gefühl

Das Beispiel von Izzys Vater zeigt wieder sehr deutlich, dass Wut zweierlei sein kann. So konnte er, obwohl er oft liebevoll war, wütend werden und »vollkommen die Beherrschung« verlieren, wie sie es beschrieben hat. Wie viele andere Menschen auch konnte ihr Vater in einer solchen Situation verletzend werden. Ich habe bereits erwähnt, dass diese Form von Wut mit bestimmten Gedanken, psychologischen Erfahrungen und Verhaltensweisen verbunden ist. Wenn wir zum Beispiel ausrasten, geht dies oft unwillkürlich mit Schuldzuweisungen, Verurteilungen und Rachegedanken einher. *Wie kann er es wagen?*, *Das hätte sie besser nicht tun sollen* oder *Das zahle ich ihnen heim* sind Gedanken, wie sie während eines Wutausbruchs aufkommen können.

Darüber hinaus verletzen Menschen andere oft auch physisch oder verbal, wenn sie wütend werden. Rachegedanken können zu entsprechenden Handlungen führen. Wie Izzys Vater schreien oder sagen Menschen verletzende Dinge. Sie schubsen, schlagen oder greifen die Menschen irgendwie an, von denen sie sich ungerecht behandelt fühlen. Auch wenn sie sich nicht wirklich aggressiv verhalten, würden sie es aber vielleicht gern tun. Psychologen nennen dies Handlungsneigungen oder Handlungstendenzen. Damit ist gemeint, dass jemand, weil er die Fähigkeit zur Impulskontrolle hat, im Rahmen einer Gefühlsreaktion zwar etwas machen möchte, sich aber rechtzeitig bremst und die Wut in eine andere Bahn lenkt.

Wut geht mit einer Reihe von physiologischen Reaktionen einher. So setzt Wut die Kampf-oder-Flucht-Reaktion in Gang, die uns darauf vorbereitet, der Ungerechtigkeit zu begegnen oder gegen die Blockade eigener Ziele vorzugehen. Der Puls erhöht sich, die Atmung wird tiefer, die Muskeln spannen sich an und das Verdauungssystem verlangsamt sich. Diese faszinierenden und komplexen Reaktionen sind in unserer Evolutionsgeschichte verwurzelt. Denn sie boten unseren Vorfahren, menschlichen und nicht menschlichen, einen Überlebensvorteil. Wut ermöglichte eine kraftvollere Reaktion und vergrößerte so die Wahrscheinlichkeit, feindliche Auseinandersetzungen zu überleben.

Sicher können auch Sie sich an einen Vorfall erinnern, der bei Ihnen Ärger oder Wut ausgelöst hat. Vielleicht war es die kleine Unannehmlichkeit im Supermarkt, die Sie aufgehalten hat. Oder eine größere Ungerechtigkeit hat bei Ihnen ein Gefühl von Respekt- oder Hilflosigkeit ausgelöst. Was es auch immer war, Ihre Wutreaktion war nicht nur normal, sondern wahrscheinlich auch gesund.

Die Wut, die wir empfinden, wenn wir ungerecht behandelt oder aufgehalten werden, versetzt uns in Alarmbereitschaft und versorgt uns mit Kraft, um darauf zu reagieren.

TIPP

Es gibt eine Möglichkeit zu beurteilen, ob Ihre Wut gesund ist. Achten Sie auf die Folgen. Schadet Ihre Wut Ihren Beziehungen, führt sie zu Auseinandersetzungen oder Streit oder hat sie andere negative Folgen?

Doch auch wenn unsere Wut oft gut für uns ist, kann sie Probleme verursachen. Gehen wir nicht richtig mit Wut um, werden zu oft wütend oder regen uns über die falschen Dinge oder zur falschen Zeit auf, kann das unser Leben empfindlich beeinträchtigen. Ein emotional gesunder Mensch hat gelernt, gut mit Wut umzugehen.

Es bleibt festzuhalten, dass manche Menschen öfter wütend werden als andere, ihre Wut aggressiver oder feindseliger zum Ausdruck bringen und aus dem Grund öfter mit negativen Folgen zu kämpfen haben. In diesem Fall geht es um Menschen mit einer wütenden Persönlichkeit.

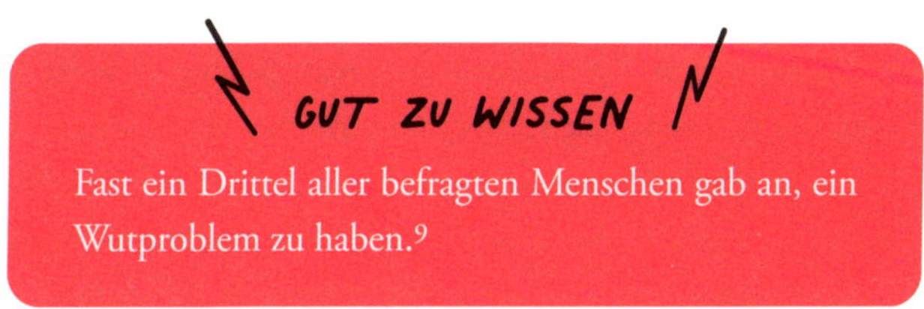

Was ist eine Persönlichkeitseigenschaft?

Wenn Psychologen über diese Dynamik sprechen – bei der eine Emotion sowohl ein Gefühl als auch ein Persönlichkeitsmerkmal ist –, reden wir von der State-Trait-Theorie. Wut als Gefühl ist ein *Zustand*. Wut als Persönlichkeitsmerkmal ist eine *Eigenschaft*. Eine Persönlichkeitseigenschaft kann als eine relativ konsequente Art, sich zu verhalten, zu denken und zu fühlen, definiert werden. Wer eine Person als sympathisch beschreibt, meint, dass diese anderen Menschen *in der Regel* freundlich begegnet und eine angenehme Gesellschaft ist. Wer jemanden als arrogant bezeichnet, drückt damit aus, dass diese Person sich *meistens* selbst für extrem wichtig hält. In beiden Fällen *können* sich die jeweiligen Menschen aber auch anders verhalten. So kann eine sympathische Person durchaus einmal gemein sein oder der Arrogante Verletzlichkeit zeigen. Eine Persönlichkeitseigenschaft bedeutet nicht, dass man sich immer so benimmt, aber doch *die meiste Zeit*.

Begründet wurde die State-Trait-Theorie von Dr. Gordon Allport. Er zählte zu den Ersten, die sich mit Persönlichkeitseigenschaften befassten und dazu Theorien entwickelten. In einer seiner ersten Publikationen[10], die er mit seinem Bruder* verfasste, beschreibt er einige Haupteigenschaften, die Persönlichkeit ausmachen, wie etwa Intelligenz, Temperament (einschließlich Emotionalität), Ausdrucksstärke und Kontaktfreude. 1936 lieferten Allport und Henry Odbert[11] eine detailliertere Definition von Persönlichkeit und bezeichneten Persönlichkeitseigenschaften als generalisierte und individuelle Handlungstendenzen**. Als Beispiele nannten sie aggressive, introvertierte und gesellige Tendenzen. Um den Unterschied zwischen Zustand und Eigenschaft zu verdeutlichen, stellten sie fest, dass alle Menschen manchmal ängstlich seien, *manche* aber an einer Angstneurose litten. Diese Menschen seien immer wieder und besonders ängstlich.

Ersetzt man das Wort »Angst« hier durch »Wut«, erhält man im Grunde die Beschreibung dessen, worum es hier geht. Jeder Mensch ist mal wütend, aber nur manche Menschen haben sehr oft starke, unangemessene Wutausbrüche. Sie sind *regelmäßig und für sie charakteristisch* wütend.

1961[12] veröffentlichte Allport das Buch *Pattern and Growth in Personality (Gestalt und Wachstum in der Persönlichkeit)****, das von vielen als sein bedeutendstes Werk auf dem Gebiet der Persönlichkeitseigenschaften angesehen wird. Im Grunde ist es eine Überarbeitung seines gleichnamigen Buches von 1937, allerdings eine ziemlich umfassende (was auch in Anbetracht der Tatsache, wie alt die Originalausgabe bereits war und wie sehr sich das psychologische Fachwissen seitdem verändert hatte, sinnvoll war). In dem überarbeiteten Werk erklärt er, dass jede Persönlichkeit wesentli-

* Ich möchte hier kurz anmerken, dass Floyd, der ältere der beiden Allport-Brüder, Erstautor dieser Arbeit ist, was darauf hindeutet, dass er den größten Teil beigetragen hat. Während der rationale Teil meines Gehirns das akzeptiert, denke ich als jüngstes Geschwisterkind, dass Gordon die ganze Arbeit gemacht hat und Floyd ihm damit drohte, ihn an der Unterhose zu ziehen, oder ihm seine Socken in den Mund gestopft hat, damit er ihn zum Erstautor macht.

** Diese Erklärung ist wirklich wunderbar. Selbst wenn ich mich bemühen würde, würde mir keine bessere einfallen.

*** Allport hat sein Buch seinen Studierenden gewidmet, was ich ausgesprochen nett finde. Es zeigt, dass die außergewöhnlichen Wissenschaftler der damaligen Zeit nicht nur Forscher und Autoren waren, sondern auch Dozenten.

che und weniger wesentliche Eigenschaften aufweist, und beschreibt drei Eigenschaftstypen: Kardinaleigenschaften, zentrale und sekundäre Persönlichkeitseigenschaften.

Kardinaleigenschaften sind solche, die den Kern der Persönlichkeit eines jeden Menschen betreffen. Es handelt sich um dominante Eigenschaften, die im Wesentlichen bestimmen, wer jemand ist und was er Tag für Tag tut. Laut Allport ist fast jede Handlung auf den Einfluss dieser Eigenschaften zurückzuführen. Bei manchen Menschen ist Habgier eine Kardinaleigenschaft. Ihr Verhalten, ihre Gedanken und Gefühle könnten vornehmlich oder gar ausschließlich von dem Ziel bestimmt sein, Geld zu verdienen oder ihren Besitz zu vergrößern. Bei anderen ist Ehrlichkeit eine Kardinaleigenschaft. Sie werden hauptsächlich durch das Bedürfnis angetrieben, anderen gegenüber ehrlich zu sein. Stellen Sie sich jetzt vor, diese beiden Personen (die mit der Kardinaleigenschaft Habgier und die mit der Kardinaleigenschaft Ehrlichkeit) befinden sich in einer Situation, in der sie eine Menge Geld einnehmen könnten, dafür aber lügen müssten. Es ist leicht zu erraten, was jeder von ihnen aufgrund seiner jeweiligen Kardinaleigenschaft tun würde.

Allerdings haben nicht alle Menschen Kardinaleigenschaften. Allport bezeichnete sie sogar als ungewöhnlich. Zentrale Eigenschaften jedoch haben wir alle, darunter versteht Allport die Merkmale, die Menschen in einem Empfehlungsschreiben* erwähnen würden. Unsere zentralen oder primären Eigenschaften sind solche, die unser Verhalten und unsere Gedanken regelmäßig beeinflussen (zum Beispiel Intelligenz, Freundlichkeit, Gewissenhaftigkeit, Introvertiertheit). Diese Eigenschaften sind relativ stabil und bestimmen, wie andere uns wahrnehmen und unsere Persönlichkeit beschreiben. Wenn Sie einen Freund oder eine Freundin zu einer Verabredung mit jemandem einladen, sagen Sie vielleicht: »Du wirst ihn/sie mögen. Er/Sie ist wirklich …« Womit auch immer Sie diesen Satz beenden – lustig, freundlich, klug, charmant –, es ist wahrscheinlich ein Bei-

* Das zeigt mir wieder, dass Allport ein Dozent war, da das Verfassen von Empfehlungsschreiben immer zu den Aufgaben eines Wissenschaftlers gehörte.

spiel für eine zentrale Eigenschaft. Als Izzy ihren Vater einen wütenden Menschen nannte, drückte sie damit auch aus, dass Wut eine seiner zentralen Eigenschaften war. Das bedeutet aber nicht, dass er *ständig* wütend war, sondern nur *normalerweise*.

Die sekundären Persönlichkeitseigenschaften schließlich sind jene Merkmale, die nur in bestimmten Situationen auftreten. Allport beschrieb sie als weniger auffällig, weniger generell, weniger beständig und weniger häufig. Ich betrachte mich zum Beispiel als einen eher entspannten Autofahrer und werde nicht schnell wütend, wenn ich hinter dem Lenkrad sitze. Dennoch gibt es etwas, das mich richtig auf die Palme bringt. Und zwar, wenn mir das Benzin auszugehen droht. Was dann passiert, kann ich Ihnen genau sagen. Der Gedanke, dass ich ohne Benzin dastehen könnte, beschäftigt mich so sehr, dass ich jede noch so kleine Verzögerung als Katastrophe betrachte. Die rote Ampel, der Schleicher vor mir, der Verkehr an sich … all das sind Gründe, warum ich bald ohne Benzin sein werde, am Straßenrand stehen werde und mein Tag gelaufen sein wird.* Dies ist ein Beispiel für eine sekundäre Eigenschaft. Es ist eine Persönlichkeitseigenschaft, die meine Gefühle und mein Verhalten zwar bestimmt, aber nur in einer ganz speziellen Situation zutage tritt.

TIPP

Wenn Sie feststellen, dass Sie oder jemand aus Ihrem Umfeld in einer bestimmten Situation wütend wird, versuchen Sie, anders damit umzugehen. Bereiten Sie sich darauf vor, ändern Sie den Verlauf oder vermeiden Sie die Situation sogar.

---

* Ich erzählte diese Geschichte einmal während eines Vortrags vor einer Ortsgruppe in Green Bay im US-amerikanischen Bundesstaat Wisconsin. Eine Woche später erhielt ich ein Dankesschreiben mit einem Benzingutschein. Das empfand ich als ausgesprochen aufmerksame und passende Geste.

Dieser letzte Eigenschaftentyp ist schwierig, weil er grundlegende Fragen zur Persönlichkeit aufwirft. Wie ist es möglich, dass er einerseits zuverlässig *und* andererseits nur unter bestimmten Umständen auftaucht? Beweist das nicht eher, dass nicht die Eigenschaft unser Verhalten beeinflusst, sondern die Situation, in der wir uns befinden? Wenn jemand nur unter bestimmten Umständen wütend wird, fällt es schwer zu behaupten, dass die Wut von der Persönlichkeit ausgelöst wird. Sind es dann nicht eher die besonderen Umstände, die zur Wut führen?

Die Person-Situation-Debatte

Als eine Gruppe von Psychologen – die Persönlichkeitstheoretiker – Ende der 1960er- und 1970er-Jahre versuchte, diese Persönlichkeitsbausteine zu beschreiben, behauptete eine andere Gruppe von Psychologen unter Führung von Dr. Walter Mischel, dass es die Persönlichkeit gar nicht gibt. Auf den ersten Blick klang diese Behauptung unerhört. Warum sollte es die Persönlichkeit nicht geben? Finden wir in den Interaktionen mit anderen Menschen nicht andauernd Beweise dafür, dass sie existiert?

Mischels Begründung ist jedoch relativ einfach, schlüssig und, ehrlich gesagt, schwer zu widerlegen. In seinem 1968 erschienenen Buch *Personality and Assessment* (Persönlichkeit und Veranlagung) argumentierte Mischel, dass die Forschungsergebnisse einen geringen Zusammenhang zwischen Persönlichkeitseigenschaften und Verhalten belegt hätten. Er wies darauf hin, dass Menschen sich in verschiedenen Situationen in der Regel unterschiedlich verhielten. So benimmt sich jemand auf einer Party anders als bei der Arbeit oder im Kino. Wenn das Verhalten einer Person je nach Situation so extrem unterschiedlich ist, dann ist es nicht die Persönlichkeit, die das Verhalten beeinflusst, sondern die Situation.

Mein Buch wäre sehr dünn geworden, wenn ich der Meinung wäre, es gäbe so etwas wie eine Persönlichkeit nicht. Deshalb wollen wir uns nun damit befassen, wie Persönlichkeitspsychologen auf Mischels Behauptung reagiert haben. 1987 veröffentlichte Dr. David Buss einen Artikel mit dem Titel »Selection, evocation, and manipulation«[13] (Selektion, Evokation, Manipulation), in dem er darlegte, dass Persönlichkeitseigenschaften und äußere Einflüsse gemeinsam auf das Verhalten einwirken können. Er nannte drei Schlüsselmechanismen, durch die Persönlichkeit und soziale Prozesse untrennbar miteinander verbunden sind. Ich wette, dass Sie anhand des Titels des Artikels mutmaßen können, um welche drei Mechanismen es sich dabei handelt. Für den Fall, dass Sie es nicht ahnen, sie lauten: Selektion, Manipulation und Evokation. Wie sie funktionieren, erfahren Sie im Folgenden.

Selektion

Bevor wir uns in eine Situation begeben, treffen wir erst eine Selektion, eine Auswahl, die zum Teil auf unserer Persönlichkeit basiert. Manchmal geht es bei dieser Situationsauswahl um unbedeutende Entscheidungen (gehe ich am Samstag auf diese Party, will ich heute Abend die Nachrichten sehen?), manchmal aber auch um Wichtigeres (soll ich die Stelle annehmen, soll ich in diese Stadt ziehen?). Eine introvertierte Person würde wahrscheinlich nicht auf die Party gehen oder einen Job im Eventmanagement annehmen, sondern diese Optionen womöglich ausschließen. Eine gewissenhafte Person würde an einem Samstagnachmittag vielleicht lieber Rechnungen begleichen, als sich mit anderen zu treffen, oder würde eine Arbeit, die Sorgfalt erfordert, bevorzugen (zum Beispiel als Redakteur).

Wie aber kann sich die Situationsauswahl auf die Wut auswirken? Nun, eine wütende Person kann sich, absichtlich oder nicht, in Situationen begeben, die zu Wut führen. Wenn sie zum Beispiel eine Nachrichtensendung ansieht und sich anschließend in den sozialen Medien mit anderen darüber streitet. Oder wenn sie während einer Sportübertragung einen Wutausbruch bekommt. In den meisten dieser Fälle ist es unwahrscheinlich, dass die Person diese Aktivität gewählt hat, um wütend zu werden. Wahrscheinlicher ist, dass ihr die Aktivität Spaß macht oder sie es für wichtig hält, diese Aktivität auszuführen. Entscheidet sich jemand immer wieder für Aktivitäten, die zu Wutausbrüchen führen, dann ist dies, unabhängig von der Absicht, ein Anzeichen dafür, dass es sich um eine wütende Persönlichkeit handelt.

Manipulation

Wir suchen uns die Situationen, in die wir geraten, nicht nur selbst aus, wir manipulieren sie auch. So treffen wir erst eine bewusste Entscheidung darüber, wie wir uns in diese Situationen begeben und wie wir mit den anderen beteiligten Personen interagieren. Wenn sich jemand zum Beispiel für einen Kurs an einer Hochschule einschreibt, ist das eine Situationsauswahl. Die Person entscheidet sich bewusst für eine bestimmte Situation. Wahrscheinlich trifft sie noch weitere Entscheidungen darüber, *wie* sie an dem Kurs teilnimmt: Wo setzt sie sich hin, wie macht sie sich Notizen? Vielleicht stellt sie sich dem Dozenten gleich am ersten Tag vor, in der Hoffnung, einen guten Eindruck zu hinterlassen und die Beurteilung des Dozenten zu »manipulieren«*. Oder sie ermuntert einen Freund oder eine Freundin dazu mitzugehen, wodurch sich die Art und Weise, wie die Person die Situation erfährt, verändert. Durch diese Manipulation nimmt die Person die Situation schließlich ganz anders wahr, als sie es ohne Veränderung getan hätte oder hätte tun können.

Bei einem wütenden Menschen kann diese Manipulation unterschiedliche Ausprägungen annehmen. Seine Wut kann dazu führen, dass er eine Situation so manipuliert, dass sie für andere schädlich ist oder andere kontrolliert. Vielleicht erwartet er, dass eine Situation so schlecht verlaufen wird, dass er im Vorfeld bereits versucht, die Kontrolle über Menschen zu erlangen. Der wütende Kollege kann schon vor einem Meeting harsche oder sogar aggressive E-Mails verschicken und damit etwas tun, was er gar nicht wollte (oder nicht vorhatte). Manche wütenden Menschen nutzen ihre Wut auch dazu, um andere zu manipulieren, wie etwa Izzys Vater. Wenn er das Gefühl hatte, dass die Dinge außer Kontrolle gerieten, hielt er andere Menschen mit seiner Wut in Schach. Wütende Personen manipulieren andere

---

* Das Wort »Manipulation« hat zu Unrecht einen negativen Beiklang. Wenn Menschen andere als manipulativ beschreiben, meinen sie dies meistens im negativen Sinne. An sich ist jedoch nichts falsch daran zu versuchen, die Welt um uns herum zu verändern. Ich behaupte sogar, dass menschliches Verhalten immer manipulativ ist. Alles, was wir tun, zielt darauf ab, die Menschen um uns herum zu beeinflussen. Wichtiger ist deshalb die Frage: »Ist die Manipulation schlecht oder schädlich für andere?«

Menschen, bewusst oder unbewusst, indem sie ihnen Angst machen, sodass sie sich so verhalten, wie es die wütende Person will.

Evokation

Der dritte Schlüsselmechanismus, Evokation, ist ein wenig komplizierter. Durch unsere Interaktionen mit anderen lösen wir meist unabsichtlich Reaktionen aus. Die Art und Weise, wie Menschen an Situationen herangehen und auf andere zugehen, führt zu unterschiedlichen Reaktionen. Eine kontaktfreudige Person begegnet Fremden freundlich und aufgeschlossen. Folglich neigen die Menschen, die mit dieser Person zu tun haben, dazu, diesen Stil zu übernehmen und ähnlich freundlich und aufgeschlossen zu sein. Freundliches Verhalten ruft bei anderen ebenfalls Freundlichkeit hervor.

Umgekehrt kann eine wütende Person ungewollt bei anderen Menschen unfreundliche Reaktionen oder sogar Provokationen auslösen. Begibt sich eine Person zum Beispiel in eine Situation (ein Familientreffen, die Warteschlange im Postamt), von der sie annimmt, dass sie dort eine frustrierende Erfahrung machen wird, kann dies dazu führen, dass sie bereits ungeduldig, unhöflich oder gereizt in die Situation geht und damit genau jene Unhöflichkeit und Gereiztheit als Reaktion provoziert, die sie im Vorfeld erwartet hatte. Eine sich selbst erfüllende Prophezeiung also.

Welche Art von Persönlichkeitseigenschaft ist Wut?

Wenn Wut also eine Persönlichkeitseigenschaft ist, stellt sich die Frage, zu welchem Typ sie gehört. Kaum vorstellbar, dass Wut eine Kardinaleigenschaft aller Menschen ist. Wie bereits gesagt, hat nicht jeder Mensch solche Kardinaleigenschaften. Allport meint sogar, sie wären sehr selten. Kardinaleigenschaften prägen nahezu jedes Verhalten oder jeden Gedanken einer Person. Und es ist eher unwahrscheinlich, dass jemand so eine wütende Persönlichkeit sein kann, dass seine Wut der zentrale Teil seiner Persönlichkeit ist und sein Verhalten vollständig bestimmt.

Die meisten Menschen, mit denen ich darüber gesprochen habe, sehen es wie Izzy. Sie geben an, dass die wütenden Menschen in ihrem Leben nicht *ständig* wütend sind, aber *leicht* in Wut geraten, wenn sie provoziert werden. Damit wäre die Wut eher eine zentrale oder sekundäre Eigenschaft. Wut ist ein zentraler Teil ihres Wesens und beeinflusst ihr Handeln und ihre Gedanken größtenteils. Sie ist zwar nicht das einzige Merkmal ihrer Persönlichkeit, aber ein sehr wichtiges. Oder anders ausgedrückt: Freundlichkeit, Durchsetzungsvermögen oder Umgänglichkeit betrachten wir oft als zentrale oder sekundäre Persönlichkeitseigenschaften – warum sollte dies nicht auch für Wut gelten?

Es gibt mittlerweile tatsächlich handfeste Belege dafür, dass Emotionalität eine Persönlichkeitseigenschaft ist. Sie zählt auch zu den fünf Eigenschaften, die Psychologen als *Big Five* oder Fünf-Faktoren-Modell bezeichnen. Da eine ausführliche Darstellung den Rahmen dieses Buches sprengen würde*, folgt hier lediglich eine Kurzfassung. Nach der Veröffentlichung der Studie von Allport und Odbert 1936 begannen zahlreiche Wissenschaftler damit, die wichtigsten Persönlichkeitseigenschaften mit statistischen Methoden zu ermitteln. So gelang es Dr. Raymond Cattell 1949[14], mithilfe eines Fragebogens mit 16 Persönlichkeitsfaktoren (16PF) 16 Eigenschaften zu identifizieren. Andere folgten seinem Beispiel, schlugen aber nur fünf primäre Eigenschaften vor. Am bemerkenswertesten war die Arbeit von Dr. Paul Costa und Robert McCrae[15], die 1985 das NEO-PI, das NEO-Persönlichkeitsinventar**, entwickelten.

Aus dieser Analyse gingen die folgenden fünf Persönlichkeitseigenschaften hervor: Offenheit, Gewissenhaftigkeit, Extraversion, Verträglichkeit und Neurotizismus. Allerdings ist die letzte Eigenschaft, der Neurotizismus, eigentlich eine Kombination aus emotionsbezogenen Eigenschaften. Menschen mit einem hohen Neurotizismuswert sind häu-

* Auch wenn diese Persönlichkeitseigenschaften für einige Wissenschaftler auf Hippokrates zurückgehen, haben die *Big Five* ihre moderneren Wurzeln in der Studie von Allport und Odbert aus dem Jahr 1936. Sie haben also die Qual der Wahl: entweder vor 90 Jahren oder vor 2400 Jahren.

** Interessanterweise identifizierten sie zunächst nur drei Persönlichkeitseigenschaften: Neurotizismus, Extrovertiertheit und Offenheit (NEO). Daraufhin veröffentlichten sie 1976 die erste Version der darauf basierenden Skala, die deshalb auch »NEO-PI« genannt wird.

fig emotional, launisch und ängstlich. Sie entwickeln schnell Gefühle wie Angst, Schuld, Traurigkeit und Wut. Laut Costa und McCrae ist Emotionalität also nicht nur eine von vielen Persönlichkeitseigenschaften, sondern sogar eine der fünf wichtigsten.

Die wütende Persönlichkeit

Zusammen mit sieben anderen Forschern der Colorado State University verfasste Dr. Jerry Deffenbacher 1996 ein bedeutendes Werk[16] zum Thema wütende Persönlichkeit. Acht Autoren für eine einzige Forschungsarbeit sind zwar etwas viel, dafür arbeiteten sie ganze acht Jahre an der Fertigstellung. Die Forscher überprüften dabei fünf verschiedene Hypothesen zu dem Thema und führten insgesamt acht Forschungsstudien durch. Diese umfangreiche Aufarbeitung leistet auch heute noch einen wichtigen Beitrag zum Verständnis von Wut als Persönlichkeitseigenschaft.

Kurz gesagt, stellten die Forscher fünf Hypothesen auf, die alle nur einem einzigen Ziel dienten: festzustellen, dass Wut tatsächlich als Persönlichkeitseigenschaft angesehen werden kann. Zu diesem Zweck führten sie acht Studien durch, bei denen sie mithilfe einer Vielzahl von Fragebögen die unterschiedlichen Aspekte von Wut festhielten. In einer dieser Studien untersuchten sie zum Beispiel Personen mit ungewöhnlich hohen oder niedrigen Ergebnissen bei einem Test zur Eigenschaft Wut (eine Messung der Wut als Persönlichkeitseigenschaft). In einer Sitzung wurden Teilnehmer gebeten, eine Reihe von kurzen Aktivitäten auszuführen (weitere Fragebögen ausfüllen, Blutdruck und Herzfrequenzdaten angeben, eine provozierende Situation verfolgen). Teilnehmer, die bei diesem Test hohe Werte erzielten, reagierten auf Provokation tatsächlich eher wütend. Auch erlebten sie im Alltag des Öfteren Wut und zeigten stärkere physiologische Symptome (wie erhöhte Herzfrequenz und erhöhten Blutdruck).

Die Forscher kamen außerdem zu dem Schluss, dass Teilnehmer mit hohen Wut-Werten schwerwiegendere negative Folgen ihres Wutausbruchs erlitten. Bei ihnen stieg die Wahrscheinlichkeit stark an, dass sie infolge ihres Wutausbruchs jemanden verletzten, etwas zerstörten oder

Drogen oder Alkohol zu sich nahmen. Die Forscher baten diese wütenden Teilnehmer, die zwei schlimmsten Wutausbrüche des vergangenen Jahres zu beschreiben, anonymisierten die Antworten und stellten fest, dass diejenigen, die bei diesem Test mit hohen Werten abgeschnitten hatten, die schwerwiegendsten Folgen erlitten.

Was diese Arbeit nicht nur für dieses Forschungsfeld als Ganzes, sondern auch für die Fragestellung dieses Buches so bedeutend macht, ist die Feststellung, dass wir Wut sowohl als Persönlichkeitseigenschaft als auch als Gefühl betrachten können. Wie Deffenbacher und seine Kollegen beschrieben, gibt es einen grundlegenden Unterschied zwischen Wut als Persönlichkeitseigenschaft und der Neigung, wütend zu werden. Menschen mit der Persönlichkeitseigenschaft Wut werden öfter wütend, erleben Wut intensiver, drücken ihre Wut unangemessen aus und erfahren häufiger negative Folgen.

Wütende Menschen haben viele Gesichter

Bei Menschen mit der Persönlichkeitseigenschaft Wut offenbart Wut sich manchmal anders, als man es vielleicht erwartet. Die meisten denken bei wütenden Menschen an jemanden wie Izzys Vater. Jemand, der herumbrüllt oder verletzende Dinge sagt. Jemand, der andere kontrolliert und schlecht behandelt. Jemand, in dessen Nähe man sich unwohl fühlt, weil man nicht immer vorhersehen kann, was ihn ausrasten lässt. Ehrlich gesagt, wirken selbst die von Deffenbacher und seinen Mitautoren formulierten Beschreibungen wie eine etwas zu enge Sicht auf eine wütende Persönlichkeit.

Wut kann sehr unterschiedlich zum Ausdruck gebracht werden. Während manche wütenden Menschen schreien und brüllen, schmollen andere oder ziehen sich zurück. Manche drücken ihre Wut auf passiv-aggressive Weise aus, indem sie Gerüchte in die Welt setzen oder absichtlich ihren Verpflichtungen nicht nachkommen. Wut kann auch auf positive Art gezeigt werden, aber da es in diesem Buch um den Umgang mit toxischen Formen von Wut geht, werden wir uns auf diese konzentrieren.

ÜBUNG

Die wütende Person in Ihrem Leben verstehen

Wahrscheinlich lesen Sie dieses Buch aus einem der folgenden Gründe: Entweder bringt Ihre Arbeit es mit sich, dass Sie regelmäßig mit wütenden Menschen zu tun haben, oder es gibt eine wütende Person in Ihrem Leben, mit der Sie besser umgehen möchten. Wenn Letzteres der Fall ist, sollten Sie sich etwas Zeit nehmen, um zu überlegen, wie die Persönlichkeitseigenschaft Wut jener Person beschaffen ist. Beantworten Sie dazu folgende Fragen:

1. Ist die Wut dieser Person eine Kardinaleigenschaft, eine zentrale oder eine sekundäre Eigenschaft?
2. Haben Sie Situationen erlebt, in denen die Person absichtlich oder unabsichtlich Selektion oder Manipulation betrieben hat oder eine Provokation aus dem Umfeld hervorgerufen hat?
3. Wie drückt die Person ihre Wut aus und welche Folgen hat dies?

Woher rührt die Wut?

Unabhängig davon, ob die wütende Person, mit der Sie zu tun haben, aggressiv, toxisch oder einfach nur lästig ist, ist es wichtig, über Werkzeuge zu verfügen, mit denen Sie den Umgang mit ihr besser gestalten können. Eines dieser Werkzeuge ist, ein tiefes Verständnis dafür zu entwickeln, *woher* die Wut rührt. Damit meine ich nicht die Umstände oder Situationen, die zu einem Wutausbruch geführt haben (obwohl auch das wichtig ist), sondern eher grundsätzliche Dinge wie Erziehung, Kultur, Genetik und Weltanschauung, die jemanden zu einer wütenden Person gemacht haben. Wurde die Person schon so geboren oder ist ihre Wut das Ergebnis einer komplizierten Lebensgeschichte?

Im folgenden Kapitel befassen wir uns mit dem Wesen der Wut. Was ist angeboren und was später erlernt?

KAPITEL 2

Die Biologie wütender Menschen

Wiederholte Schlägereien oder Überfälle als Indiz

Jedes Semester beschäftigen wir uns in meinem Psychopathologiekurs etwa zwei Wochen lang mit Persönlichkeitsstörungen. Im *Diagnostic and Statistical Manual of Mental Disorders (Diagnostisches und statistisches Manual psychischer Störungen)* (DSM-5-TR[17])* werden Persönlichkeitsstörungen beschrieben als ein dauerhaftes Muster des inneren Erlebens und Verhaltens, das deutlich von den Erwartungen der eigenen Kultur abweicht. Dies bedeutet, dass mit der Persönlichkeit einer Person etwas nicht stimmt, sodass es zu emotionalen, verhaltensbezogenen und sozialen Problemen kommt. Wir sehen dieses Muster in der Art und Weise, wie diese Person denkt, fühlt und mit anderen interagiert. Beispiele für Persönlichkeitsstörungen sind die narzisstische, die paranoide oder die dissoziale bzw. antisoziale Persönlichkeitsstörung.

Letztere ist für Studierende besonders interessant. Menschen mit einer dissozialen Persönlichkeitsstörung haben die Angewohnheit, die

* Das *Diagnostische und statistische Manual* (DSM) wird von der amerikanischen psychiatrischen Gesellschaft herausgegeben und ist ein Buch mit über 1000 Seiten, in dem alle diagnostizierbaren psychischen Störungen beschrieben werden, angefangen von rezidivierender depressiver Störung, mit psychotischen Symptomen, über Anorexia Nervosa (Magersucht) und Essstörung/Purging-Typ bis hin zu REM-Schlaf-Verhaltensstörung inkl. Schlafwandeln, mit schlafbedingter Essstörung.

Rechte anderer zu missachten und zu verletzen. Sie gehen Menschen sowohl physisch als auch verbal an. Sie belügen andere und nutzen sie aus, um sich selbst zu bereichern. Sie geraten regelmäßig in körperliche Auseinandersetzungen und zeigen meistens nur wenig Reue für ihr Fehlverhalten. Diese Störung ist deshalb für Studierende so faszinierend, weil sie dabei oft an Serienmörder und andere Gewalttäter denken, die sie aus den Medien kennen.* Natürlich interessiert mich diese Störung auch, aber aus einem anderen Grund: Denn nur an wenigen Stellen im Zusammenhang mit dieser Störung wird im DSM Wut oder ein Synonym von Wut als Symptom einer Störung aufgeführt.** Dabei wird sie als Reizbarkeit und Aggressivität beschrieben, die sich in wiederholten Schlägereien oder Überfällen äußert.

Bei dieser oder jeder anderen Persönlichkeitsstörung (einschließlich der Borderline-Persönlichkeitsstörung, bei der im DSM ebenfalls Wut als Symptom erwähnt wird) wollen Studierende immer über die Ursachen sprechen. Sie wollen wissen, ob ein Mensch von Geburt an asozial ist oder ob die Störung das Produkt seiner Erziehung und seines Umfelds ist. Das ist eine gute Frage mit einer äußerst komplizierten Antwort. Wie viele andere Störungen ist auch diese allgegenwärtig und allumfassend. Die Frage, die Studierende stellen, lautet eigentlich: Wie entsteht unsere Persönlichkeit? Darauf gibt es nicht nur eine Antwort.

---

* Vielen Studierenden ist nicht bewusst, dass Gewalt nicht die einzige Möglichkeit ist, Menschen zu verletzen. Es gibt viele Wege, um Menschen auch ohne aggressives Verhalten auszunutzen. Ein Politiker, Geschäftsführer oder Polizeibeamter, der seine Machtposition verwendet, um Menschen auszunutzen, kann sehr wohl eine antisoziale Persönlichkeitsstörung haben.

** Es gibt eine lange, komplexe Erklärung dafür, warum das DSM Wut nicht als eigenständige Störung aufführt. Dazu gehören neben der Tatsache, dass dieser Leitfaden im psychodynamischen Denken wurzelt, auch die Auffassung, dass Wut, anders als andere Emotionen, kontrollierbar ist, und die Angst davor, dass Wut zur Kennzeichnung der Schuldunfähigkeit gewertet werden könnte. Unabhängig von den Gründen ist eine der Folgen jedoch die, dass man sich nicht um wütende Menschen kümmert, wenn sie es brauchen.

Fallstudie: Nathan – »Ich will kein Tyrann sein«

Einem ehemaligen Klienten von mir, Nathan*, half ich dabei, sein Wutproblem zu lösen. Das Muster, das sich bei ihm zeigte, war ziemlich klar zu erkennen. Meistens war er nicht wütend, sondern relativ entspannt. Er war ein erfolgreicher Student, hatte viele Freunde, die ihn zu mögen schienen und gut mit ihm klarkamen, und in unseren Therapiesitzungen war er immer sehr angenehm. In den Gesprächen, die ich mit ihm führte, habe ich ihn nicht ein einziges Mal wütend erlebt.

Nathans Wutproblem spielte sich nach einem vorhersehbaren Muster ab, das wie folgt aussah: Wenn er an den Wochenenden mit seiner Freundin ausging, regte er sich über irgendetwas auf, was sie tat, und schnauzte sie an. Er hat ihr zwar nie körperliche Gewalt angetan, aber verhielt sich unbestritten verbal und emotional gewalttätig, was er auch zugab. Er erzählte mir, dass er sie anschrie, grausame Dinge zu ihr sagte und ihre Freunde anbrüllte, wenn diese versuchten einzugreifen. Manchmal verstärkte Alkohol den Wutausbruch, aber nicht immer.

Obwohl ich ihn nie wütend erlebte, wirkte er oft traurig und verängstigt. Dies war der andere Teil des Musters. Nach Wutausbrüchen litt er unter starken Schuldgefühlen, Traurigkeit und Scham. Dieser junge Mann, der sich seiner Freundin und ihren Freunden gegenüber schlecht verhielt, war in meinem Büro ein Häufchen Elend und schluchzte, während er erzählte, was er getan und gesagt hatte.** Er gab an, dass er all das an sich selbst hasste, aber dass er sich in diesen Momenten einfach nicht bremsen konnte. Eines Tages sagte er mit Tränen in den Augen zu mir: »Ich will nicht so sein. Ich möchte kein Tyrann sein oder anderen Angst machen.«

* Name geändert.

** Mir ist bewusst, dass dies ein häufiges Muster in missbräuchlichen Beziehungen ist. Und es soll kein Versuch sein, den Schmerz und das Leid, welche er seiner Freundin zweifellos zugefügt hat, herunterzuspielen oder zu rechtfertigen. Ich möchte nur ein vollständiges Bild zeichnen.

Nathan war bei einem Tyrannen aufgewachsen. Sein Vater war ein wütender Mensch, aber ganz anders als Nathan. Nathans Wut war weitgehend situativ. Um es mit Allports Worten zu sagen: Nathans Wut war eine *sekundäre Persönlichkeitseigenschaft*. Er wurde unter bestimmten Umständen wütend, und die Gründe dafür waren offenbar Eifersucht und der Wunsch, seine Freundin zu kontrollieren. Er hatte Angst, sie zu verlieren. Und genau diese Angst zeigte sich auf furchtbare Weise. Nathans Vater hingegen wollte alles und jeden kontrollieren. Er rastete schnell aus, nicht nur gegenüber Nathan, sondern gegenüber jedem, mit dem er zu tun hatte. Für Nathans Vater war die Wut eine *zentrale Persönlichkeitseigenschaft*.

Wann Nathans Vater wütend wurde, war völlig unvorhersehbar und unberechenbar. Dennoch konnte man sich auf zwei Dinge verlassen: Es geschah häufig und intensiv. Jedoch konnte Nathan nur schwer einschätzen, wann und warum es zu einem Wutausbruch kam. So befand er sich selbst in einer Situation, die ihm nicht gefiel und ihn wütend machte. Außerdem brachte Nathans Vater seine Wut oft auf eine Weise zum Ausdruck, die Nathan wirklich Angst machte. Er schrie, fluchte und schimpfte. Und wenn es nicht gegen Nathan gerichtet war, dann gegen seine Geschwister oder Mutter, aber oft auch gegen Fremde.

Nathan erzählte mir, dass er sein ganzes Leben lang Angst vor seinem Vater gehabt hatte. Immer wenn sie zusammen waren, fürchtete er, dass er ausrasten würde und ihn oder irgendjemanden in ihrer Nähe angehen würde. Nathan machte beides Angst. Er hasste es, wenn sein Vater herumbrüllte, auch wenn es nichts mit ihm zu tun hatte. So war sein Leben ein einziger Eiertanz*, weil er ständig Angst hatte, etwas zu tun, was seinen Vater wütend machen könnte.

Noch schlimmer war die Tatsache, dass er auch Angst hatte, jemand in seinem Umfeld könnte etwas tun, was seinen Vater erzürnen würde. Das

* Diesen Ausdruck habe ich von fast allen gehört, mit denen ich gesprochen habe und die mit einer wütenden Person zusammenleben. Um zu illustrieren, wie anstrengend sie es empfanden, benutzten viele den Ausdruck »Eiertanz«.

war unangenehm für ihn, denn er hatte es ja nicht in der Hand, was die Menschen um ihn herum taten, dennoch beschäftigte es ihn sehr. Wenn er mit seinem Vater in einem Restaurant saß, geriet er bereits in Panik, wenn der Kellner zu lange brauchte. Er befürchtete, dass dies seinen Vater ärgern könnte. Er machte sich auch Sorgen darüber, dass eines seiner Geschwister etwas tun könnte, was seinen Vater frustrieren würde, sodass dieser dann herumschreien würde.

So versuchte er schließlich, jeden daran zu hindern, etwas zu tun, was seinen Vater wütend machen könnte. Er ertappte sich sogar dabei, dass er an Stelle seines Vaters ungeduldig wurde und Kellner zur Eile antrieb. Und wenn jemand vor ihnen zu langsam ging, fing er an zu drängeln. Da er wusste, was seinen Vater ärgerte, versuchte er verzweifelt, frühzeitig zu verhindern, dass es so weit kam. Er schimpfte mit seinen Geschwistern, wenn sie zu wild waren, und wechselte das Thema, wenn er wusste, dass sich sein Vater darüber aufregen würde. Mit seinem Vater über persönliche Dinge zu reden, die ihn in irgendeiner Weise verärgern konnten, vermied er konsequent.

Aus dieser Dynamik erwuchs schließlich sein eigenes Kontrollbedürfnis. Das »Fehlverhalten« anderer machte seinen Vater wütend, und diese Wut machte Nathan Angst. Seine Strategie, mit der Wut seines Vaters umzugehen, bestand darin, einen Ausbruch zu verhindern. Und das bedeutete manchmal, dass er versuchen musste, die Menschen in seinem Umfeld zu kontrollieren. Seine damalige Freundin (und, wie ich später erfuhr, auch viele andere Menschen in seinem Leben) musste das ausbaden. Er wollte, dass sich die Menschen auf eine bestimmte Weise verhielten. Taten sie nicht, was er erwartete oder wollte, war er verärgert und frustriert, und so versuchte er unbewusst, die Menschen um ihn herum »auf Kurs zu halten«. Dazu nutzte er manchmal auch seine eigene Wut, wie bei seiner Freundin.

Klar ist jetzt, woher Nathans Kontrollsucht stammt, aber was ist mit der Wut seines Vaters? Ein Blick auf seine Persönlichkeit, zumindest aus Nathans Perspektive, ergab, dass die Wut seines Vaters durch verschiedene Eigenschaften bedingt war, die dazu führten, dass er schneller wütend wurde und seine Wut nach außen zum Ausdruck brachte. Eine der Eigenschaften, die dabei eine Rolle spielten, war seine Ungeduld. Dinge sollten schnell und korrekt erledigt werden. Auch neigte er dazu zu urteilen. So waren seine Erwartungen an Mitmenschen sehr hoch. Wurden sie nicht erfüllt, war er ihnen gegenüber sehr kritisch. Er schreckte auch nicht davor zurück, ihnen zu sagen, was er von ihnen hielt. Diese Kritik äußerte er lautstark, was dazu führte, dass er seine Wut oft laut und aggressiv zum Ausdruck brachte.

TIPP

Versuchen Sie, einige der Faktoren zu erkennen, die der wütenden Persönlichkeit eines Menschen zugrunde liegen könnten, etwa Ungeduld, Kontrollbedürfnis, Anspruchsdenken oder etwas anderes.

Gen-Umwelt-Interaktion

Nathans Geschichte ist interessant, denn sie zeigt uns, dass die Wut seines Vaters über zwei verschiedene Wege an ihn weitergegeben wurde: über die Gene und über die Erziehung. Die Beeinflussung durch den Vater begann also bereits vor Nathans Geburt. Doch bevor wir uns den Zusammenhang zwischen Genetik und Wut ansehen, sollten wir festhalten, dass sich unsere Gene nicht von der Umwelt, sprich von äußeren Faktoren, trennen lassen. Sie sind eng miteinander verbunden. Das wird oft mit Kuchenbacken verglichen und der Frage, ob Zucker oder Mehl für das gute Ergebnis verantwortlich ist. Auch wenn sie anfangs getrennt waren, führte ihre Verbindung letztlich zum gelungenen Kuchen. Lässt man eines der beiden weg, ist es einfach nicht mehr derselbe Kuchen. Im Fall von Nathan lässt sich nicht sagen, ob sein Wutproblem das Ergebnis seiner Gene oder seiner Erziehung war – vermutlich jedoch von beidem. Dies wird in der Wissenschaft als Gen-Umwelt-Interaktion bezeichnet.

Die Gen-Umwelt-Interaktion besagt, dass unsere Eigenschaften und unsere Persönlichkeit durch ein Wechselspiel zwischen unseren Genen und äußeren Faktoren bestimmt werden. In das Leben starten wir zwar meistens nur mit einer Veranlagung für eine spezielle Eigenschaft (Angst, Intelligenz, Wut), aber die spätere Ausprägung dieser Veranlagung ist abhängig von den äußeren Faktoren, in denen wir uns entwickeln. Ein Beispiel dafür: Jemand wird mit einer genetischen Veranlagung für hohe Intelligenz (zumindest in der engen Definition von Intelligenz) geboren. Wird diese Person jedoch bereits im Mutterleib oder in der Kindheit Umweltgiften wie Blei, Quecksilber oder Alkohol ausgesetzt, führt dies wahrscheinlich dazu, dass die Veranlagung für hohe Intelligenz verkümmert. Dass diese Person irgendwann den hohen IQ erreichen wird, für den sie aufgrund ihrer genetischen Veranlagung prädisponiert wäre, ist somit unwahrscheinlich.

Das ist zwar ein drastisches Beispiel, es gilt aber für alle Persönlichkeitseigenschaften. Ob jemand klein oder groß wird, entscheidet die genetische Veranlagung, aber Ernährung oder andere Faktoren spielen bei der letztlichen Ausprägung dann auch eine Rolle. Deshalb ist es möglich, dass wir schließlich nicht so klein oder groß werden, wie es aufgrund unserer Gene der Fall sein könnte. Und so mögen wir auch eine Veranlagung für Ängstlichkeit geerbt haben, doch aufgrund unserer Lebenserfahrungen, vor allem in jungen Jahren, wurde sie abgeschwächt. Oder es kann sogar sein, dass wir die ängstliche Persönlichkeit, die in uns festgelegt ist, gar nicht entwickeln. Allerdings kann auch das Gegenteil eintreten. So kann jemand zwar keine signifikante genetische Veranlagung für Ängstlichkeit haben, aber dennoch aufgrund von Stressoren oder traumatischen Erfahrungen in jungen Jahren zu einer ängstlichen Persönlichkeit werden.

Es ist dieses Wechselspiel von Genen und äußeren Faktoren, das Genetiker erforschen. Sie sind nicht nur an den Genen interessiert. Oder, um es wie Dr. Francis S. Collins vom US-amerikanischen Institut für Humangenetik zu sagen:

> Viele Menschen gehen davon aus, dass wir Genetiker nur an den Genen interessiert sind und äußere Faktoren für nicht besonders wichtig halten. Nun, das ist keineswegs der Fall. Bei den meisten komplexen Krankheiten wie Diabetes, Krebs oder Herzkrankheiten ist das Wechselspiel zwischen Genen und Umwelt ursächlich für die Krankheit. Auch wenn man eine genetische Prädisposition hat, wird die Krankheit ohne das zusätzliche Zutun von äußeren Faktoren wahrscheinlich nicht ausbrechen. Deshalb stellen gerade die äußeren Faktoren einen wichtigen Bereich in der heutigen Forschung dar. Denn nur so können wir verstehen, wie die Gene und die äußeren Faktoren zusammenwirken und wie wir die äußeren Faktoren für jemanden verändern können, der von der genetischen Veranlagung her zur Risikogruppe gehört.[18]

Die genetische Veranlagung für Wut

Aus all dem ergibt sich, dass es zwar bekannte genetische Prädiktoren für Wut und Aggression gibt, diese aber erst durch das *Wechselspiel* mit äußeren Faktoren eine chronische Wut auslösen. Jemand wie Nathan wurde vielleicht mit einem hohen Wutpotenzial geboren, hätte aber womöglich nie entsprechende Wutprobleme entwickelt, wenn diese nicht auch in seinem Umfeld deutlich zutage getreten wären. Gleichzeitig kann jemand auch ohne signifikante genetische Veranlagung für Wut ein ernsthaftes Wutproblem aufweisen, sofern er in einem Umfeld aufwächst, in dem Wut eine bedeutende Rolle spielt.

In Bezug auf die dissoziale bzw. antisoziale Persönlichkeitsstörung gibt es eine Vielzahl von Forschungsarbeiten, die sich mit der genetischen Veranlagung befassen. Diese Arbeiten hat Dr. Christopher Ferguson 2010 mithilfe einer Metaanalyse wunderbar zusammengefasst.[19] Eine Metaanalyse ist ein statistisches Verfahren, bei dem die Ergebnisse veröffentlichter Studien zu einem bestimmten Thema untersucht werden. Dabei stieß

Dr. Ferguson auf 38 Artikel, in denen die antisoziale Persönlichkeitsstörung anhand von Zwillings-, Adoptions- oder verhaltensgenetischen Forschungsdesigns untersucht worden war.

Für die Erforschung von genetischen Prädispositionen kann sowohl die Zwillings- als auch die Adoptionsforschung wertvolle Dienste leisten. Bei der Zwillingsforschung werden zum Beispiel Vergleiche zwischen eineiigen und zweieiigen Zwillingen angestellt, um die Heritabilitätsrate (Erblichkeitsrate) besser zu verstehen. Wäre die dissoziale Persönlichkeitsstörung zum Beispiel zu 100 Prozent genetisch bedingt (was allerdings nicht der Fall ist), würden bei einem eineiigen Zwillingspärchen beide Geschwister daran erkranken. Hätte ein zweieiiger Zwilling diese Störung, läge die Wahrscheinlichkeit, dass auch der andere daran erkrankt, bei etwa 50 Prozent, da zweieiige Zwillinge durchschnittlich etwa 50 Prozent ihrer Gene miteinander teilen (genau wie Nicht-Zwillingsgeschwister). Besonders interessant ist dies deshalb, weil bei eineiigen und zweieiigen Zwillingen, die gemeinsam aufwachsen, Umfeld und Erziehung ähnlich sind (und da sie gleich alt sind, möglicherweise sogar noch mehr als bei Nicht-Zwillingsgeschwistern). So ist der Einfluss von äußeren Faktoren für beide weitgehend gleich und der Hauptunterschied zwischen ihnen besteht in ihrem jeweiligen genetischen Hintergrund.

In der Adoptionsforschung gilt ein ähnliches Prinzip. Wenn adoptierte Kinder und Adoptiveltern keinerlei genetische Verwandtschaft miteinander aufweisen, lassen sich Vergleiche zwischen den Kindern und ihren Adoptiveltern einerseits und ihren biologischen Eltern andererseits anstellen. Dabei kann untersucht werden, welche Eigenschaften der Kinder denen ihrer biologischen Eltern (mit denen sie genetisch verwandt sind) ähneln und welche Eigenschaften denen ihrer Adoptiveltern (die sie aufgezogen haben und mit denen sie ein ähnliches Umfeld teilen) am ehesten entsprechen. Nachdem Dr. Ferguson die 38 Studien, bei denen diese Methoden zur Erforschung der antisozialen Persönlichkeitsstörung verwendet wurden, untersucht hatte, kam er zu dem Ergebnis, dass bei gut der Hälfte der Fälle (56 Prozent) die dissoziale Persönlichkeitsstörung genetisch bedingt war.

Das bedeutet natürlich nicht, dass man gegen die Störung, die bei der Geburt bereits festgelegt worden ist, nichts tun kann. Schließlich haben wir gesehen, dass es eine Wechselwirkung zwischen genetischen und äußeren Faktoren gibt. Deshalb heißt das nur, dass Menschen eine höhere Wahrscheinlichkeit für die Entwicklung einer antisozialen Persönlichkeitsstörung vererbt bekommen können. Ob sich die Störung dann entwickelt, hängt wiederum von Erziehung, Umwelteinflüssen, Beziehungen zu Gleichaltrigen, Bildungschancen und weiteren Faktoren ab.

Die Forschung zur antisozialen Persönlichkeitsstörung ist hier aus zwei Gründen von besonderer Bedeutung. Erstens, weil Wut eine bedeutende Rolle bei dieser Störung spielt, und zweitens, weil es viel mehr Forschungsergebnisse zu dieser Störung gibt als zu Wut im Speziellen. Denn über Wut und die Rolle der Genetik dabei liegen weitaus weniger Studien vor (vor allem im Vergleich zur Anzahl der Untersuchungen zu anderen gefühlsbezogenen Erfahrungen wie Angst und Depression).* Was wissen wir also über die Wut? Ist das Gefühl an sich oder die Art und Weise, wie Wut geäußert wird, genetisch bedingt?

2005 führten Dr. Xiaoling Wang und Kollegen eine Studie durch, um genau dies zu ergründen.[20] Dafür untersuchten sie die Ausdrucksformen von Wut bei 306 eineiigen und zweieiigen Zwillingspaaren. Dabei stellten sie fest, dass genetische Faktoren tatsächlich eine Rolle spielten. In dieser Studie ging es nicht darum, wie oft Menschen wütend werden oder wie stark ihre Wut ist, sondern wie sich ihre Wut äußert. Sie kamen zu dem Ergebnis, dass Wutunterdrückung und -kontrolle (tiefes Ein- und Ausatmen, Zählen) eher genetisch beeinflusst sind, während das Herauslassen der Wut durch äußere Faktoren gefördert wird. Es gibt eine interessante Theorie dazu, wieso manche Ausdrucksformen eher genetisch bedingt sind als andere. Dazu mehr im nächsten Kapitel über die Erziehung.

---

* Dies ist wahrscheinlich eine der Folgen davon, dass Wut im DSM nicht angemessen berücksichtigt wurde. In der Regel erhalten Themen, die im DSM behandelt werden, viel mehr Aufmerksamkeit und Forschungsmittel als andere.

Die Wut und das Gehirn

Wie beeinflussen nun aber genetische Veranlagungen unsere Wut? Was verändern unsere Gene im Gehirn oder anderswo, um als Bausteine für Wut zu dienen? Wenn Nathan tatsächlich das Temperament seines Vaters geerbt hat, ist die Frage, *wie* dies passiert ist. Es ist schwer, wenn nicht gar unmöglich, die spezifischen Zusammenhänge zwischen Genen und den Gefühlsäußerungen, die sie hervorrufen, zu identifizieren. Wenn wir über genetische Veranlagung sprechen, meinen wir nicht ein einzelnes Gen, das Wut (oder Angst, Intelligenz oder irgendetwas anderes) auslöst. So einfach ist das Ganze in der Regel nicht. Vielmehr ist es eine Kombination von Genen, die eine Zunahme oder Abnahme bestimmter Gehirnstrukturen oder Hormone verursacht.

So wurde 2013 zum Beispiel in einer Studie festgestellt, dass die Größe der Amygdala durch eine Kombination von Genen bestimmt wird.[21] Die Amygdala, auch »Mandelkern« genannt, besteht aus zwei kleinen, zusammenpassenden Strukturen tief im Zentrum unseres Gehirns. Wenn wir wütend werden, rührt das daher, dass unsere Amygdala Informationen aufgenommen hat, die sie als provozierend empfindet. Daraufhin löst sie eine Wutreaktion aus. Wie ein emotionaler Computer verarbeitet sie Informationen (in der Regel aus der Außenwelt, aber auch aus unserem Gedächtnis und sogar aus unserer Vorstellungskraft*) und löst emotionale Reaktionen aus. Oder anders gesagt: Die Amygdala ist jener Teil unseres Gehirns, der den »Wutknopf« (oder den der Traurigkeit, Ängstlichkeit oder eines ähnlichen Gefühls) im Gehirn drückt. Sobald dies passiert, sendet sie Signale an andere Gehirnstrukturen und das Dominospiel beginnt: Die Wutreaktion setzt ein.

* Unterschätzen Sie nicht die Kraft unserer Erinnerungen. Jeder von uns wird immer wieder wütend, wenn er an einen Moment zurückdenkt, in dem er provoziert wurde. Erinnere ich mich an gewisse feindselige Kommentare, die ich in den sozialen Medien erhalten habe, erhöht sich mein Puls, spannen sich meine Muskeln an und ich fange an zu schwitzen.

GUT ZU WISSEN

Wut wird oft zusammen mit anderen Gefühlen wie Traurigkeit, Angst und Schuld erlebt. Einer der Gründe dafür ist, dass die biologischen Grundlagen all dieser emotionalen Erfahrungen sehr ähnlich sind.

Der nächste Dominostein in der Reihe ist der Hypothalamus. Der Hypothalamus steuert unser autonomes Nervensystem und löst die Kampf-oder-Flucht-Reaktion aus. Dabei erhöht sich unser Puls, unsere Atmung wird stärker, unsere Muskeln spannen sich an, wir beginnen zu schwitzen und unser Verdauungssystem verlangsamt sich. So bereitet sich unser Körper darauf vor, zu fliehen (wenn wir Angst haben) oder zu kämpfen (wenn wir wütend sind). Dies ist Teil einer komplexen Abfolge, die dazu dient, uns die Kraft zu geben, einer Gefahr zu entkommen oder sich Ungerechtigkeiten zu widersetzen. Gleichzeitig sendet die Amygdala Signale an den Kern des Gesichtsnervs, eine Neuronengruppe im Hirnstamm, welche unsere Mimik steuert. So entstehen sofort beim Auftreten eines Gefühls bestimmte Gesichtsausdrücke, allerdings nur unkontrollierte Ausdrücke (zum Beispiel gerunzelte Augenbrauen*, schmale Lippen, harter Blick).

Diese Teile der Wuterfahrung, über die wir eben keine oder kaum Kontrolle haben, passieren als sofortige Reaktion auf die Provokation, also noch bevor wir anfangen, Bewältigungsstrategien anzuwenden. Eine dieser Strategien ist tiefe Atmung. Sie verlangsamt beispielsweise die einsetzende Kampf-oder-Flucht-Reaktion. Die Kontrolle über unsere Mimik können wir zwar wieder zurückgewinnen, aber erst nachdem die erste Reaktion erfolgt ist. Der Teil unseres Gehirns, der uns das Wiedererlangen

* Ich habe immer eine Falte zwischen meinen Augen, die meiner Ansicht nach weniger mit Wut als mit Stress und Konzentration zu tun hat. Als das Thema kürzlich in den sozialen Medien aufkam, war ich überrascht davon, wie viele Leute mir dafür Botox empfahlen.

der Kontrolle ermöglicht – etwa durch tiefes Atmen, das Einleiten anderer Gesichtsausdrücke oder die Regulierung des Bedürfnisses, körperlich oder verbal auszurasten –, ist der präfrontale Cortex. Dieser Bereich des Gehirns befindet sich direkt hinter der Stirn und ist an der Entscheidungsfindung, Planung und anderen fortgeschrittenen Denkaufgaben beteiligt. Da hier entschieden wird, wie wir mit unserer Wut umgehen, können manche Menschen in diesem Bereich auch den Wunsch zügeln auszurasten.

Heute wissen wir, dass dies zumindest teilweise von unseren Genen beeinflusst wird. In einer Studie aus dem Jahr 2007, in der eine Reihe von Magnetresonanztomographiebildern des Gehirns ausgewertet wurden, konnte beispielsweise festgestellt werden, dass unsere Gene für die Größe des präfrontalen Cortex verantwortlich sind.[22] Unsere Fähigkeit, Wut zu kontrollieren und nicht auszurasten, ist in diesem Teil des Gehirns verankert, der aufgrund der von uns geerbten Gene so ist, wie er ist. Doch es sind nicht nur unsere Gehirnstrukturen, die wir geerbt haben, die unsere Wut und Aggression beeinflussen können. Auch die Hormone, die wir bilden und die unsere Wut ebenfalls beeinflussen können, werden von unseren Genen bestimmt.

Die komplizierten Auswirkungen von Testosteron

Ich werde hier behutsam vorgehen, denn über den Zusammenhang von Testosteron und Wut oder Aggression zu sprechen, finde ich schwierig. Da Testosteron besonders mit einem biologischen Geschlecht verbunden ist, endet jede Diskussion, in der angedeutet wird, dass Testosteron Aggressionen verursacht, damit, dass einige dies so interpretieren, dass Testosteron der Grund ist, warum Männer aggressiver sind als Frauen. Doch diese Aussage ist aus verschiedenen Gründen nicht zutreffend. Erstens gibt es viele Gründe, warum Männer ein größeres Aggressionspotenzial haben als Frauen. Und zweitens führt Testosteron nicht unbedingt zur Steigerung von Wut und Aggression, zumindest nicht so, wie viele Menschen denken.

Was wissen wir heute über Testosteron, Aggression und Wut? Testosteron ist ein Sexualhormon, das nicht nur bei Männern, sondern auch bei Frauen eine Rolle bei der sexuellen Reifung spielt. In der Pubertät ist Testosteron verantwortlich für die Weiterentwicklung der Geschlechtsorgane, die Muskelgröße, das Knochenwachstum und vieles mehr. Außerdem wirkt Testosteron sexuell aktivierend, da es vor und während der sexuellen Erregung freigesetzt wird. In der Vergangenheit wurde aus gutem Grund angenommen, dass Testosteron eine biologische Ursache für Aggression ist. In jüngster Zeit hat man jedoch entdeckt, dass dieser Zusammenhang gar nicht so eindeutig und wahrscheinlich auch gar nicht so stark ist, wie die meisten Menschen glauben.

Es scheint zu stimmen, dass Testosteron für Aggression mitverantwortlich ist, allerdings gibt es noch eine Reihe von anderen Faktoren. Das bedeutet, dass Testosteron nicht allein die Aggression bedingt und nicht alle Arten von Aggression. Die meisten Untersuchungen zu diesem Thema wurden mit Tieren durchgeführt und liefern die übereinstimmende Erkenntnis, dass aufgrund der Tatsache, dass Testosteron mit dem Streben nach einem höheren sozialen Status verbunden ist, es auch eher mit sozialen Formen der Aggression zusammenhängt.[23] So ist Testosteron bei den meisten Säugetieren ein ziemlich guter Prädiktor für Dominanz oder territoriale Aggression (physische Gewalt aufgrund von Streben nach Macht oder Eigentum). Kein so deutliches Anzeichen ist es für räuberische Aggression oder Abwehraggression bei Tieren.

Die meisten Untersuchungen am Menschen, insbesondere die in der jüngsten Zeit, haben ebenfalls Zusammenhänge festgestellt. Die Forscher haben den Testosteronspiegel von Studienteilnehmern gemessen, vor allem der Männer, und ihre Gewalttätigkeit in der Vergangenheit festgehalten, um Zusammenhänge zwischen beiden Faktoren zu entdecken. Dabei stellten sie zwar eine Verbindung zwischen Aggression und schweren Straftaten, einschließlich Vergewaltigung und Mord, fest, nicht jedoch zwischen Aggression und gewaltlosen Straftaten wie Diebstahl oder Drogenmissbrauch. Auf den ersten Blick scheint dies ein deutlicher Beweis dafür zu sein, dass Testosteron die Aggression erhöht. Bei dieser Art von Untersuchungen, Korrelationsforschung genannt, stellt sich jedoch die gleiche Frage wie bei der Henne und dem Ei: Löst ein hoher Testosteronspiegel Gewalt aus oder erhöht Gewalt den Testosteronspiegel?[24]*

Neuerdings ermöglichen Testosteronersatztherapien, deren Einsatz zugenommen hat, eine bessere Untersuchung des Zusammenhangs von Testosteron und Wut bzw. Aggression bei Menschen. Forschern ist es in Experimenten gelungen, den Testosteronspiegel so zu verändern, dass sie die Auswirkungen dieser Manipulation auf Gefühle und Verhalten messen konnten. In einer kürzlich durchgeführten Studie[25] teilten die Forscher männliche Teilnehmer in zwei Gruppen ein: Die eine erhielt Testosteron, die andere ein Placebo. Danach ließ man die Teilnehmer Videospiele spielen, und zwar mit einem absichtlich nicht funktionierenden Joystick, was die Teilnehmer jedoch nicht wussten. Das führte dazu, dass die Teilnehmer weder gewinnen noch die versprochene Belohnung erhalten konnten.** Es zeigte sich, dass die Teilnehmer, die Testosteron bekommen hatten, zwar nicht aggressiver, aber wütender waren als die Teilnehmer der Placebo-Gruppe. Nicht nur diese Studie, sondern auch eine Reihe anderer Studien der letzten 15 Jahre belegen diesen interessanten Zusammenhang: Exogenes, also verabreichtes Testosteron scheint die Wut zu steigern, nicht aber unbedingt den Aggressionspegel. Es ist wahrscheinlich, dass zumindest ein Teil dieser testosteronbedingten Steigerung von Wut auf die Rolle des Hormons bei dem Streben nach einem höheren sozialen Status zurückzuführen ist. Menschen, die einen höheren sozialen Status anstreben, sind oft

* Jeffcoate und Kollegen fanden 1978 genau dies in einer Studie heraus. Dafür sperrten sie fünf Männer zwei Wochen lang auf einem Boot ein und überwachten ihren Testosteronspiegel täglich. Auch die Bewertung der Aggressivität der Männer erfolgte täglich. So stellten sie fest, dass sich der Testosteronspiegel mit der Hierarchie, die zwischen ihnen entstand, veränderte. Sie kamen zu dem Schluss, dass soziale Interaktion unter bestimmten Umständen zur Veränderung des endokrinen, sprich hormonelle, Status beim Menschen führen kann.

** Der erwachsene Ryan findet das Experiment mit dem defekten Joystick lustig. Er hat schon so oft Videospiele gespielt und Leute dabei beobachtet, dass er genau weiß, wie frustrierend so etwas sein kann. Das Kind bzw. der Jugendliche Ryan, der Videospiele liebt und sie sehr ernst nimmt, findet dieses Experiment gemein.

wütend, wenn sie in ihrem Streben behindert werden. Dies ist eine Form der Zielblockade. Sie möchten Anerkennung für ihre Leistungen (beruflicher Status, sportliche Leistung oder ein Sieg in einem Videospiel wie in der obigen Studie), werden aber wütend, wenn sie ihre Ziele nicht erreichen oder ihnen die Anerkennung verwehrt wird. Bekommen sie nicht, was sie ihrer Meinung nach verdient haben – dazu gehört auch Anerkennung –, rasten sie aus.

Was bedeutet das kurz zusammengefasst? Erstens wird Testosteron bei Tieren mit bestimmten Aggressionsformen in Verbindung gebracht, was sich nicht unbedingt auf Menschen übertragen lässt. Zweitens gibt es sowohl bei Tieren als auch bei Menschen einen Zusammenhang zwischen Testosteron und Statusstreben. Drittens zeigen Veränderungen des Testosteronspiegels, dass Zielblockaden wütende Reaktionen auslösen. Und schließlich gibt es bei Menschen offenbar einen Zusammenhang zwischen Statusstreben und Wut. Daraus lässt sich ableiten, dass der Einfluss von Testosteron auf die menschliche Wut und Aggression wahrscheinlich direkte und indirekte Komponenten hat. Ein hoher Testosteronspiegel steigert die Wut- und Aggressionsneigung (direkt) und führt zu dem Streben nach einem höheren sozialen Status, was wiederum die Neigung, wütend zu werden, erhöht (indirekt).

Um auf die Eingangsfrage – wie Gene unsere Wut beeinflussen – zurückzukommen, lässt sich sagen, dass die Höhe des Testosteronspiegels zweifelsohne von unseren Genen bestimmt wird. Dies wurde zwar schon seit Längerem untersucht und angenommen, aber erst im letzten Jahrzehnt haben mehrere Studien mithilfe von unterschiedlichen Methoden nachgewiesen, dass unsere Gene den Testosteronspiegel festlegen. Eine dieser Studien, in der Daten von über 400 000 Teilnehmern ausgewertet wurden, hat einerseits gezeigt, dass der Testosteronspiegel bei Männern wie bei Frauen erblich bedingt ist und dass zum anderen hohe Testosteronwerte eine Reihe von Auswirkungen auf die körperliche Gesundheit haben.[26]

All dies ist natürlich völlig bedeutungslos, wenn wir diese Erkenntnisse nicht dazu nutzen, über wütende Menschen in unserem Leben und über einen besseren Umgang mit ihnen nachzudenken. Aber warum ist das so wichtig? Schließlich können wir sowieso nicht in die Biologie eines anderen Menschen eingreifen. Um zu erklären, wieso ich das für wichtig halte, kehre ich kurz zurück zu dem, was ich im Vorwort erwähnt habe: dass wir versuchen sollten, Menschen in unserem Leben, die schnell wütend werden, mit Mitgefühl und Verständnis zu begegnen. Um sie wirklich verstehen zu können, müssen wir wissen, woher ihre Wut kommt.

Das »U« in Gen-Umwelt-Interaktion

Während ich mich mit der aktuellen Forschung zum Zusammenhang zwischen Genetik und Testosteron befasste, stieß ich auf eine Studie aus dem Jahr 2018[27], die mich nachdenklich machte. Darin wurden sowohl genetische als auch äußere Faktoren (Umwelt) aus der Kindheit für die Höhe des Testosteronspiegels verantwortlich gemacht. Die Autoren der Studie, Dr. Kesson Magid und Kollegen von der britischen Durham University, behaupten, dass der Testosteronspiegel eher durch Erfahrungen in der Kindheit als durch die Gene bestimmt wird. Da es sich jedoch um eine kleine Studie mit nur 359 Teilnehmern handelt und nicht um eine Studie mit 400 000 Teilnehmern wie die oben beschriebene bin ich zurückhaltend, daraus allzu viele Schlüsse zu ziehen. Allerdings sind wir damit bei dem Bereich Umwelt aus dem bereits erwähnten Terminus »Gen-Umwelt-Interaktion« angekommen. All die biologischen Unterschiede (Gene, Gehirnstrukturen, Hormone), die wir als Prädiktoren für Wut thematisiert haben, haben ihre Wurzel in unseren Genen. Gleichzeitig spielen aber auch unsere Erfahrungen – vor allem in der Kindheit – eine Rolle. Nathan war nicht nur das Produkt der Gene seines Vaters, sondern auch von dessen Erziehung. Seine Wut resultierte ebenso aus dem Verhalten seines Vaters, aus dessen Weltbild und aus der Dynamik ihrer Beziehung. Im nächsten Kapitel werden wir genauer auf diese Faktoren und auf deren Einfluss auf die Wut eingehen.

ÜBUNG

Welche Rolle spielt die Biologie?

Wenn es eine wütende Person in Ihrem Leben gibt, nehmen Sie sich etwas Zeit, um über die möglichen biologischen Ursachen für deren Wut nachzudenken. Vielleicht können Sie das gar nicht einschätzen oder kennen die Person nicht gut genug, um eine Vorstellung von den genetischen Veranlagungen zu haben. Versuchen Sie dennoch, anhand dessen, was Sie über die biologische Familiengeschichte der Person (oder über ihre Neigung zu impulsivem Verhalten, das nicht mit Wut zusammenhängt) wissen, folgende Fragen zu beantworten:

1. Wie stark ist die Wut der Person Ihrer Ansicht nach erblich bedingt?
2. Führt das Wissen, dass die Wut wahrscheinlich zumindest teilweise genetisch bedingt ist, bei Ihnen zu mehr Empathie?

KAPITEL 3

Emotionale Erziehung

Erlernte Ausdrucksweisen

Als mein ältester Sohn etwa drei Jahre alt war, führte ich eines Tages mit meiner Frau eine hitzige Diskussion in unserer Küche. Ich weiß nicht mehr, worum es ging, aber wahrscheinlich hatte es mit Politik zu tun. Wir haben uns nicht gestritten, ganz im Gegenteil, sicher waren wir sogar einer Meinung. Aber wir regten uns beide über das Thema auf und unser Gespräch war ziemlich intensiv. Wir sprachen laut, blickten uns ernst an, und ich hatte eine bestimmte Haltung eingenommen wie so oft, wenn ich wütend bin oder über ein ernstes Thema rede: Der rechte Arm liegt vor meinem Zwerchfell angewinkelt am Körper an, mein linker Ellbogen ist auf meinem rechten Handgelenk abgestützt und mein Kinn ruht in meiner linken Hand.*

Mein Sohn befand sich ebenfalls in der Küche. Als ich während des Gesprächs zu ihm blickte, bemerkte ich, dass er die gleiche Haltung eingenommen hatte wie ich. Er blickte ernst zu mir, den einen Arm vor seiner Brust, den Ellbogen auf dem Handgelenk und das Kinn auf die Hand gestützt. Das war für mich bezaubernd und ergreifend gleichermaßen. Meine beiden Kinder sind adoptiert, ich habe ihnen also, genetisch gesehen, nichts vererbt. Außerdem sehen wir uns nicht ähnlich. Zu entdecken, dass er mir doch irgendwie ähnelt, war daher sehr beeindruckend. Es war auch

* Ehrlich gesagt, weiß ich nicht, woher ich diese Haltung habe, aber in Anbetracht dieses Kapitels wäre es durchaus interessant und auch witzig, dem nachzugehen.

ein faszinierendes Beispiel dafür, dass vieles von dem, was wir an unsere Kinder weitergeben, insbesondere was die emotionale Entwicklung angeht, nicht in unserer Biologie verwurzelt ist.

Fallstudie: Simone – »In meiner Kindheit hatte ich meistens das Gefühl, dass mich niemand versteht«

Als ich mit Simone sprach, war sie eine fast 40-jährige Frau, die sich selbst als »erfolgreich, gemessen an den meisten gesellschaftlichen Standards«, bezeichnete. Sie hatte eine gute Arbeit und war finanziell unabhängig. Sie war weder verheiratet, noch hatte sie Kinder. Sie lebte also, wie sie es selbst beschrieb, »zufrieden allein«. Sie war stolz auf das, was sie erreicht hatte, auch wenn der Weg dorthin nicht einfach gewesen war, wie sie erzählte: »Einen Großteil meiner 20er- und auch 30er-Jahre versuchte ich, die Persönlichkeit, die ich angenommen hatte, um den Erwartungen anderer zu entsprechen, abzulegen.«

Als Erwachsene hat Simone große Probleme mit ihrer Wut. Oder wie sie es selbst ausdrückte: Sie erlebt »eine reaktive Aggression und den Trieb, alles niederzubrennen«, sobald irgendetwas sie triggert. Ihre Wut ist vorhersehbar und tritt dann auf, wenn sie sich missverstanden fühlt oder die Kontrolle über Dinge verliert. »Es löst etwas in mir aus«, sagte sie, »wenn Menschen meine Motive und meine Integrität infrage stellen.« Sie erzählte, dass sie immer versucht, im Umgang mit anderen Menschen moralisch möglichst einwandfrei zu agieren. Doch wenn man sie infrage stellt, nimmt sie das persönlich.

Sie gab auch an, dass sie sich oft im Straßenverkehr ärgert. Aus beruflichen Gründen verbringt sie viel Zeit im Auto, manchmal drei Stunden am Tag, und ist unterwegs oft wütend. Das Verhalten der anderen Autofahrer gibt ihr das Gefühl, dass sie ihr Leben an jedem Arbeitstag in die eigene Hand nehmen muss. Das Autofahren löst nicht nur ein Gefühl der Hilflosigkeit aus, sondern auch Frustration darüber, wie sich die anderen Fahrer benehmen. Wahrscheinlich ist dies auf den hohen moralischen Anspruch zurückzuführen, den sie an sich selbst stellt. Sie versucht, rücksichtsvoll und umsichtig zu sein, ärgert sich aber maßlos über die Rücksichtslosigkeit der anderen.

Wie sich ihre Wut äußert, hängt von den Umständen ab. Im Auto schreit, flucht oder hupt sie, aber in anderen Situationen, etwa in einer engen Beziehung, zieht sie sich in sich selbst zurück. Dadurch gerät sie in eine »Spirale aus Selbsthass und Depression«. Sie hasst Konflikte und versucht, sie zu vermeiden. In Konfliktsituationen fühlt sie sich »außer Kontrolle und hilflos«. Deshalb ist das Auto der einzige Ort, an dem sie ihre Wut zum Ausdruck bringen kann. Das Auto ist für sie ein sicherer Ort, da sie dort niemand hört und die anderen alle Fremde sind.

Woher kommt Simones Wut? Sie erzählte mir, dass sie erst seit Kurzem einige Dinge aus ihrer Kindheit und deren Auswirkungen begriffen hat. »Von außen betrachtet, hatte ich eine ziemlich privilegierte Kindheit, Jugend und Erziehung«, sagte sie. »Wir lebten in einem Haus mit Garten, hatten große Autos und mein Vater trug immer Anzug und Krawatte, wenn er ins Büro ging.« Ob Kleidung oder Ernährung, es fehlte ihr an nichts, und sie wuchs behütet auf. Da ihre Eltern sehr leistungsorientiert waren, strengte sie sich in der Schule richtig an. Und über die Finanzierung ihrer weiterführenden Ausbildung musste sie sich keine Sorgen machen.

Gleichzeitig aber litt Simone unter ziemlich schwerem emotionalem Missbrauch und Vernachlässigung. So durfte sie zum Beispiel keine negativen Gefühle zeigen. Ihre Eltern waren Alkoholiker gewesen, die ursprünglich keine Kinder gewollt hatten, und ihr Vater war in seiner Jugend selbst ein Missbrauchsopfer gewesen. Ihre Eltern hörten mit dem Trinken auf, als Simone fünf Jahre alt war, aber bei ihrer Geburt waren sie noch ziemlich jung und »wussten nicht, was sie taten«.

Sie sagte zu mir: »Ich durfte keine Gefühle haben.« Sie war ein sensibles und kluges Kind, das alles hinterfragte, und ihrer Meinung nach war ihr Vater damit überfordert. Er wollte ein guter Vater sein, was für ihn bedeutete, dass seine Kinder brav und gehorsam sein sollten. »Solange seine Kinder das taten, was er wollte, und wir der Welt zeigten, wie gehorsam, gut erzogen und leise wir waren, war das für ihn ein Erfolg im Leben.«

Dafür terrorisierte er seine Kinder und manipulierte sie. Simone durfte keine Emotionen zeigen, auch nicht solche, die normal sind für ein Kind. Wenn sie sich über etwas aufregte, wurde sie bestraft. Äußerte sie irgendein negatives Gefühl, beschimpfte er sie. »Hör auf zu weinen, oder ich gebe dir einen Grund dafür«, drohte er dann. Gleichzeitig nutzte er den Missbrauch, den er als Kind erlebt hatte, als Mittel zur Einschüchterung und als Rechtfertigung für den emotionalen Missbrauch und die Vernachlässigung, die sie durch ihn erlebte, wenn er sagte, dass sie es nicht annähernd so schlimm hätte wie er und sie sich daher nicht beschweren sollte.

Seit sie erwachsen ist, arbeitet Simone daran, mit all dem klarzukommen. Sie ist in Therapie und versucht, ihr Unbehagen bezüglich Konflikten und ihr Wutproblem in den Griff zu bekommen. Sie sagte: »In einer perfekten Welt sind die Menschen nicht unsensibel, abwertend und herablassend.« Im Grunde möchte sie sich vor allem verstanden fühlen. »In meiner Kindheit hatte ich meistens das Gefühl, dass mich niemand versteht«, erzählte sie mir. Deshalb wünscht sie sich sehr, dass die Menschen ehrlich zu ihr sind und ihr zuhören.

Die Gefühle von Kleinkindern

Wie Nathan aus dem letzten Kapitel ist auch Simone ein gutes Beispiel dafür, wie die Gefühle eines erwachsenen Menschen in den Erfahrungen aus der Kindheit und seiner Entwicklung verwurzelt sind. Als Kind durfte Simone ihre negativen* Gefühle nicht zeigen. Sie wurde gescholten oder erfuhr sogar Schlimmeres, wenn sie Wut, Angst oder Traurigkeit offenbarte, und fürchtete sich vor den Reaktionen ihres Vaters. So lernen Kinder, welche Emotionen sie fühlen und ausdrücken dürfen und welche nicht.

Unser Verständnis dafür, wie sich bei Menschen Wut entwickelt, ist verbunden damit, wie sich Emotionen im Allgemeinen entwickeln – ein Prozess, der schon im Säuglingsalter beginnt. Die Emotionen von Säug-

* Ich möchte Emotionen nicht in »positiv« und »negativ« einteilen, denn so sehe ich das nicht. Unsere Emotionen sind einfach Gefühlszustände, die uns Informationen über die Welt geben, ähnlich wie Hunger, Durst oder andere physiologische Zustände. Dennoch können sie sich für bestimmte Menschen wie etwa Simone negativ anfühlen.

lingen sind ziemlich einfach. Nach der Geburt haben sie im Grunde nur zwei Gefühle: Zufriedenheit und Unzufriedenheit (die sich durch Weinen äußert). Diese Unzufriedenheit wird in der Regel dadurch ausgelöst, dass ihre körperlichen Bedürfnisse nicht befriedigt werden. Säuglinge weinen, wenn sie Hunger haben oder müde sind, wenn sie gewickelt werden müssen, wenn ihnen zu warm oder zu kalt ist und so weiter. Mit den Tränen und dem Weinen äußern sie ihren Unmut über etwas Negatives in ihrem Leben. Und mit diesen Mechanismen versuchen sie, die Befriedigung ihrer Bedürfnisse zu erreichen. Daneben gibt es zwar auch noch die Schreckreaktion als einen sehr grundlegenden Ausdruck von Angst, aber sonst gibt es nicht viel an emotionalen Erfahrungen und Ausdrucksweisen. Sogar das bewusste Lächeln, ein früher Gefühlsausdruck, zeigt sich erst etwa einen Monat nach der Geburt des Babys.*

Die grundsätzlichen emotionalen Erfahrungen und Ausdrucksweisen bilden sich erst mit der Zeit heraus. Mit zunehmender körperlicher und kognitiver Reife nimmt auch unsere Fähigkeit zu, mehr zu empfinden und dies auf neue Weise auszudrücken. Und dank unserer physischen Entwicklung können wir auf bestimmte Dinge reagieren. Unser Sehvermögen wird besser, sodass wir die Gesichter unserer Bezugspersonen erkennen können, um mit ihnen ein Lächeln auszutauschen. Dass wir besser sehen, bedeutet aber auch, dass wir verfolgen können, wie sie den Raum verlassen. Dies ist eine neue Erfahrung, die uns traurig machen kann. Die Fähigkeit zu laufen bietet aufregende Chancen, setzt uns aber auch neuen Gefahren aus, vor denen wir uns fürchten sollten, wie etwa einer Treppe oder einer heißen Herdplatte. Unsere zunehmende körperliche Reife nutzen wir, um Gefühle anders auszudrücken. Lächeln, schlagen, wegrennen und Gefühle aussprechen sind schließlich alles Dinge, die wir erst lernen müssen.

* Eltern bestreiten dies oft und behaupten: »Mein Baby hat sofort gelächelt.« Das Entscheidende dabei ist das Wort »bewusst«. Das frühe Lächeln eines Säuglings erfolgt in der Regel nicht bewusst. Es braucht Zeit, bis Babys lernen, ihre Mundmuskeln gezielt zu bewegen. Und bis sie gelernt haben, dass dies eine Möglichkeit ist, Freude und Glück auszudrücken, dauert es noch länger.

Für diese Veränderungen ist ebenso unsere geistige Entwicklung verantwortlich. Nach der Geburt wissen wir nicht, dass andere Menschen uns bewerten oder beurteilen. Mit zunehmender Reife jedoch erkennen wir, dass andere Menschen eigenständige Wesen sind und nicht die gleichen Beweggründe haben wie wir. Diese Erkenntnis führt zu neuen Gefühlen wie etwa Scham, Verlegenheit und Stolz. Was die Wut betrifft, so beruht sie auf einem subtileren Verständnis dafür, wie und warum Provokationen entstehen können. Ein Säugling ist vielleicht frustriert, weil er etwas haben möchte und es nicht bekommt. Mit zunehmendem Alter entwickelt sich jedoch ein Verständnis dafür, warum man etwas, das man sich gewünscht hat, nicht bekommen hat. Dieses Verständnis kann helfen, die Wut zu lindern (sie geben es mir nicht, weil es gefährlich ist). Es kann die Wut aber auch verstärken (sie geben es mir nicht, weil sie gemein sind).

GUT ZU WISSEN

Manchmal bestärken Menschen andere ungewollt in ihrer Wut, bevor diese überhaupt richtig zum Ausdruck gekommen ist. Sie machen sich solche Sorgen um einen möglichen Wutausbruch, dass sie einen Eiertanz vollführen, um ihn zu verhindern.

In diesem emotionalen Lernprozess entwickeln sich zum Teil auch die individuellen Unterschiede, wie wir Wut erleben und äußern. Während wir uns emotional entwickeln, finden wir dadurch, dass wir unsere Bezugspersonen und ihre emotionalen Reaktionen auf bestimmte Dinge miterleben, heraus, wie wir Dinge empfinden sollen. Für die Erklärung dieser emotionalen Entwicklung gibt es drei grundlegende psychologische Konzepte: Verstärkung, Bestrafung und Modelllernen.

Verstärkung, Bestrafung und Modelllernen

Verstärkung und Bestrafung gehören zu den grundlegendsten, aber oft falsch verstandenen Konzepten der Psychologie. Was müssen wir uns unter diesen Konzepten vorstellen? Wenn man ein bestimmtes Verhalten fördern möchte (zum Beispiel Bitte und Danke zu sagen), nutzt man Verstärkung. Um ein bestimmtes Verhalten einzugrenzen (etwa das Schlagen), verwendet man Bestrafung. Lobt man ein Kind dafür, dass es Bitte sagt, setzt man positive Verstärkung ein. Schimpft man mit ihm, weil es weint, wie es Simones Vater gemacht hat, wendet man Bestrafung an. In beiden Fällen ist die Verstärkung bzw. Bestrafung beabsichtigt, was bei Emotionen ziemlich oft passiert. Verstärkung und Bestrafung können aber auch unbeabsichtigt stattfinden.

Unbeabsichtigte Verstärkung und Bestrafung sehen wir häufig in der emotionalen Entwicklung (das meinen manche Leute mit »natürlichen Konsequenzen«). Wir verfügen über angeborene Ausdrucksweisen von Gefühlen, von denen einige bereits sofort nach der Geburt vorhanden sind (Weinen, Erschrecken) und andere sich erst etwas später entwickeln (Lächeln). Diese Ausdrucksweisen werden von unseren Bezugspersonen entweder verstärkt oder bestraft, manchmal absichtlich, zuweilen unabsichtlich. Wenn zum Beispiel ein kleiner Junge weint, sagt ein Elternteil vielleicht: »He, Männer weinen doch nicht.« Ein anderer Elternteil reagiert auf dasselbe Verhalten mit: »Das ist okay, lass es einfach raus.« Beide Kinder lernen ganz unterschiedliche Botschaften über das Zulassen von Tränen. Kind eins wurde mit einer milden Schelte bestraft, Kind zwei mit sanftem Lob bestärkt. Das erste Kind wird beim nächsten Mal wahrscheinlich versuchen, seine Tränen zurückzuhalten, während das zweite sie einfach zulassen wird.

TIPP

Überlegen Sie, wie Sie möglicherweise mit Ihrem Verhalten eine andere Person in ihrer Wut bestärken. Geben Sie ihrem Wunsch sofort nach oder versuchen Sie, die Situation so zu gestalten, dass der Wutausbruch weniger stark ausfällt?

Nicht nur unsere Bezugspersonen wenden Verstärkungen und Bestrafungen an. Kinder erfahren sie auch von Gleichaltrigen. Wer in der Schule Angst zeigt, wird womöglich von Mitschülern verspottet. Ist jemand dagegen ruhig, mutig oder vielleicht sogar aggressiv, wird er für seine »Coolness« und »Härte« gelobt. Was bedeutet das in Bezug auf Wut? Dazu müssen wir uns ansehen, wie bestimmte Ausdrucksweisen von Wut bei Kindern belohnt oder bestraft werden.

Wut gehört zu jenen Gefühlen, auf die Erzieherinnen und Erzieher sehr deutlich reagieren, wahrscheinlich weil oft Aggression und Gewalt damit verbunden sind. Wenn Kinder wütend sind, schlagen sie häufig körperlich und verbal in einer Art und Weise um sich, die gefährlich werden kann und die die Betreuenden nicht verstärken wollen. Deshalb wird auf solche Wutausbrüche in der Regel schnell reagiert, ein paar Beispiele dafür:

- Das Kind wird bestraft, wenn es sein Geschwister anschreit.
- Es muss auf sein Zimmer gehen, bis es sich beruhigt hat.
- Es wird erst belehrt und anschließend gelobt, wenn es seine Wut an einem Kissen oder Stofftier auslässt.*

* Leider ist dies eine gängige pädagogische Maßnahme von Eltern und Psychologen. Die Idee dahinter ist, dass Kinder ihre Wut herauslassen und nicht in sich hineinfressen sollen, und dies, ohne sich dabei selbst zu verletzen. Es gibt jedoch viele Belege dafür, dass diese Art des Abreagierens Wut und Aggression eher fördert.

- Es wird geschimpft, wenn es aus Frust flucht.
- Es wird gelobt, wenn es tief durchatmet.

Dies sind Beispiele für offene, absichtliche Belohnungen und Bestrafungen als Reaktion auf Wut (also solche, die Eltern oder Lehrer absichtlich aussprechen). Da Wut eine soziale Emotion ist (wir empfinden sie am häufigsten in sozialen Situationen), ergeben sich daraus alle möglichen natürlichen Belohnungen und Bestrafungen. Hat ein Elternteil zum Beispiel so viel Angst vor den Wutausbrüchen seines Kindes, dass er immer wieder schnell nachgibt, wird das Kind dadurch belohnt und ermutigt, beim nächsten Mal wieder so zu agieren. Das Kind lernt dann, dass seine Wut ein probates Mittel ist, um zu bekommen, was es will. Der Wutausbruch des Kindes kann aber auch dazu führen, dass ein Freund sich abwendet oder eine Freundschaft auf andere Weise leidet. Dann lernt das Kind daraus, dass Wut Angst machen und schaden kann. Weitere Beispiele:

- Ein Kind wird von Gleichaltrigen gelobt, weil es für sich selbst eintritt.
- Es schlägt auf etwas ein und verletzt sich dabei die Hand.
- Es schikaniert einen Mitschüler und bekommt, was es von ihm haben will.

In den 1950er-Jahren war dieser Blick auf das Lernen, gemäß dem Behaviorismus, die vorherrschende Sichtweise in der Psychologie. Zu dieser Zeit befassten sich die meisten Behavioristen nicht mit Emotionen. Da Gefühle wie Wut keine beobachtbaren Verhaltensweisen waren, konzentrierten sie sich eher auf die damit verbundenen Handlungen und Ausdrucksformen. Und so untersuchten und thematisierten sie nicht Wut, sondern Aggression. Anstatt sich mit Angst zu befassen, widmeten sie sich der Vermeidung (das Verhalten, das am häufigsten mit Angst verknüpft ist). Dies wirkte sich äußerst limitierend auf die Forschung aus, insbesondere in Bezug auf Emotionen.

Eine 1961 durchgeführte Studie leitete aber eine Veränderung im Denken ein. Strenge Behavioristen behaupten, dass Verhalten ausschließlich durch Belohnungen und Bestrafungen erlernt wird. Wir lernen, aggressiv zu sein, weil wir für diese Aggression entweder absichtlich oder unabsichtlich belohnt werden. Die Studie, die zu den drei berühmtesten Psychologiestudien aller Zeiten zählt, fand jedoch etwas Erstaunliches heraus (zumindest für alle, die diese enge Denkweise bezüglich Belohnungen und Bestrafungen teilten).

Wenn Sie diese Studie[28] von Dr. Albert Bandura, auch »Bobo-Puppen-Experimente« genannt, nicht kennen, liegt das entweder daran, dass Sie keinen Einführungskurs in Psychologie belegt haben oder dass dieser schon so lange zurückliegt, dass Sie die Studie vergessen haben. Unwahrscheinlich jedoch ist, dass die Studie nicht behandelt wurde. Die Versuchsanordnung war ganz einfach: 72 Kinder im Alter von drei bis sechs Jahren beobachteten entweder einen Erwachsenen, der eine Bobo-Puppe schlug, oder einen, der nett zu einer Bobo-Puppe war. Für diejenigen, die nicht wissen, was eine Bobo-Puppe ist: Eigentlich handelt es sich dabei um einen aufblasbaren Boxsack in der Größe eines Kindes, der wie ein Clown oder Ähnliches aussieht und im unteren Bereich Sand oder etwas Schweres enthält, sodass er bei einem Schlag zurückfedert und sich wieder aufstellt. Die Teilnehmenden wurden dann, unabhängig von der Gruppe, in einen Raum mit einer Bobo-Puppe gebracht. Dabei wurde verfolgt, wie sie selbst mit der Puppe umgingen, nachdem sie das Verhalten der Erwachsenen gesehen hatten. Das Ergebnis, das wohl kein Elternteil, der dies liest, überraschen wird, hat den Blick von Psychologen auf das Lernen revolutioniert: Die Kinder, die erlebt hatten, wie der Erwachsene die Bobo-Puppe schlug … schlugen sie ebenfalls. Dagegen gingen die Kinder, die beobachtet hatten, dass der Erwachsene die Bobo-Puppe gut behandelte, auch nett mit ihr um.*

* Auch wenn diese Studie häufig als Einzelstudie bezeichnet wird, bestand sie in Wirklichkeit aus einer Reihe von Forschungsarbeiten zum sozialen Lernen. Sie wurde später in unterschiedlichen Varianten wiederholt, nicht nur von Bandura selbst, sondern auch von anderen Wissenschaftlern.

Heute kommt uns dieses Ergebnis in vielerlei Hinsicht naheliegend vor. Aber wie bereits erwähnt, steckte das Fachgebiet der Psychologie 1961, als diese Studie durchgeführt wurde, in dieser Hinsicht noch in den Kinderschuhen. Man nahm an, dass Lernen vorwiegend durch die oben beschriebenen Mechanismen Verstärkung und Bestrafung erfolgte. Die Vorstellung, dass wir Verhaltensweisen durch die Beobachtung anderer erlernen, was wir heute als Modelllernen bezeichnen, war noch nicht anerkannt. Diese Erkenntnisse waren so bedeutend, dass der US-amerikanische Kongress Dr. Bandura in den späten 1960er-Jahren mehrmals einlud, um mit ihm über die möglichen Folgen von Gewalt im Fernsehen zu diskutieren.

Was bedeutet das jetzt für Gefühle im Allgemeinen und für die Emotion Wut im Besonderen? Die Studie hat gezeigt, dass wir durch die Beobachtung unserer Bezugspersonen lernen, wie wir Gefühle erleben und ausdrücken. Bekommt ein Kind mit, dass ein Erwachsener seine Wut durch Schreien und Brüllen äußert, wird es das wahrscheinlich ebenfalls tun, wenn es wütend ist. Sieht ein Kind, dass seine Eltern weinen, wenn sie wütend sind, wird es wahrscheinlich ebenso agieren. Eine goldene Regel der emotionalen Entwicklung besagt, dass Kinder normalerweise ihre Gefühle so erleben und äußern wie ihre Bezugspersonen. Eltern, die positive Emotionen auf positive Weise zum Ausdruck bringen, haben in der Regel auch Kinder, die positive Emotionen positiv äußern (und umgekehrt).

Kehren wir zu Simone zurück. Sie hat von ihrem Vater gelernt, dass Wut durch Schreien ausgedrückt wird, sie selbst wurde aber geschimpft oder mit Schlimmerem bestraft, wenn sie sich so verhalten hat. Das erklärt, warum sie den Wunsch verspürt, um sich zu schlagen, dies aber nur in ihrem Auto tun kann oder wenn sie allein ist. Die Botschaften, die sie erhielt, waren so gegensätzlich, dass sie im Zwiespalt war, wie sie mit ihrer Wut umgehen sollte.

So lässt sich anhand von Simone und meinem Sohn sagen, dass Kinder ihre Ausdrucksweisen im Wesentlichen durch Beobachtung ihrer Bezugspersonen und anderer wichtiger Menschen in ihrem Leben lernen.

Das ist aber noch nicht alles: Kinder sehen nicht nur die Wut anderer und ahmen sie nach, sie beobachten andere auch bewusst, um zu erkennen, wie diese auf Situationen reagieren. Das tun sie, um daraus abzuleiten, wie sie sich fühlen sollten. Dieses als soziale Referenzierung bezeichnete Phänomen funktioniert folgendermaßen: Wenn wir mit einem uns noch unbekannten Reiz konfrontiert werden und uns nicht sicher sind, wie wir uns fühlen sollen, beobachten wir andere, oft eine Bezugs- oder Betreuungsperson, um deren Gefühlsäußerung zu sehen. Reagiert diese Person mit Angst, bekommen wir auch Angst. Wird sie jedoch wütend, werden auch wir wütend.* Nach und nach lernen wir aus diesen Erfahrungen, in welchen Situationen Wut angebracht ist. Ebenso wie wir Phobien entwickeln, indem wir mitbekommen, dass unsere Eltern auf bestimmte Objekte oder Situationen mit Angst reagieren, bilden wir unsere Wutreaktionen aus, weil wir sehen, dass unsere Eltern in bestimmten Situationen wütend werden. Genauso beginnen wir, bestimmte Arten von ungerechtem oder unfairem Verhalten zu bevorzugen, weil die Menschen, zu denen wir aufschauen, dies ebenfalls tun.

Darstellungsregeln

Interessanterweise lernen Kinder so auch die Regeln ihrer Kultur für den Ausdruck bestimmter Emotionen. Darstellungsregeln sind informelle Normen, die festlegen, wie Emotionen in einer speziellen Kultur oder Gruppe zum Ausdruck gebracht werden sollten oder nicht. So gibt es etwa in den meisten Kulturen die Regel, dass Männer nicht weinen sollten. Entgegen der weitverbreiteten Annahme ist dieser Unterschied zwischen Männern und Frauen weniger in der Biologie verwurzelt, sondern beruht eher auf kulturellen Erwartungen. Säuglinge, ob männlich oder weiblich, schreien gleich häufig[29], aber Männer lernen im Laufe der Zeit durch Verstärkungen, Bestrafungen und Modelllernen, dass sie nicht weinen sollten.

* Das hört nicht auf, wenn wir älter werden. Es kommt zwar weniger häufig vor, weil wir uns unserer Gefühle sicherer sind, aber es passiert immer noch. Zum Beispiel in einem Meeting: Wenn ein Kollege etwas sagt, das Sie verunsichert, blicken Sie dann zu einem befreundeten Kollegen, um zu sehen, ob es ihm genauso geht?

Richtig kompliziert sind die Darstellungsregeln im Falle von Wut. Wer auf welche Weise Wut zum Ausdruck bringen darf, hängt weitgehend von kulturellen und sozialen Erwartungen ab, und diese unterscheiden sich je nach Geschlecht, Ethnie, Alter und einigen anderen Faktoren. Dazu ein paar interessante Fakten:

- Die Wahrscheinlichkeit, nach einer ähnlichen Straftat und vom gleichen Richter zu einem Aggressionstraining verurteilt zu werden, ist bei einem dunkelhäutigen US-Amerikaner höher als bei einem weißen.[30]
- Frauen, die ihre Wut nach außen tragen, werden als weniger kompetent angesehen als Männer, die ihre Wut auf gleiche Art und Weise zum Ausdruck bringen.[31]
- Dunkelhäutige Männer und Frauen, die ihre Wut ausdrücken, werden für weniger einflussreich gehalten als weiße, die genau das Gleiche tun.[32]

Zusammengenommen wird deutlich, dass es je nach Geschlecht und Ethnie sehr unterschiedliche Erwartungen bezüglich der Art und Weise gibt, wie Wut ausgedrückt werden *sollte*. Wut kann von zwei verschiedenen Menschen auf dieselbe Weise geäußert werden, wie dies aber von anderen wahrgenommen wird, kann je nach den Eigenschaften der wütenden Person erheblich variieren.

Doch was heißt dies nun dafür, wie Wut entsteht? Wie wir gesehen haben, sind die drei Elemente Verstärkung, Bestrafung und Modelllernen wichtig. Allerdings gibt es eindeutige Hinweise dafür, dass Menschen unterschiedlich für ihre Wut belohnt oder bestraft werden. So werden zum Beispiel Frauen, die ihre Wut zeigen, eher durch eine negative Bewertung bestraft, während Männer für die gleiche Ausdrucksweise mit einer positiven Bewertung belohnt werden. Das hat zur Folge, dass Frauen ihre Wut wahrscheinlich unterdrücken, um eine negative Bewertung zu vermeiden, während Männer ihre Wut ausleben, weil sie so oft dafür belohnt werden.

Dies hat auch indirekte Auswirkungen auf das Modelllernen. Wir neigen dazu, das Verhalten anderer, die uns ähnlich sind, nachzuahmen. So tendieren Jungen dazu, die Äußerungen einer männlichen Bezugsperson zu imitieren, während Mädchen eher die Äußerungen einer weiblichen Bezugsperson übernehmen. Wenn Männer ihre Wut oftmals lautstark oder durch Aggression ausdrücken, ahmen Jungen, die dies beobachten, dieses Verhalten nach. So setzen sich geschlechtsspezifische Ausdrucksweisen ständig fort.

Emotionale Entwicklung hört nie auf

Es ist offensichtlich, dass Simone mit verschiedenen Entwicklungsproblemen zu kämpfen hat. Wie jeder andere Mensch ist auch sie in Bezug auf ihre Gefühle unterschiedlichen Darstellungsregeln und Erwartungen unterworfen. Allerdings erhielt sie von ihren Bezugspersonen verschiedene Botschaften über die Ausdrucksweisen, die sie für angemessen hielten. Was mich an ihr in unserem Gespräch so faszinierte, war ihr ständiges Bemühen darum, neu zu erlernen, wie man fühlen und seine Gefühle zum Ausdruck bringen soll. Sie bezeichnete dieses Lernen treffend als »Arbeit« und sagte, sie habe die letzten zwei Jahrzehnte damit verbracht, die Persönlichkeit *abzulegen*, zu der sie aufgrund der Erziehung in ihrer Kindheit geworden war.

Nicht jeder tut dies mit der gleichen Intensität wie Simone, aber ihre kontinuierliche Arbeit sagt auch etwas Wichtiges über emotionale Entwicklung im Allgemeinen aus: Sie hört nicht auf, nur weil man älter ist. Unsere Gefühle sind aufgrund von Interaktionen, Vorbildern, Belohnungen, Bestrafungen usw. ständiger Veränderung unterworfen. So reifen wir in der Pubertät – einem Lebensabschnitt, in dem Testosteron und Östrogen für die Entwicklung eine größere Rolle spielen – nicht nur körperlich, was auch unsere Gefühle wie Wut beeinflusst, sondern ebenso sozial, was sich wiederum auf die Gefühle auswirkt.

Ein herausragendes Merkmal der Pubertät ist die sogenannte emotionale Autonomie. Es ist die Zeit, in der Kinder anfangen, sich emotional von ihren Eltern loszulösen und sich für die Befriedigung ihrer emotionalen Bedürfnisse mehr auf Gleichaltrige zu stützen. In der Pubertät werden Eltern also eher zum Auslöser von Wut als zur Lösung. Diese emotionale Autonomie ist nicht nur normal, sondern gesund. Letztlich ist eine emotional intelligente und gesunde Person jemand, der seine eigenen Gefühle ohne Unterstützung von Bezugspersonen oder Freunden steuern kann.

Mit zunehmendem Alter werden positive Gefühlszustände immer wichtiger. Dieses Phänomen, das sozioemotionale Selektivität genannt wird, bedeutet, dass unsere Toleranz gegenüber negativen Gefühlen wie Angst, Wut und Traurigkeit mit dem Alter abnimmt.[33] Dies geht einher mit dem Bewusstsein dafür, dass das Leben kurz ist und es sich nicht lohnt, zu viel Zeit mit schlechten Gefühlen zu verbringen. Erwachsene, insbesondere ältere Erwachsene, neigen dazu, schlechte Gefühle zu vermeiden, indem sie sich auf Aktivitäten konzentrieren, die ihnen positive Gefühle bereiten. So räumen sie dem Zusammensein mit engen Freunden einen höheren Stellenwert ein als dem Treffen neuer Bekannten, geben bestehenden Beziehungen den Vorzug vor anstrengenden oder herausfordernden Zielen und versuchen, Situationen und Menschen aus dem Weg zu gehen, die Wut auslösen könnten. So verfolgen sie vielleicht sogar aktuelle Ereignisse weniger und meiden Menschen, die sie frustrierend finden.

Das Bestreben, negative Gefühle zu umgehen, ist nicht per se gut oder schlecht. Letztlich kommt es auf das Ergebnis und die Wirkung auf die Person an. Wenn zum Beispiel Desinteresse für aktuelle Ereignisse dazu führt, dass jemandem für ihn relevante Informationen entgehen, könnte daraus ein Problem entstehen. Führt die Vermeidung emotional anstrengender Aktivitäten dazu, dass sich jemand auch an gesunden und wichtigen Unternehmungen (etwas Neues lernen, Zeit mit der Familie verbringen) nicht mehr beteiligt, wäre es sinnvoll, etwas zu ändern. Gewinnt das Leben aber dadurch an Qualität und kann jemand es besser genießen, wenn er emotional belastende Menschen und Situationen meidet, ist alles gut so.

Letzte Gedanken zu Verstärkungen und Bestrafungen

Wir vergessen manchmal, dass Verstärkungen und Bestrafungen unser ganzes Leben wirksam sind und nicht nur in der Kindheit passieren. Daher können sich emotionale Muster auch erst im späteren Leben entwickeln und verändern. So ein Muster kann etwa für eine bestimmte Beziehung bezeichnend sein, für eine andere nicht. So kann sich zum Beispiel die Art und Weise, wie man mit seinen Eltern umgeht, davon unterscheiden, wie man seinen Ehepartner oder seine Kinder behandelt. Wahrscheinlich hängen diese Muster damit zusammen, wie belohnend oder bestrafend wir diese Interaktionen mit den jeweiligen Menschen empfinden. Wenn Sie jemanden kennen, bei dem Sie sich sicher genug fühlen, um Ihre Wut zum Ausdruck zu bringen, und der Sie dadurch quasi belohnt, werden Sie Ihre Wut wahrscheinlich öfter zeigen. Haben Sie jedoch einen Kollegen, der Sie vor anderen kritisiert, weil Sie Ihrer Wut während der Arbeit Luft gemacht haben, werden Sie dies wohl nicht wiederholen, zumindest nicht im Beisein dieses Kollegen.

Das bringt mich zu Izzy aus der Fallstudie in Kapitel 1 zurück, die erzählte, dass sich die Wut ihres Vaters oft gegen jene Menschen richtete, die ihm nahestanden, und nicht gegen seine Mitarbeiter oder Fremde. Ich bin mir nicht ganz sicher, kann mir aber vorstellen, dass die Ursache darin liegt, dass er für seine Wut belohnt wurde. Hätte er seine Wut auf gleiche Weise am Arbeitsplatz gezeigt, wäre dies nicht der Fall gewesen. Hätte er mit einem Kollegen oder seinem Chef so geredet oder diesen so angeschrien, wie er es mit Izzy getan hat, wäre das nicht folgenlos geblieben. Tatsächlich könnte er sich belohnt gefühlt haben, weil er seine Wut gegenüber Izzy von anderen unbemerkt zum Ausdruck gebracht hat. Auch wenn es für Izzy schmerzhaft war und bei ihm wahrscheinlich Schuldgefühle ausgelöst hat, muss es sich für ihn in dem Moment gut angefühlt haben, was wiederum eine Verstärkung war. Solche Belohnungen und Bestrafungen erfolgen manchmal ganz subtil und lassen sich ohne den nötigen Abstand nur schwer erkennen.

ÜBUNG
Woher kommt das?

Zurück zur wütenden Person in Ihrem Leben. Beantworten Sie die folgenden Fragen (soweit möglich):

1. Welche Aspekte in der Entwicklung dieser Person könnten zu ihrer Wut geführt haben (Belohnungen, Bestrafungen oder Modelllernen)?
2. Wie hat sich die Wut mit zunehmendem Alter verändert?
3. Zeigt sich die Wut in allen Beziehungen ähnlich oder äußert sie sich gegenüber manchen Menschen anders?
4. Wie wird der Ausdruck von Wut in der Beziehung zu Ihnen womöglich verstärkt? Wie werden andere Ausdrucksformen in Ihrer Beziehung bestraft?

Die Ansteckungsgefahr von Wut

Simones Wut wurde sowohl direkt als auch indirekt durch die Beziehung zu ihren Eltern, besonders zum Vater, geprägt. Das ist oft der Fall. Wütende Menschen sind von ihren Genen und ihrer Entwicklungsgeschichte bestimmt. Sie wurden wahrscheinlich mit der entsprechenden Veranlagung geboren, die Wut kam aber erst durch die Erziehung zum Ausbruch. Zugleich werden wir durch Situationen und die Menschen um uns herum beeinflusst. Gefühle können ein hohes Ansteckungspotenzial haben, und deshalb kann Wut auch entstehen, nur weil Menschen um uns herum uns dazu bringen, wütend zu werden – ganz ohne eine komplizierte Lebensgeschichte oder eine entsprechende Veranlagung. Im nächsten Kapitel geht es um die Auswirkung unserer Umwelt auf die Wut.

KAPITEL 4

Die Ansteckungsgefahr von Wut

»Ich bin komplett ausgerastet«

Im Mai 2010 kamen Menschen in Columbus, der Hauptstadt des US-amerikanischen Bundesstaats Ohio, zusammen, um gegen den *Affordable Care Act* (ein Gesetz für eine erschwingliche Krankenversicherung), die wichtigste Gesundheitsinitiative des damaligen Präsidenten Obama – oft auch als »Obamacare« bezeichnet –, zu protestieren. Die Aktion war eine von vielen in den USA und wäre wahrscheinlich nicht weiter beachtet worden, wenn nicht im Netz ein Video viral gegangen wäre, auf dem zu sehen ist, wie sich eine Person danebenbenimmt. Wie bei vielen solcher Proteste gab es auch Gegendemonstranten, einer von ihnen war Robert Letcher. Er trug ein Schild mit der Aufschrift »Haben Sie Parkinson? Ich schon und Sie vielleicht irgendwann auch. Danke für Ihre Unterstützung.«

Letcher setzte sich vor die Gegendemonstranten, da beugte sich ein Mann zu ihm und sagte von oben herab: »Wenn du auf Almosen aus bist, bist du hier im falschen Stadtteil. Hier gibt es nichts umsonst, hier musst du für alles arbeiten.« Unterdessen näherte sich ein zweiter Mann und rief: »Nein, nicht doch, ich bezahle für diesen Kerl. Hier, bitte sehr.« Daraufhin bot er Letcher Geld an. Als dieser sich weigerte, es anzunehmen, warf er ihm den Geldschein hin. »Stell doch einen Hut auf«, sagte er, »ich würd dir was geben.« Dann drehte er sich um, um wegzugehen, wandte sich noch einmal um und schrie: »Ich entscheide, wann ich dir Geld gebe.« Danach zerknüllte er einen weiteren Geldschein und warf ihn nach Letcher. Dabei schrie er ihn erneut und noch lauter an: »Schluss mit Almosen!« Die Menge hinter ihnen stachelte ihn offenbar an, beklatschte seine feindseligen Bemerkungen und nannte Letcher einen Kommunisten.

Was wir hier sehen, ist eine ziemlich beunruhigende Situation, in der eine große Gruppe von Menschen, angeführt von zwei Männern, einen älteren Parkinson-Patienten verspottet. Da das Video fast sofort viral ging, dauerte es nicht lange, bis einer der Männer identifiziert war. Zunächst leugnete Chris Reichert, der Mann auf dem Video zu sein, aber nach etwa einer Woche räumte er ein, Letcher Geld zugeworfen zu haben.

Um ehrlich zu sein, interessiert mich nicht so sehr das Video an sich, sondern das, was Reichert einige Wochen später dazu äußerte. Im Internet gibt es schließlich zahllose Videos von streitlustigen, feindseligen und wütenden Menschen, die andere Menschen schlecht behandeln. Da die wütende Person meistens nicht identifiziert wird, erfährt man nur sehr wenig über den entsprechenden Vorfall, das normale Verhalten der Person oder ihre Werte. Doch Reichert stand zu dem, was er getan hatte, und versuchte eine Erklärung.

»Ich bin ausgerastet. Ich bin komplett ausgerastet, ich kann es nicht anders ausdrücken. Er hat das Recht zu tun, was er getan hat, und vielleicht würden manche sagen, ich hätte genauso gut das Recht, doch was ich gemacht habe, war einfach nur beschämend. Ich kann seit diesem Tag nicht mehr schlafen.« Dann fuhr er fort: »Es war meine erste politische Kundgebung, aber auch meine letzte. Nie wieder.«

Man kann lange darüber debattieren, ob Reicherts Entschuldigung aufrichtig war oder ob er nur den Imageschaden begrenzen wollte. Immerhin wurde er sehr stark angefeindet und fürchtete um seine Sicherheit, wie er später in einem Interview erklärte. Wohlmeinend betrachtet, denke ich, dass seine Entschuldigung auf beidem beruht – aufrichtigem Bedauern und dem Wunsch nach Schadensbegrenzung. Besonders interessant finde ich jedoch, dass er sagt, dass die Teilnahme an der Kundgebung die Wut in ihm geweckt hat. Seine Stellungnahme offenbart, ungeachtet dessen, ob seine Entschuldigung nun ernst gemeint war oder nicht, eine einfache Wahrheit in Bezug auf Wut: Sie kann ansteckend sein.

Fallstudie: Sarah – »Diese Wut fühlte sich übertrieben an«

Sarah arbeitet als künstlerische Leiterin eines 2000 Zuschauerplätze umfassenden Zentrums für darstellende Kunst. Wie fast jedes andere Kunstzentrum in den USA musste es im März 2020 wegen der Corona-Pandemie schließen. Dies war eine schmerzhafte Erfahrung für sie und ihre Mitarbeiter. Sarah erzählte mir, dass sie mit ihrer Arbeit allen Besuchern Freude bereiten wollten. Sie und ihr Team nahmen ihre Arbeit so ernst, weil sie die Kunst liebten, aber auch weil sie um deren Stellenwert für die Besucher wussten.

Sarah sagte: »Wir wollen den Besuchern das Erlebnis immer so angenehm wie möglich gestalten. Denn wir wissen, dass der Kontakt zu den Künstlern auf der Bühne sich positiv auf das Wohlbefinden der Besucher auswirkt. Ich zitiere oft eine Studie, in der festgestellt wurde, dass sich die Herzfrequenzen der Zuschauer während einer Darbietung synchronisieren. Das passiert hier tatsächlich, und das ist etwas ganz Besonderes für uns und der Grund, weshalb wir uns bewusst dafür entschieden haben, in dieser Branche zu arbeiten. Daher tun wir alles, damit jeder Besucher immer wieder so etwas erleben kann, spüren kann, wie sich das anfühlt.«

Man kann sich vorstellen, wie niederschmetternd es für Sarah gewesen sein muss, die Vorstellungen einzustellen. Als feststand, wie lange die Schließung dauern würde, sagte Sarah zu ihren Mitarbeitern: »Denkt einfach nur an die Freude und die Begeisterung, die wir empfinden werden, sobald wir das überstanden haben. Wenn wir endlich wieder Besucher in unserem Gebäude begrüßen können, dann wird es darum gehen, etwas Schönes und Mitreißendes zu erleben, und genau das wird unser Publikum auch dringend brauchen.«

Im September 2021, also ganze 18 Monate später, wurde der Betrieb zwar wieder aufgenommen, aber Grund zur Freude oder Begeisterung gab es keinen. Wie in vielen anderen Kulturstätten herrschte weiterhin Maskenpflicht, um die Ausbreitung von Covid-19 zu verhindern. Sarah gestand, dass sie durchaus erwartet hatte, dass mancher Besucher mit einer gewissen Verärgerung auf die Maskenpflicht reagieren würde, wie sie es bereits von Kollegen gehört hatte. Deshalb hatte sie ihre Mitarbeiter auf mögliche Auseinandersetzungen vorbereitet. Sie sollten deeskalierend vorgehen, Besucher freundlich an die Maskenpflicht erinnern und ihnen eventuell eine Maske anbieten, aber nicht zweimal auf die gleiche Person zugehen. Wenn sich jemand komplett weigerte, sollten sie den verantwortlichen Angestellten oder Sarah selbst rufen. Auch für sie lautete das oberste Gebot, die Sache in einer positiven, freundlichen und einer für alle angenehmen Atmosphäre zu klären.

Diese erste Aufführung war für Familien mit Kindern im Alter von zwei bis fünf Jahren gedacht. »Hier war von Anfang an klar, dass nicht nur ein Besucher verärgert sein würde«, erklärte Sarah. »Ich hatte schon öfter Besucher, die unzufrieden waren und eine Rückerstattung des Eintrittspreises forderten. Oder die sich über die Interaktion mit einem Platzanweiser beschwerten. Nur … diese Wut fühlte sich übertrieben an. Eine Mutter mit einem dreijährigen Kind baute sich vor einer 75-jährigen Freiwilligen auf und brüllte sie an. Sie nannte sie eine Mörderin, weil sie dem Kind eine Maske angeboten hatte.«

Auf der anderen Seite hatte Sarah auch viel Verständnis für einige Besucher. »Ich habe Mütter gesehen, die verzweifelt versuchten, ihre Kinder dazu zu bringen, eine Maske aufzusetzen. All diese Gefühle, das war sehr kompliziert und mir taten diese Eltern auch wirklich leid. Ich kann mich noch lebhaft an Mütter erinnern, die heulend auf einer Bank saßen. Ihre Kinder mussten nirgendwo sonst in unserer Gemeinde eine Maske aufsetzen. Und die Eltern hatten Geld ausgegeben, um diesen besonderen Tag zu genießen, nachdem die letzten anderthalb Jahre für alle so schwer gewesen waren.«

Sarah hatte beschlossen, sich draußen vor dem Eingang aufzustellen, um die Besucher außerhalb des Gebäudes auf die Maskenpflicht hinzuweisen, da es sonst an den Türen, wo die Karten vorgezeigt werden mussten, ein Gedränge hätte geben können. Eine solche freundliche Erinnerung konnte aus ihrer Sicht nicht schaden. Die Besucher hatten die Information zwar schon beim Kauf ihrer Eintrittskarten erhalten, wurden so aber vor dem Besuch der Vorstellung noch einmal daran erinnert, sodass es keine böse Überraschung geben konnte. »Mein Ziel war es, negative Reaktionen von meinen Mitarbeitern fernzuhalten.« Eine der denkwürdigsten Begegnungen war die mit einer Familie ohne Masken, der sie höflich mitteilte, dass am Eingang Masken erhältlich wären, falls sie welche benötigten. »Die Frau drehte sich zu ihrem Mann um und sagte: ›Ich habe es dir doch gesagt!‹« Darauf rief er laut, allerdings nicht an Sarah gerichtet: »Aber im Interesse aller Anwesenden: Scheiß drauf!«

Sarah folgte der Familie, als diese zum Eingang weiterlief, weil sie ihre Wut »so demonstrativ zur Schau gestellt hatten. Das war sehr laut, und ich musste auch an die anderen Besucher denken.« Solche Vorkommnisse erlebte sie an diesem Tag mehrmals. »Die Reaktionen fühlten sich sehr aufgesetzt an. Damit will ich nicht sagen, dass sie nicht echt waren oder diese Menschen keine Wut empfanden, aber es ging ihnen schon auch darum, dass alle es mitbekamen. Das fühlte sich ziemlich bedrohlich an. Denn ich spürte, dass sie sich in der Hoffnung aufspielten, mit ihrer Wut andere auf ihre Seite ziehen zu können.«

Als sie sah, wie eine der Freiwilligen den Mann ansprechen wollte, ging sie sofort dazwischen. Sie bat ihn, mit nach draußen zu kommen, um die Sache zu klären. Das tat sie »vor allem wegen der vielen Kinder, die in der Nähe waren«. Ein Teil von ihr hoffte, dass er einfach gehen und seine Frau und Kinder bleiben würden, um sich die Aufführung ohne ihn anzusehen. »Am Ende setzte er eine Maske auf, aber erst, nachdem er mich ›Scheißfotze‹ genannt hatte. Ich kann mich nicht erinnern, dass mir bis dahin jemand so etwas ins Gesicht gesagt hatte. An dem Tag wurde ich oft ›blöde Schlampe‹ genannt, mindestens acht- bis zehnmal, aber nur zweimal ›Fotze‹.«

Dieser Mann war allerdings nicht die Person, die Sarah an dem Tag am meisten Probleme bereitete. Das Verhalten eines anderen Mannes erschien ihr so bedrohlich, dass sie schließlich die Polizei rief. »Er nahm mit großem Brimborium seine Maske ab und pöbelte das Personal an.« Daraufhin wandten sich mehrere Leute an Sarah und sagten, dass sie sich wegen ihm Sorgen machten. Als die Polizei eintraf und von Sarah wissen wollte, was sie ihrer Meinung nach tun sollte, erwiderte sie: »Ich werde Sie sicher nicht darum bitten, diese Person aus einem Theater zu entfernen, das voller Kinder ist, einschließlich seiner eigenen.« Da die Vorstellung fast zu Ende war, schien es ihr besser, erst mal nichts zu unternehmen.

Doch das Problem war, dass es nach der Vorstellung noch eine besondere Veranstaltung gab, bei der die Besucher die Möglichkeit hatten, mit den Künstlern zu sprechen. Da dieser Mann offenbar auch daran teilnehmen wollte, blieb er. Daraufhin bat Sarah die Polizei, auf ihn einzuwirken, draußen zu warten. Er wurde nach draußen eskortiert, blieb aber vor den Fenstern stehen, um Sarah und ihre Mitarbeiter zu beobachten. Sie verglich ihn mit einem Tiger in einem Käfig, wie er da hinter dem Glas hin- und herlief. Letztlich machte sie sich auch Sorgen, ob sie das Gebäude später ohne Weiteres würde verlassen können oder ob sie Begleitschutz von der Polizei benötigen würde, um unbeschadet zu ihrem Auto zu gelangen.

Irgendwann war der Spuk dann vorbei. Anschließend unterhielten Sarah und ihre Mitarbeiter sich viel darüber, was sie beim nächsten Mal anders machen sollten oder ob sie es überhaupt weiter versuchen sollten. Es gab auch viele Tränen. Sie sagte, dass sie immer wieder zu dem gleichen Punkt kamen. »Niemand musste in die Vorstellung. Wir haben volle Rückerstattung der Eintrittspreise angeboten.« Wer nicht bereit war, eine Maske zu tragen, hätte ohne Probleme wieder gehen können. Und sie fügte noch hinzu: »Ich finde nicht, dass die Weigerung der Besucher wirklich so abwegig war.« Damit bewies sie eine erstaunliche Fähigkeit, sich in die Menschen hineinzuversetzen und die Situation aus deren Perspektive zu verstehen. Denn diese Maskenpflicht wurde, obwohl es sie gab, an anderen Stellen in ihrer Gemeinde nicht durchgesetzt. »An vielen Orten wurde das Tragen von Masken zwar verlangt, aber es gab keinen Zwang.« Ihren Besuchern war sicherlich bewusst gewesen, dass sie Masken tragen mussten, sie waren aber davon ausgegangen, dass dies wie an vielen anderen Orten nicht konsequent gefordert werden würde.

Emotionale Ansteckung

Sarahs Geschichte ist in mehrerlei Hinsicht faszinierend, und wir werden noch oft darauf zurückkommen. Am interessantesten im Zusammenhang mit dem Thema dieses Kapitels finde ich jedoch die Tatsache, dass einige Besucher, wie Sarah erzählte, sich gegenseitig aufwiegelten. Nicht nur das Coronavirus war an dem Tag *ansteckend*, sondern auch ihre Wut. Weil sie bezüglich der Ausbreitung des Virus offenbar zwiespältig waren, versuchten sie aktiv, ihre Wut zu verbreiten.

Vor über zehn Jahren arbeitete ich mit einigen Studenten an einem Projekt, das sich mit genau diesem Thema befasste.[34] Die Teilnehmer erhielten einige Vorgaben, kurze Fallstudien, in denen eine emotionale Situation beschrieben wurde. Sie sollten sich vorstellen, sie würden aus besonderem Anlass essen gehen. Den Tisch hatten sie bereits lange im Voraus reserviert, aber bei Ankunft im Restaurant gab es eine lange Schlange und Probleme mit dem Reservierungssystem. Der Gast vor ihnen erfuhr von dem Restaurantmitarbeiter, dass die Reservierung verloren gegangen war. Der Gast reagierte mit einer von zwei möglichen Emotionen (je nach Version der Geschichte): Wut oder Trauer, entweder weinend oder laut schreiend, dass das Restaurant seinen Abend ruiniert hatte. Dieser Gast verließ das Restaurant dann entweder sichtlich wütend oder erkennbar traurig. Die Geschichte endete damit, dass der Teilnehmer an der Reihe war und gesagt bekam, dass auch seine Reservierung nicht registriert worden war.

Anschließend baten wir die Teilnehmer anzugeben, wie wütend, traurig, verängstigt oder glücklich sie sich fühlen würden, wenn ihnen das passieren würde. Natürlich gab niemand an, dass er sich freuen würde, und nur sehr wenige erklärten, dass sie Angst hätten. Bei den anderen, die sagten, dass sie wütend oder traurig reagieren würden, hing dies zum Teil davon ab, ob die Person vor ihnen in der Schlange wütend oder traurig gewesen war. Die Teilnehmer, die einen wütenden Gast vor sich gehabt hatten, wurden ebenfalls wütend, während die Teilnehmer, die eine traurige Person erlebt hatten, traurig wurden. Die Teilnehmer nutzten also das Gefühl der Person vor ihnen als Indikator dafür, wie sie sich selbst in diesem Moment fühlen sollten. Diese Reaktion kann als eine Variante der sozialen Referenzierung betrachtet werden, die ich im vorherigen Kapitel beschrieben habe. Bewusst oder unbewusst schauen wir bei Menschen um uns herum ab, wie wir uns in einem bestimmten Moment fühlen sollten.

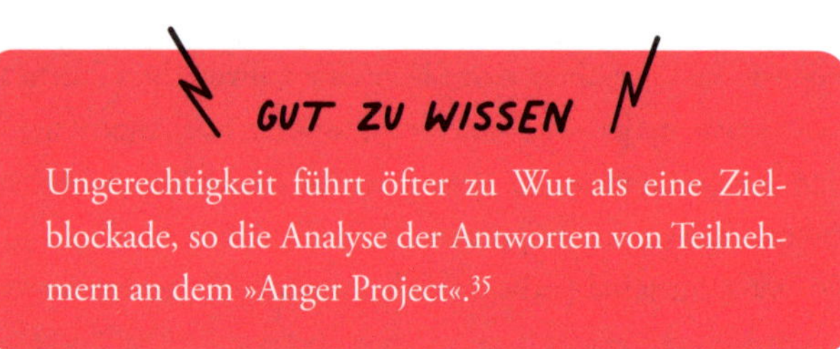

Ungerechtigkeit führt öfter zu Wut als eine Zielblockade, so die Analyse der Antworten von Teilnehmern an dem »Anger Project«.[35]

Dafür gibt es einen guten Grund, der in unserer Evolutionsgeschichte verwurzelt ist. Wenn wir uns in einer Gruppe befinden, ist es für uns von Vorteil, das Gleiche zu fühlen wie die anderen und entsprechend zu handeln. Unsere menschlichen und nicht menschlichen Vorfahren haben von dieser emotionalen Ansteckung wahrscheinlich profitiert. Denn haben die Menschen um uns herum Angst, kann eine reale Bedrohung für die Sicherheit existieren, also sollten auch wir Angst haben. Sind die Menschen um uns herum wütend, wurde uns vielleicht Unrecht getan oder wir wurden ungerecht behandelt, also sollten auch wir wütend sein. Da unsere Gefühle uns dazu bringen, uns zu schützen, indem wir fliehen oder kämpfen, können emotionale Hinweise von Mitmenschen lebensrettend sein.

Emotionale Ansteckung ist ein gut erforschtes Phänomen, das in der Wissenschaft mit vielerlei in Verbindung gebracht wird – von Steigerung der Empathie bis zum Burn-out am Arbeitsplatz. Emotionale Ansteckung beobachten wir auch in Einzelinteraktionen, in kleinen Gruppen am Arbeitsplatz, unter Freunden, in Familien, aber ebenso bei größeren Ereignissen wie Protesten, Aufmärschen und Unruhen. Im Grunde lässt sich sagen, dass wir lächeln, wenn wir jemand lächeln sehen, und dass wir die Stirn runzeln, wenn jemand die Stirn runzelt. 1998 führten Dr. Ulf Dimberg und Monika Thunberg[36] drei Studien durch, in denen sie den Teilnehmern Bilder von glücklichen oder wütenden Gesichtern zeigten. Ihre

Reaktionen hielten sie anhand von Messungen der Gesichtsmuskulatur fest, indem sie Elektroden an bestimmten Muskelgruppen anbrachten. So entdeckten sie, dass Bilder mit glücklichen oder wütenden Gesichtern bei den Betrachtern zur Aktivierung der entsprechenden Gesichtsmuskel führten: Glückliche Gesichter auf den Fotos lösten ein Lächeln aus, wütende ein Stirnrunzeln.

Epinephrin, Euphorie und Wut

1962 führten die Forscher Dr. Stanley Schachter und Jerome Singer eine faszinierende Studie[37] zu diesem Thema durch. Sie rekrutierten Teilnehmer für eine Untersuchung, bei der es angeblich darum ging, wie Vitamine die Sehkraft beeinflussten. Die Teilnehmer bekamen alle Spritzen – die eine Hälfte erhielt Epinephrin (Adrenalin), die andere ein Placebo (allen wurde aber gesagt, dass es sich um ein Vitaminpräparat handelte). Die Dosis Epinephrin würde laut den Forschern eine Aktivität des sympathischen Nervensystems bewirken (zum Beispiel eine leichte Erhöhung der Herzfrequenz, des Blutdrucks und der Atmung, die etwa fünf Minuten nach der Spritze einsetzte und ungefähr 20 Minuten andauerte).

Die Teilnehmer waren jeweils auf unterschiedlichen Wissensständen bezüglich der Spritzen: Einigen wurde gesagt, dass es sich um Epinephrin handelte (und was die Spritze bewirken würde), andere erhielten keinerlei und die restlichen falsche Informationen. Danach betrat ein »Helfer« den Raum, der sich als weiterer Teilnehmer ausgab, aber ein Mitglied des Forschungsteams war. Die Teilnehmer und der Helfer erfuhren, dass sie 20 Minuten warten mussten, bevor der Sehtest gemacht werden konnte. Während dieser Zeit zeigte der Helfer in unterschiedlichen Studien jeweils eines von zwei Gefühlen: Wut oder Euphorie.*

Im Zustand der Euphorie war er ausgelassen und lustig. Er kritzelte auf Schmierpapier herum, spielte Basketball mit zerknülltem Papier und

* Ich finde diese Untersuchung faszinierend, sie hat meine Arbeit erheblich beeinflusst. Dennoch hätte ich den positiven Zustand wahrscheinlich nicht als »Euphorie« bezeichnet, sondern höchstens als »leicht beschwingt«.

ermutigte die anderen Teilnehmer dazu mitzumachen. Er bastelte Papierflieger, spielte mit einem Hula-Hoop-Reifen und sagte Dinge wie: »Ich fühle mich wieder wie ein Kind.«* Bei der Studienvariante, in der er sich wütend präsentierte, sollten er und die anderen Teilnehmer einen Fragebogen ausfüllen. Dabei zeigte sich der Helfer ärgerlich, beschwerte sich über den Umfang des Fragebogens und echauffierte sich lautstark über einige Fragen. Der Fragebogen war auch tatsächlich so konzipiert, dass er Wut fördern konnte. So enthielt er Fragen wie »Mit wie vielen Männern (außer Ihrem Vater) hatte Ihre Mutter eine außereheliche Beziehung?«.

Für den Fall, dass Sie dieses Experiment zu Hause nachmachen möchten: Es gibt also drei verschiedene unabhängige Variablen – Epinephrin oder Placebo (zwei Stufen), Informationen über die Spritze (drei Stufen), Wut oder Euphorie (zwei Stufen) – für 18 verschiedene Forschungskategorien. Was die Forscher interessierte, war nicht der Effekt auf die Sehkraft, wie den Teilnehmern vorgegaukelt worden war, sondern vielmehr die Euphorie bzw. die Wut, welche die Teilnehmer während der Studie empfanden. Gemessen wurden diese mittels Beobachtungen des Teilnehmerverhaltens und eines Fragenbogens am Ende der Studie.

Stellen Sie sich vor, Sie würden an dieser Studie teilnehmen und hätten mehrere Informationsquellen. Zeigen Sie eine physiologische Reaktion auf das Epinephrin? Sind Sie darüber informiert, wie sich diese Reaktion anfühlen kann? Ist der Helfer, der sich mit ihnen im Raum befindet, wütend oder euphorisch? Am interessantesten finde ich jene Teilnehmer, die nach der Spritze nicht wussten, welche Auswirkung diese haben würde. Von ihnen würde ich erwarten, dass sie am ehesten die Gefühle des Helfers nachahmen. Sie könnten eine milde physiologische, dem Gefühl des Helfers ähnliche Reaktion zeigen, die sie nicht erwartet hätten. Um diese Reaktion zu erklären, würde ein Blick auf ihr Umfeld genügen.

Und genau das ist passiert. Teilnehmer, die keine oder falsche Informationen darüber erhalten hatten, was die Spritze in ihrem Körper bewirken würde, waren eher euphorisch, wenn der Helfer es war, und wütend,

* Klingt nach »Euphorie«, oder?

wenn er Wut zeigte. Im euphorischen Zustand beteiligten sie sich am Spiel und nahmen sogar an einigen unterhaltsamen Aktivitäten teil, an denen der Helfer nicht mitwirkte. Außerdem stuften sie sich auf einer Skala zur Selbstbeurteilung als »glücklich« ein. In Bezug auf Wut waren die Ergebnisse ähnlich. Die Teilnehmer, die nicht wussten, welche Auswirkungen die Spritze haben würde, wurden genauso wütend wie der Helfer.

Bei den Ergebnissen dieser Studie muss ich unwillkürlich an Sarahs Geschichte denken. Obwohl damals niemand eine Adrenalinspritze bekommen hatte, offenbarte sich eine erhöhte Anspannung und Nervosität, die damit zusammenhing, dass sich die Personen in der Öffentlichkeit und unter vielen Menschen befanden. Viele Besucher empfanden wahrscheinlich eine physiologische Reaktion wie bei einer Adrenalingabe, einfach weil sie unter Menschen und deshalb aufgeregt waren. Aber war ihnen das bewusst oder führten sie dies auf den Ärger über die nach ihrer Meinung unangemessene Maskenpflicht zurück? Ließen sie sich von der Wut anderer Besucher* genauso anstecken wie die Teilnehmer der Studie von der Wut des Helfers?

TIPP

Wenn Sie oder jemand in Ihrer Umgebung wütend ist, dann achten Sie auf das, was um Sie herum vor sich geht – auch vermeintlich Unwichtiges – und diese Wut beeinflussen könnte.

Ein letztes interessantes, aber gleichzeitig unerwartetes Ergebnis dieser Studie war, dass einige der Teilnehmer, die keine oder falsche Informationen über die Auswirkungen der Spritze erhalten hatten, ihren physiologischen

* Der »aufgesetzte« Charakter ihrer Wut, den Sarah bei den Besuchern wahrgenommen hat, erweckt den Eindruck, als hätten die wütenden Personen hier bewusst den Helfer gespielt.

Zustand dennoch mit der Spritze in Verbindung brachten. Sie erklärten dazu in ihrem Fragebogen, dass ihrer Meinung nach die Spritze zum Anstieg der Herzfrequenz geführt hatte. Die Forscher ordneten diese Teilnehmer neu als »selbstinformiert« ein, um die Daten dieser Gruppe von denen der anderen Teilnehmer zu trennen und die Folgen dieser »Selbstinformation« zu erkennen. Dabei stellten sie fest, dass diese Gruppe weniger wütend bzw. weniger euphorisch war als die anderen Teilnehmer. Dies ist ein weiterer Beleg für die Annahme, dass Menschen in ihrer Umgebung auf emotionale Hinweise achten.

Unsere Umgebung ist wichtig

Was bedeutet dies alles für die wütende Person in Ihrem Leben? Sie wissen jetzt, dass Menschen von Stimmungslagen in ihrer Umgebung beeinflusst werden, also auch von Ihrer. Dies ist ein Merkmal jeder Situation, das sich auf das Denken, die Gefühle und das Verhalten jedes Einzelnen auswirkt. Ihr Ehepartner, Ihre Kollegen, Ihre Freunde, Ihre Kinder, sie alle werden in ihren Gefühlen unbewusst von den Emotionen anderer bestimmt. Und somit wird auch das, was Sie in einem bestimmten Moment fühlen, wenn Sie mit diesen Menschen zusammen sind, Teil von deren Gefühlswelt.

Die Gefühle anderer Menschen sind nicht der einzige Faktor, der sich unbewusst auf die eigenen Emotionen auswirkt. Diverse Studien haben ergeben, dass es noch weitere Einflussfaktoren gibt, zum Beispiel:

1. Es wurde nachgewiesen, dass die Farbe Rot die Wahrscheinlichkeit erhöht, dass Menschen einen Gesichtsausdruck als wütend wahrnehmen.[38]
2. Menschen werden im Internet eher aggressiv, wenn sie glauben, anonym zu sein.[39]
3. Unangenehme Außentemperaturen führen zu einem Anstieg von Hass im Netz.[40]

Was ich damit sagen möchte, ist, dass wir nicht versuchen sollten, jeden äußeren Einfluss, der Wut auslösen kann, zu erkennen. Das ist schlichtweg unmöglich. Wichtig ist allerdings zu wissen, dass es in jeder Situation äußere Einflüsse gibt (etwa Lärm, die Tageszeit etc.), die Wut auslösen oder verstärken können.

Ein weiterer wichtiger Punkt im Zusammenhang mit der Ansteckungskraft von Emotionen ist der, dass wütende Menschen die Stimmung der Personen in ihrer Nähe beeinflussen. Die Feindseligkeit, die Sarah an jenem Tag im Kunstzentrum erlebte, war ein beunruhigendes Beispiel dafür, wie sich Wut ausbreiten kann, aber auch dafür, dass sie absichtlich verbreitet werden kann. Was mich in meinem Gespräch mit Sarah besonders beeindruckt hat, war die Tatsache, dass sie die Wut als »aufgesetzt« bezeichnete. Einige der wütenden Besucher versuchten gezielt, andere dazu anzustacheln, es ihnen gleichzutun. Sie hofften, ihren Willen durchsetzen zu können, wenn die anderen Besucher ebenfalls wütend wurden. Sie benutzten die emotionale Ansteckung also als Mittel zum Zweck.

»Keine prosoziale Gruppe«

Nach dem Gespräch mit Sarah habe ich überlegt, ob sie es an dem Tag mit einzelnen wütenden Menschen zu tun hatte – oder mit einem wütenden Mob. Die Grenze verläuft da oftmals fließend. Genau über diese Frage sprach ich vor etwa vier Jahren mit Dr. Lori Rosenthal, einer Sozialpsychologin, die für das Buch *The Psychology of Good and Evil*[41] (Die Psychologie von Gut und Böse) ein Kapitel über Mob-Gewalt geschrieben hat. Ich wollte wissen, wann eine Gruppe von Menschen zu einem Mob wird. Die Antwort darauf ist nicht nur das Auftreten von Wut. Wütende Menschenmengen gibt es schließlich auch bei Sportveranstaltungen oder friedlichen Demonstrationen.*

* Wir dürfen nicht vergessen, dass Wut keine Handlung ist, sondern lediglich ein Gefühl. Jemand kann bei einer Demonstration wütend sein, ohne aggressiv oder gewalttätig zu werden. Wer demonstriert, hat sich meistens über etwas geärgert.

Dr. Rosenthal half mir bei der Abgrenzung. Für sie ist ein Mob eine ganz bestimmte Art einer Menschenmenge. Es handelt sich dabei um eine ausdrucksstarke Menge. Die gemeinsame Absicht des Zusammentreffens ist es, Emotionen zum Ausdruck zu bringen. Menschenmengen können Emotionen auf positive Weise zeigen, aber ein Mob äußert Emotionen negativ und oft im Zusammenhang mit Gewalt – entweder gibt es die Absicht, Gewalt anzuwenden, oder die Wahrscheinlichkeit ist hoch, dass Gewalt angewendet werden wird, oder es wird tatsächlich Gewalt verübt. Es handelt sich dabei also nicht um eine, wie sie es nennt, prosoziale Gruppe.*

Die Besucher von Sarahs Kunstzentrum waren nicht zusammengekommen, um Wut und Gewalt zum Ausdruck zu bringen. Sie waren da, um eine Aufführung zu sehen. Aber die Art und Weise, wie einige Besucher andere behandelten, wie sie sich gegenseitig anstachelten, und die reale Gefahr von Gewaltanwendung, die Sarah und ihre Mitarbeiter empfanden, könnte den ersten Teil der Erklärung infrage stellen. Denn wen interessiert es, warum die Besucher dort waren. Was zählt, ist, wie sie sich dort fühlten und verhielten.

Dr. Rosenthal sagte noch etwas sehr Interessantes, das hier auch bedeutsam ist. Sie verweist darauf, dass in der Geschichte der sozialen Verhaltensforschung eine Menschenmenge immer auch durch physische Nähe definiert wurde. Allerdings erkennt sie an, dass in der heutigen Gesellschaft mit den sozialen Medien eine Menschenmenge ebenso in der virtuellen Welt existieren kann. Meines Erachtens kann dann ein Mob genauso online auftreten wie eine Menschenmenge.

Nehmen wir zum Beispiel die Geschichte von Justine Sacco, die 2013 einen witzig gemeinten, aber rassistischen Tweet über AIDS absetzte, be-

* Da stellt sich die Frage, wie wir Gewalt definieren, auch wenn wir uns da auf unerforschtes Terrain begeben. Die Gegendemonstranten auf der Demo für Obamacare, an der auch Reichert teilnahm, stellten sich gegen eine sinnvolle Gesundheitsreform, wohl wissend, dass Millionen von Amerikanern jedes Jahr an einer unzureichenden Gesundheitsversorgung sterben. Und auch wenn sie vielleicht nie darüber nachgedacht haben, nahmen sie damit doch den Tod von Millionen Menschen in Kauf. Ist das Gewalt oder nicht?

vor sie ein Flugzeug nach Südafrika bestieg. Zu diesem Zeitpunkt hatte sie weniger als 200 Follower, aber während des elf Stunden dauernden Flugs wurde ihr Tweet in den sozialen Medien bemerkt, geteilt und kurz darauf wurde sie zur Zielscheibe eines massiven Shitstorms. Da der Shitstorm sich während des Fluges ausbreitete und ihr Handy aus war, hatte Justine keine Ahnung von dem, was sich auf Twitter (heute X) abspielte. Sie hatte keine Gelegenheit, sich zu entschuldigen oder den Tweet zu löschen. In kürzester Zeit hatte sich anlässlich ihres rassistischen Tweets ein Online-Mob gebildet. Die Leute beschimpften sie auf übelste Weise (Verunglimpfungen inbegriffen). Einige forderten ihre Entlassung (was dann auch tatsächlich passierte), und andere wünschten ihr, sie solle AIDS bekommen. Ein Nutzer bestätigte sogar, dass sich ein Mob gebildet hatte, und twitterte ein Bild einer als Simpsons-Figuren verkleideten, fackeltragenden Menschenmenge.

Nach der Landung löschte Justine nicht nur den Tweet, sondern auch ihre Accounts bei Twitter, Facebook und Instagram. Einen Tag später entschuldigte sie sich.[42] In seinem TED-Talk »When online shaming goes too far« (Wenn Bloßstellen im Internet zu weit geht)[43] hat Jon Ronson im Juni 2015 die Geschichte gut beschrieben.

Bringen Menschen im Internet gemeinsam ihre Wut zum Ausdruck und/oder schaden anderen, ist das ein Online-Mob. Wut ist sogar die häufigste Emotion im Internet, wie Studien ergeben haben. Auch ist es wahrscheinlicher, dass Menschen wütende Beiträge teilen als traurige, beängstigende, ekelerregende oder fröhliche.[44] Und: Die ansteckende Wirkung von Wut ist in allen Lebensbereichen spürbar.

Abschließend möchte ich noch auf einen anderen schönen und positiven Aspekt emotionaler Ansteckung in Sarahs Geschichte hinweisen. Denn die Studie, von der sie mir erzählt hat und die die Synchronisierung von Herzfrequenzen offenbart hat[45], ist ein eindeutiges Beispiel dafür, dass die Kraft der emotionalen Ansteckung auch für etwas Gutes genutzt werden kann. Wenn Menschen zusammenkommen, um eine positive emotionale Erfahrung miteinander zu teilen, kann dies zutiefst bewegend sein. Es kann sogar helfen, bestehende Barrieren zu überwinden.

ÜBUNG
Externe Faktoren

Denken Sie an eine Situation, in der die wütende Person aus Ihrem Leben sehr wütend war (auf Sie oder auf jemand anderen im Umfeld).

1. Wie könnten Verhaltensweisen und Gefühle der Menschen in der Umgebung in diesem Moment zu dieser Wut beigetragen haben?
2. Welche anderen äußeren Faktoren könnten in dieser Situation auf die Wut eingewirkt haben?
3. Haben diese äußeren Faktoren die Art und Weise beeinflusst, wie die Person die Provokation empfunden hat, die schließlich zu ihrer Wut geführt hat?

Gewohnheitsmäßige und ständige Negativität

Die Studie von Schachter und Singer sagt nicht nur viel über emotionale Ansteckung aus, sondern auch über die Rolle der Interpretation. Wenn Menschen die Quelle ihrer physiologischen Erregung nicht kannten, suchten sie nach einer plausiblen Erklärung, einer Interpretation. Dafür nutzten sie alle zur Verfügung stehenden Informationen, egal ob sie richtig oder falsch waren. Dann *entschieden* sie, wie sie sich fühlten. Diese Gefühle wurden also nicht nur von anderen Menschen und der Situation an sich beeinflusst, sondern auch von der eigenen Interpretation dessen.

Ich habe zwar die Faktoren erörtert, die zu den Erfahrungen und Gefühlsausdrücken wütender Menschen beitragen, bin aber noch nicht zu dem vorgedrungen, was meiner Meinung noch wichtiger ist: dem Weltbild der wütenden Person. Denn trotz aller genetischen, neurologischen, entwicklungsbedingten und äußeren Faktoren ist die Einstellung der beste Prädiktor dafür, ob jemand eine wütende Person ist oder nicht. Wie wütende Menschen die Welt und andere Menschen sehen und wie sie die Umstände interpretieren, denen sie begegnen, ist entscheidend. Heute wissen wir, dass es Menschen gibt, die Umstände gewohnheitsmäßig und ständig so betrachten, dass sie wütend werden.

KAPITEL 5

Das Weltbild wütender Menschen

Argumentation auf der Grundlage falscher Annahmen

Man kann viel über das Weltbild einer Person erfahren, wenn man einfach nur zuhört, was sie von sich gibt, sobald sie wütend, traurig oder verängstigt ist. In schwierigen Momenten werden oft blitzschnell und automatisch Aussagen getätigt, die Aufschluss darüber geben, wie diese Person sich selbst und andere sieht und wie sie ihre eigenen Fähigkeiten zur Bewältigung der Situation einschätzt. Eine wütende Person könnte zum Beispiel Sätze sagen wie:

- Die Menschen sollten einfach …
- Das haben sie getan, um …
- Das passiert immer dann …
- Tja, jetzt ist alles dahin …

Dr. Aaron Beck, ein brillanter und produktiver Psychiater, Autor und Wissenschaftler, bezeichnete solche Sätze als automatische Gedanken, die ihm zufolge einen wichtigen Einblick geben, wie Menschen sich selbst und andere sehen. Sie sind seiner Meinung nach auch der Hinweis darauf, was die meisten psychischen Probleme verursacht. 1986 erklärte er, dass zahlreiche psychische Probleme auf einer Fehleinschätzung der eigenen belastenden Lebensumstände, der Argumentation auf Grundlage falscher

Annahmen und dem vorschnellen Ziehen selbstschädigender Schlussfolgerungen beruhen.[46]

Es ist schwer zu beschreiben, wie bedeutsam das Wirken von Dr. Beck auf dem Gebiet der Psychologie und Psychiatrie war. Mit über 20 veröffentlichten Büchern, unzähligen Zeitschriftenartikeln und Buchbeiträgen und zahllosen psychologischen Fragebögen war er nicht nur sehr produktiv. Er ebnete auch den Weg für einen neuen Ansatz zum Verständnis der psychischen Gesundheit. In einem Artikel in der *New York Times*, der nach Dr. Becks Tod im Jahr 2021 erschien, wird seine Methodik als Antwort auf die Psychoanalyse von Sigmund Freud beschrieben. Sein pragmatischer, beobachtender Ansatz zur Behandlung von Angstzuständen, Depressionen und anderen psychischen Störungen hat laut Aussage des Artikels die Psychiatrie verändert.

Besonders faszinierend an Becks Ansatz ist jedoch, wie er ihn entwickelt hat. Nach seinem Studium der psychodynamischen Theorie war er als praktizierender Psychoanalytiker tätig, was bedeutet, dass er Behandlungstechniken anwandte, die im Freud'schen Denken verwurzelt sind. Dazu zählen neben Traumdeutung und freier Assoziation auch andere Strategien, die darauf abzielen, die unbewussten Wünsche, Gedanken und Erinnerungen eines Patienten zu ergründen. Jedoch gefiel ihm mit der Zeit dieser Therapieansatz immer weniger, da ihm aus seiner Sicht die wissenschaftliche Basis fehlte.

So beschloss er, neue Wege zu gehen, und entwickelte auf der Grundlage seiner psychodynamischen Arbeit mit depressiven Klienten einen veränderten Behandlungsansatz. Bei seiner Arbeit hatte er häufig erlebt, dass Klienten abschätzige Bemerkungen über sich selbst machten, etwa: »Ich bin nutzlos«, »Die Leute mögen mich nicht« oder »Es gibt keine Hoffnung«. Später bezeichnete er diese Überlegungen als automatische Gedanken, also Gedanken, die Menschen unbewusst haben und die ihre Gefühle und Verhaltensweisen beeinflussen. Obwohl in seiner anfänglichen Arbeit vor allem depressive Klienten im Mittelpunkt standen, befasste er sich später auch mit anderen Formen von seelischem Leid. 1999 schrieb er sogar ein Buch über Wut, Feindseligkeit und Gewalt.[47] Darin charakterisierte er die gängigsten Denkmuster wütender Menschen, dazu gehörten für ihn Egozentrik, die Neigung zur Übergeneralisierung und eine ausgeprägte Überzeugung, wie etwas sein sollte. Seine Überlegungen waren für das Fachgebiet von großer Bedeutung und dienen als Beispiele für viele der Gedankentypen, die ich später in diesem Kapitel beschreiben werde.

Fallstudie: Ephraim – »Wenn ich den Eindruck habe, dass jemand glaubt, mehr zu wissen als ich«

Ephraim, 30, arbeitet in einer Bücherei in New York City und beschrieb sich selbst als wütende Person, die schnell ausrastet. Er sagte, dass seine Wut sehr stark ist, manchmal wie aus dem Nichts entsteht und sich sehr schnell entlädt. Er arbeitet gerne in der Bücherei, obwohl er nicht immer gern mit Menschen zu tun hat und sie ihn auch leicht frustrieren. Seine Verlobte, mit der er zusammenlebt, bekommt seine Wut am meisten zu spüren. Sie sprechen oft darüber. Außerdem arbeitet er mit seinem Therapeuten daran und redet dabei nicht nur über seine Wut, sondern auch über die Gefühle, die er wegen seiner Wut hat.

»Ich war schon immer wütend, bereits als Kind. Aber ich habe es erst realisiert, als ich größer war und mir dachte, wie schrecklich ich gewesen bin. Diese Erkenntnis hat mich sehr geärgert, ich habe mich furchtbar gefühlt.« Wenn er ausrastet, wie er es nannte, wird er laut, manchmal brüllt er die Menschen in seiner Umgebung an. Für ihn ist das Gefühl auch sehr körperlich, denn er spürt es im ganzen Körper. Er beschrieb seine Wut als »Druck, und das Ausrasten ist der physische Weg, um die Spannung zu lösen«. Er sagte, dass er das nie plant. Der Spannungsabbau erfolgt nicht absichtlich oder bewusst, sondern passiert einfach. In der Beziehung zu seiner Verlobten bemerkt er seine Wut, weil die ihr Angst macht. Sie weicht dann vor ihm zurück, und das zeigt ihm, dass er sie offenbar einschüchtert, ohne dass es von ihm gewollt ist.

Die Situationen, in denen er wütend wird, sagen viel über die Gedanken aus, die ihn ärgern. Er konnte zwei Arten von Situationen ausmachen, die seine Wut auslösen: erstens, wenn er sich un- oder missverstanden fühlt, und zweitens, wenn er gestört wird. Die zweite Situation lässt sich etwas einfacher erklären. Er erzählte mir, dass er an einer Aufmerksamkeitsdefizit-/Hyperaktivitätsstörung (ADHS) leidet und dass es ihn sehr frustriert, wenn jemand ihn bei seinem Versuch, sich zu konzentrieren, stört. Das passiert häufig in der Bücherei, was ihm selbst seltsam vorkommt, weil es doch eigentlich seine Aufgabe ist, Menschen zu helfen. Doch wenn jemand ihn um Hilfe bittet, er aber gerade bemüht ist, sich auf eine andere Aufgabe zu konzentrieren, ärgert er sich, weil er das Gefühl hat, daran gehindert zu werden.

Das Gefühl, un- oder missverstanden zu werden, ist eine viel kompliziertere psychologische Erfahrung. Ephraim berichtete: »Es passiert, wenn ich den Eindruck habe, dass jemand glaubt, mehr zu wissen als ich. Dann raste ich sehr schnell aus. Unabhängig davon, ob dieser jemand das tatsächlich glaubt oder nicht. Denke ich, dass jemand meint, er könne etwas besser als ich, macht mich das sehr wütend.« Außerdem sagte er: »Wenn ich das Gefühl habe, dass jemand nicht versteht, was ich sage, löst auch das Wut in mir aus.« Das geschieht oft mit seiner Verlobten, aber auch in der Arbeit.

Der ursächliche Kern dieser Wutausbrüche ist das Gefühl, nicht wertgeschätzt zu werden. Wenn er bei der Arbeit gestört wird, empfindet er das so, als würde jemand seine Zeit, seine Ziele oder das, woran er gerade arbeitet, nicht ernst nehmen. Haben Menschen eine andere Meinung bzw. glaubt er, es wäre so, dann betrachtet er dies als Herabwürdigung seines Intellekts oder seiner Fähigkeiten. Auf meine Frage, ob er wisse, woher dieses starke Bedürfnis nach Wertschätzung komme, antwortete er lachend: »Ich habe eine sehr kontrollierende Mutter, die alles überwacht hat, was ich als Kind tat, sagte, anhatte und fühlte. Ich durfte nie mein eigenes Ding machen oder meine eigenen Gefühle haben.« Daher sei er mit dem ständigen Gefühl aufgewachsen, dass nichts von ihm – weder seine Meinung noch seine Zeit noch seine Wünsche – wertgeschätzt wurde. Ein Großteil seiner Wut hatte sich in seiner Kindheit auf seine Mutter gerichtet. »Wir schrien uns oft an«, erzählte er mir. Heute weiß er, dass sie beide eher ängstliche Menschen sind, was alles noch schlimmer gemacht hat.

Ephraim begann eine Therapie, um an seinem Wutproblem zu arbeiten, und lernte einige Strategien, um besser mit seiner Wut umzugehen.

Das Wichtigste ist für ihn dabei eine gute Art der Kommunikation. Wenn er wütend ist, versucht er, anderen in seiner Umgebung zu vermitteln, dass er etwas Zeit zum Nachdenken braucht, um die richtigen Worte zu finden. Steht ein schwieriges Gespräch an, sendet er manchmal erst eine Textnachricht, sodass er Zeit hat, um seine Gedanken zu ordnen und sich auf den Austausch vorzubereiten. Dadurch hat sich auch die Beziehung zu seiner Mutter merklich verbessert.

Das hängt damit zusammen, was er sich von seinen Mitmenschen wünscht. »Sie sollen mir etwas Zeit geben«, sagte er. »Wenn es um etwas Wichtiges geht und ich nicht sofort reagiere, möchte ich mich nicht gedrängt fühlen.« Er hat den Eindruck, dass andere denken, er würde sie ignorieren, wenn er sich diese Zeit nimmt, aber das stimmt nicht. Er versucht nur, die richtigen Worte für seine Gefühle zu finden. Auch mit seinem Vorgesetzten hat er Strategien entwickelt, um ausreichend Zeit zu bekommen, wenn ein Besucher etwas von ihm will. So antwortet er zum Beispiel: »Sofort, ich bin gleich bei Ihnen.« Das klingt freundlich und zeigt dem Besucher, dass er sich bald um ihn kümmern wird. So verschafft er sich die nötige Zeit, um gelassen zu bleiben und das, was er gerade macht, an einem für ihn passenden Punkt zu unterbrechen.

Weltbilder, die Wut auslösen

Ephraim ist ein interessantes Beispiel dafür, wie das eigene Weltbild automatisch bestimmte Wut erzeugende Gedanken auslösen kann. In seinem inneren Wesen scheint er überzeugt davon zu sein, dass *die Welt ihn nicht versteht*. Und genau mit dieser Einstellung geht er in Situationen, und so beeinflusst sie auch die Art und Weise, wie er seine jeweiligen Interaktionen interpretiert. Diese Überzeugung ist wie eine Linse, durch die seine Erfahrungen gefiltert werden. Ephraim mag ja recht haben, dass ihn viele Menschen nicht verstehen, aber das heißt nicht, dass sein Weltbild oder jenes anderer Menschen falsch oder fehlerhaft ist. Sie dienen lediglich als Filter, die die Art, wie wir Dinge erleben, beeinflussen.

Beck definierte diese umfassenden Weltbilder als Schemata und beschrieb in seiner sogenannten kognitiven Triade drei Schemata des Denkens: über das Selbst (Selbstbild), über das menschliche Umfeld und über die Zukunft. Dies sind nach Becks Ansicht die drei entscheidenden Weltanschauungselemente einer Person. So könnte eine depressive Person zum Beispiel folgende Einstellung haben:

- Selbstbild: Ich bin unzulänglich. Ich bin erfolglos. Ich bin wertlos.
- Umfeld: Die Leute mögen mich nicht. Die anderen sind besser als ich. Die Leute halten mich nicht für wichtig.
- Zukunft: Es gibt keine Hoffnung. Es ändert sich sowieso nichts. Alles wird wahrscheinlich noch schlimmer.

Bei einer wütenden Person sieht die kognitive Triade dagegen eher wie folgt aus:

- Selbstbild: Ich habe ein Recht auf bestimmte Dinge. Meine Wünsche sind wichtiger als die anderer Menschen.
- Umfeld: Die Leute lassen mich im Stich. Andere kommen mir in die Quere. Die Welt ist ungerecht.
- Zukunft: Es gibt keine Hoffnung. Die Menschheit wird weiterhin alles zerstören.

Was bedeutet das? Beide Menschen, der Depressive und der Wütende, erleben vielleicht die gleiche Situation, sehen sie aber durch eine völlig andere Brille und zeigen eine vollkommen unterschiedliche emotionale Reaktion.

TIPP

Wenn Menschen Situationen oder die Motivation anderer nuancierter betrachten und nicht alles nur negativ sehen, kann dies helfen, Wut zu lindern.

Stellen wir uns vor, diese beiden Personen sind Studierende, die eine Klausur nicht bestanden haben. Die Person mit dem depressiven Weltbild könnte anschließend denken: »War ja eh klar, dass ich es nicht schaffen würde. Ich bin nicht klug genug, und der Prof weiß das. Wahrscheinlich muss ich das ganze Semester noch mal wiederholen.« Dagegen könnte die wütende Person die Ursache externalisieren und denken: »Der Dozent hat keine Ahnung. Ich habe nicht bestanden, weil die Klausur unfair war und er nicht gut unterrichtet hat.« Interessanterweise können beide zwar zu dem gleichen Schluss kommen, nämlich dass sie das Semester wiederholen müssen, aber die Begründungen dafür sind sehr unterschiedlich. Der Erste hat es nicht geschafft, weil ihm die Fähigkeiten fehlen, um erfolgreich zu sein, während der Zweite den Dozenten für unfähig hält.

Drei umfassende Gedankenkategorien

Bei den automatischen Gedanken von wütenden Menschen gibt es drei umfassende, sich teilweise überschneidende Gedankenkategorien, die Wut auslösen oder zumindest verschlimmern können: hohe Erwartungen an andere, Schwarz-Weiß- bzw. dichotomes Denken sowie Katastrophendenken.

Hohe Erwartungen an andere

Vor Kurzem habe ich in den sozialen Medien folgendes Szenario beschrieben und gefragt, wie Menschen reagieren würden, wenn ihnen das passieren würde:

> Sie fahren auf der Autobahn, überholen jedes Mal, wenn sich die Gelegenheit dazu bietet, und sind auf der linken Spur schneller unterwegs als erlaubt. Der Fahrer hinter Ihnen möchte offenbar noch schneller vorankommen und fährt nah auf. Kurz bevor Sie erneut ein Auto überholen, fährt er auf der rechten Spur an Ihnen vorbei und bremst Sie dann auf der linken Spur aus, um Ihnen heimzuzahlen, dass Sie in seinen Augen zu langsam gefahren sind.

Ich habe also gefragt, was Menschen in dieser Situation tun würden. Damit wollte ich herausfinden, wie wichtig ihnen Rache ist. Würden sie nichts tun, hupen, den Fahrer irgendwie verfolgen oder etwas anderes tun? Über 2000 Menschen meldeten sich und viele beantworteten lediglich die Frage, die ich gestellt hatte. Andere reagierten nicht mit einer Antwort auf die Frage, sondern lehnten das dargestellte Szenario ab. Sie gaben an, dass sie niemals in so eine Situation geraten würden, weil sie nicht so schlecht Auto fahren würden wie die Person in meinem Beispiel. Sie wären schneller gefahren, hätten rascher überholt oder früher geblinkt, sodass die Person sie nicht hätte rechts überholen können.

Ich bin übrigens der Meinung, dass mein Protagonist verantwortungsbewusst und gut gefahren ist, aber darum geht es hier nicht. Interessant war zu sehen, dass viele Menschen nicht den offensichtlichen Täter angingen, sondern das Opfer des Verstoßes. Ihre Wut richtete sich also nicht gegen den Fahrer, der einen anderen Fahrer absichtlich ausgebremst hat. Sie waren eher wütend auf den Fahrer, der ihrer Meinung nach zu langsam fuhr und nicht schnell genug wieder auf die rechte Spur wechselte. Die meisten gingen zwar nicht so weit zu behaupten, dass er schuld gewesen sei, dass er geschnitten worden war, aber viele deuteten doch an, dass er sich schlecht verhalten hatte.*

Für mich ist dies ein interessantes Beispiel dafür, wie stark die Erwartungen an andere und ungeschriebene Verhaltensregeln die eigene Wut beeinflussen können. Die Menschen hatten ihre eigene Vorstellung davon, wie man sich als Autofahrer verhalten sollte. Und diese Vorstellung hatte nichts mit dem Gesetz zu tun (der Täter in dem Beispiel verstieß gegen mehr Gesetze als das Opfer). Ihre Erwartungen basierten also auf ihren eigenen Vorstellungen davon, was im Autoverkehr richtig oder falsch ist. Mit diesen unverbindlichen und keineswegs allgemeingültigen Normen für das Verhalten im Straßenverkehr als Grundlage zeigten sie sich nicht

* Ich weiß, dass einige Leser sich gerade über das Buch aufregen, weil sie mit meiner Sichtweise in Bezug auf das Beispiel nicht einverstanden sind. Sollten auch Sie dazugehören, halten Sie einfach durch. Wir schaffen das gemeinsam.

erbost über den Fahrer, der sich gesetzeswidrig verhalten hatte, sondern über den, der *ihre* ungeschriebenen Regeln verletzt hatte.*

Dies ist eines der Merkmale von wütenden Persönlichkeiten. Sie haben oft relativ genaue Vorstellungen davon, wie Menschen sich verhalten, fühlen und denken *sollen*, und werden wütend, sobald jemand gegen diese Regeln verstößt. Dies kann auch ein gewisses Maß an Forderungshaltung, Schuldzuweisung, Gedankenlesen oder sogar das Persönlichnehmen des Verhaltens anderer beinhalten. Sie stellen ihre eigenen Bedürfnisse über die Bedürfnisse anderer, nehmen das Schlimmste von Menschen und ihren Beweggründen an und schieben ihnen die Schuld zu, auch wenn dies völlig zu Unrecht geschieht.

Bei Ephraim zeigte sich dieses Schwarz-Weiß- bzw. Dichotomie-Denken darin, dass er voreilige Schlüsse darüber zog, wie die Menschen über ihn dachten. Er stellte Vermutungen darüber an, wie die Leute ihn sahen, und ließ sich anschließend von diesen Annahmen leiten. Glaubte er, dass jemand ihn für dumm hielt oder meinte, etwas besser zu können als er, wurde er wütend. Er gab zu, dass er keinen Beleg dafür hatte, dass sie so über ihn dachten, aber er zog diesen Schluss ohne jeglichen Beweis, und schon war die Wut da.

Kognitive Therapeuten haben eine Reihe solcher Gedanken identifiziert, die nicht nur mit Wut, sondern ganz allgemein mit emotionalen Problemen einhergehen. Im Folgenden finden Sie einige dieser Gedanken mit Beispielen dafür, wie sie mit Wut in Verbindung stehen (beachten Sie jedoch, dass sich diese Gedankentypen oft überschneiden).

- **Falsche Ursachen- oder Schuldzuweisungen:** Dies ist der Fall, wenn Menschen falsche Rückschlüsse darüber ziehen, was eine Situation verursacht hat, oder jemandem zu Unrecht Schuld zusprechen. Sie stellen Mutmaßungen darü-

* Ich sollte übrigens noch Folgendes anmerken: Als einige Menschen den Täter in diesem Szenario verteidigten, nahmen andere sofort den Protagonisten in Schutz. So entbrannte im Netz eine Diskussion darüber, welche nicht reale Person in meinem nicht realen Beispiel die Schuld trug. So sind die sozialen Medien.

ber an, *warum* jemand etwas getan hat, oder beschuldigen einfach die falsche Person. Ist Wut mit im Spiel, kann dies mit Aussagen wie »Ich wette, der war's, weil …« oder »Das haben die mit Absicht getan« einhergehen.

- **Forderungs- oder Anspruchshaltung:** Dies bedeutet, dass Menschen ihre eigenen Wünsche und Bedürfnisse über jene anderer Menschen stellen, weil sie ihre eigenen Bedürfnisse für wichtiger halten. Wenn ihnen zum Beispiel die Bedienung in einem Lokal zu langsam ist, reagieren sie vielleicht so: »Es ist mir egal, was er gerade macht, er soll schleunigst herkommen.«
- **Fordernde Erwartungshaltung:** Bei dieser Variante der Forderungshaltung haben Menschen strikte Vorstellungen davon, wie sich andere verhalten *sollten*. Diese Vorstellungen können mit denen anderer Menschen übereinstimmen, müssen es aber nicht. Beispiele für diese Regeln sind etwa, dass man Bitte und Danke sagen soll oder nie zu spät zu einem Treffen kommen darf. Verstöße gegen diese Vorstellungen können Wut auslösen.* Das oben beschriebene Szenario auf der Autobahn ist dafür ein gutes Beispiel.
- **Erwartung einer Verhaltensveränderung:** Dies ist der Fall, wenn jemand erwartet, dass sich andere Menschen verändern, um seine Erwartungen zu erfüllen. Die Person glaubt, dass Mitarbeiter, Freunde oder Familienmitglieder ihr Verhalten nur ihr zuliebe ändern. Passiert dies nicht oder nicht in dem Maße wie erwartet, entsteht Wut.

* Weniger bedeutsam für dieses Buch ist der sogenannte Selbstanspruch oder die Vorstellung davon, was man selbst tun sollte (ich sollte jeden Tag Sport treiben, ich sollte diese Arbeit noch erledigen). Menschen, die solche Ansprüche an sich selbst haben, sind eher traurig und oftmals auch wütend auf sich selbst. Letzteres zeigen zumindest die Daten des »Anger Project« (www.alltheragescience.com): 41 Prozent dieser Menschen sind mit großer Wahrscheinlichkeit wütend auf sich selbst.

- **Voreilige Schlüsse:** Oft ziehen wütende Menschen voreilig negative Schlüsse, ohne dafür hinreichende Belege zu haben. Völlig grundlos unterstellen sie anderen Menschen schlechte Absichten. Wenn zum Beispiel ein Vorgesetzter jemanden zu einer Besprechung bittet, kann dieser vorschnell zu der Annahme gelangen, dass ihm mehr Arbeit zugewiesen werden soll.
- **Personalisierung:** Von diesem Phänomen sprechen wir, wenn jemand Ereignisse oder Handlungen, die in Wirklichkeit nichts mit ihm zu tun haben, ursächlich auf sich bezieht. Die Person nimmt Dinge persönlich und geht davon aus, dass jemand anderes etwas wegen ihr gemacht hat. Im Falle einer wütenden Person ist diese zum Beispiel überzeugt, dass eine bestimmte Handlung durch Rache oder Bosheit motiviert ist. »Das haben sie nur getan, um mir eins auszuwischen.«

Schwarz-Weiß- oder Dichotomie-Denken

In letzter Zeit wurde ich in den sozialen Medien stark angefeindet wegen meiner Haltung zum Thema Waffengewalt in den USA. Ich bin ein überzeugter Befürworter einer Verschärfung der amerikanischen Waffengesetze und vertrete diese Meinung häufig in den sozialen Medien.* Dabei passiert allerdings etwas Interessantes, und zwar zeigt sich ein bestimmter Denkstil, der typisch ist für wütende Menschen. Waffennarren greifen mich natürlich sofort an, weil ich Waffen »verbieten« möchte – sie schreiben dann Dinge wie: »Na, dann viel Glück beim Versuch, mir meine Waffen wegzunehmen«, »Sind Waffen verboten, haben nur noch Kriminelle welche« oder sogar »Dann sollten wir auch Autos verbieten, die töten schließlich noch mehr Menschen als Waffen«.

* Meine Haltung zu Waffen ist zwangsläufig durch meine Forschungen über Wut und andere Emotionen geprägt. Treffen eine brisante emotionale Lage und eine Waffe aufeinander, wird es schnell brandgefährlich.

Was diese Reaktionen so erstaunlich macht, ist die Tatsache, dass ich nie für ein allgemeines Waffenverbot eingetreten bin und auch keine Beschlagnahmung von Waffen gefordert habe. Menschen hören »strengere Waffengesetze« – was alles bedeuten kann, von der Forderung, Waffen sicher zu verwahren, bis hin zur Forderung nach einer zusätzlichen Unterweisung als Bedingung für den Waffenbesitz –, und schon tauchen in den Köpfen Verbot und die Konfiszierung aller Waffen auf. Das heißt, die Menschen reagieren letztlich auf diese fixen Ideen in ihren Köpfen und nicht auf das, wofür ich eigentlich stehe. Dies ist ein gutes Beispiel für Schwarz-Weiß- oder Dichotomie-Denken, welches die Einstellung vieler wütender Menschen prägt.

Dieses Schwarz-Weiß-Denken impliziert, dass Ereignisse, Aussagen oder Handlungen grundsätzlich in zwei Kategorien eingeteilt werden: *gut* oder *schlecht*. Dies führt jedoch dazu, dass etwaige Nuancen nicht wahrgenommen bzw. berücksichtigt werden. Während ich dies schreibe, regnet es zum Beispiel draußen in Strömen, und wahrscheinlich wird es in den nächsten Stunden nicht damit aufhören. Ich könnte dies schrecklich oder enttäuschend finden, weil es mein Vorhaben, joggen zu gehen, durchkreuzt und meine Kinder daran hindert, draußen zu spielen. Allerdings würde ich dann die Tatsache ignorieren, dass der Regen gut ist für meinen Garten, der dringend Wasser braucht (ganz zu schweigen von den Anbauflächen der örtlichen Landwirte). Deshalb ist der Regen nicht per se schlecht, er setzt einfach ein und wirkt sich gleichermaßen positiv wie negativ auf mein Leben und die Gesellschaft im Allgemeinen aus.

Dieses Schwarz-Weiß-Denken macht auch vor der Beschreibung von Menschen nicht halt. Oft ist die Motivation für menschliches Handeln oder Verhalten komplex, doch wütende Menschen stecken andere in Schubladen, sie sind *gemein*, *dumm* oder *unehrlich*. Und diese Kategorisierungen sind dann die Linse, durch die sie das Verhalten anderer sehen und interpretieren. Wenn jemand, den man als unehrlich abgestempelt hat, seine Motive erklären möchte, wird automatisch angenommen, dass es eine Lüge ist. Bietet jemand, der als dumm eingeschätzt wurde, eine Lösung für ein Problem an, wird die ignoriert.

Es gibt mehrere Denkmuster, die alle in die Kategorie des Schwarz-Weiß-Denkens gehören. Hier einige Gedanken, die typisch sind für wütende Menschen, und Beispiele dafür, wie sie zu Wut führen können:

- **Übergeneralisierung:** Dies ist die Neigung, eigene Erfahrungen stark zu verallgemeinern. Wenn etwas einmal passiert, wird es so dargestellt, als würde es *immer* geschehen, anstatt es als einen gelegentlichen Vorfall zu betrachten. Hat ein Kind zum Beispiel ausnahmsweise seine Hausaufgaben nicht gemacht, sagt der wütende Elternteil: »Warum macht er das *immer*?« oder »Sie ist *total* verantwortungslos«.
- **Negative Etikettierung:** Dabei werden Menschen oder Situationen extrem negativ oder sogar grausam bewertet, so etwa als »fürchterlich« oder »verheerend«. Menschen werden als »völlige Idioten«, »Trottel« oder »Taugenichtse« abgestempelt. Dabei übersehen wütende Menschen, dass andere komplexer sind, als sie denken, und auch die Beweggründe, etwas in einem bestimmten Moment zu tun, ebenso komplex sind.
- **Unterschiedliche Vorstellungen von Gerechtigkeit:** Manche Menschen bewerten Ergebnisse danach, ob sie gerecht sind, was aber nicht bedeutet, dass ihre Vorstellung von Gerechtigkeit auch der anderer Menschen entspricht. Sie werden wütend, weil sie etwas als ungerecht empfinden, obwohl andere das nicht so sehen oder einschätzen würden. So denkt ein Ehepartner vielleicht: »Es ist nur gerecht, dass er das Staubsaugen übernimmt, schließlich habe ich das Abendessen zubereitet« und wird wütend, wenn diese Vorstellung nicht vom anderen Partner geteilt wird.
- **Meinungen als Tatsachen ansehen:** Manchmal halten Menschen ihre persönlichen Meinungen für Tatsachen. Oder anders gesagt: Sie denken, dass ihre individuelle

Meinung zu einem Thema von anderen Menschen auf jeden Fall geteilt wird.* »*Casablanca* ist für mich der beste Film aller Zeiten« wird dann zu »*Casablanca* ist der beste Film aller Zeiten« – und wenn andere dieser vermeintlichen Tatsache nicht zustimmen, führt das zu Wut.

Katastrophendenken

Wenn wir eine Situation oder eine Erfahrung einschätzen, dann tun wir das auf zwei verschiedene Arten. Zuerst sehen wir uns die Ursache an. Im Falle von Wut betrachten wir die Person oder die Situation, die uns provoziert, und treffen anschließend die Entscheidung darüber, was sie für uns bedeutet. In diesem Moment kommen viele jener Gedanken hoch, die wir bereits behandelt haben. Wir stellen fest, wer etwas getan hat, warum er es getan hat, ob es schlecht oder gut war, wie es sich auf uns auswirkt und so weiter. Wir nennen dies die primäre Bewertung.

Anschließend entscheiden wir, wie schlimm die Situation für uns ist und ob wir sie bewältigen können. Das ist die sekundäre Bewertung. Sie bestimmt schließlich, ob wir wütend werden, und wenn ja, wie sehr. Es gibt zum Beispiel Situationen, in denen sich jemand zwar schlecht benommen hat, dieses Verhalten uns aber nicht besonders beeinträchtigt, sodass wir möglicherweise nicht oder nicht sehr wütend werden. Drängelt sich jemand beim Schlangestehen in einer Konditorei vor, kann ich zum Beispiel denken: »Das hat derjenige absichtlich gemacht und es war unhöflich, aber weil ich es nicht eilig habe, ist es mir egal.« Ich könnte mich aber auch darüber ärgern, weil ich es für gemein oder respektlos halte. Die Wut hält sich dennoch in Grenzen, weil das Ganze mein Leben kaum beeinflusst. Kommen jedoch Gedanken auf wie »Jetzt komme ich zu spät zur Arbeit« oder »Dieser Typ kriegt den letzten Donut« ist meine Wut wahr-

---

* Als mein Sohn neun Jahre alt war und in einem Podcast die schlechte Kritik eines Filmes hörte, den er selbst toll fand, wurde er sehr wütend. Er konnte einfach nicht glauben, dass andere Leute ihn nicht mochten. Diese Reaktion war altersgemäß, und normalerweise entwickeln Menschen mit der Zeit ein differenzierteres Verständnis dafür, wie andere die Welt um sich herum wahrnehmen.

scheinlich größer. Die Bewertung, welche Konsequenzen etwas hat, wirkt sich auf die Intensität meiner Wut aus.

Die wütenden Menschen in Ihrem Leben neigen wahrscheinlich zu Katastrophendenken. So fühlte sich Ephraim von Störungen besonders frustriert, weil er sie als erhebliche Unterbrechung seiner Arbeit ansah. Interessanterweise hat seine primäre Bewertung ergeben, dass die Besucher nichts falsch machten, wenn sie ihn um Hilfe baten, denn schließlich war es ja seine Aufgabe, ihnen zu helfen. Allein die primäre Bewertung hat also nicht unbedingt zu Frustration oder Wut geführt. Er schätzte es nicht so ein, dass die Besucher etwas falsch gemacht hatten. Erst bei seiner sekundären Bewertung, bei der es um die Frage ging, ob er die Situation bewältigen konnte, entstand schließlich seine Wut. Da es ihm aufgrund seiner ADHS grundsätzlich schwerfällt, sich zu konzentrieren, sind Störungen für ihn besonders belastend.

Wie wütende Menschen diese Art von Denken an den Tag legen, ist sehr unterschiedlich. Zunächst möchte ich jedoch anmerken, dass es natürlich Situationen gibt, die wirklich schlimm sind, und manche Menschen es mit sehr negativen Folgen zu tun haben. Was ich hier aber meine, ist die Neigung, Situationen oder Handlungen überzubewerten. Damit leugne ich nicht, dass eine Situation schlimm sein kann und Wut oder ein anderes Gefühl manchmal berechtigt ist.

- **Katastrophisierung:** Dies ist ein deutlich erkennbares Phänomen und lässt sich als besonders schwere Form des Katstrophendenkens beschreiben. Wütende Menschen neigen dazu, negative Ereignisse extrem aufzubauschen, indem sie die Folgen eines solchen Ereignisses als außergewöhnlich schlecht interpretieren. Ein Ereignis ist dann das Schlimmste, was ihnen je passiert ist, oder hat verheerende Folgen für den restlichen Tag, die restliche Woche oder gar die gesamte Karriere. Hat ein Kollege eine Aufgabe nicht erledigt, sagt so eine Person zum Beispiel: »Das wirft mich total zurück. Der Tag ist gelaufen.«

- **Emotionales Schlussfolgern oder emotionale Beweisführung:** In diesem Fall glauben Menschen, dass ihre Gefühle die Wahrheit über eine bestimmte Situation aussagen. Weil sie sich ärgern, muss die Situation tatsächlich sehr schlecht, unangenehm oder ungerecht gewesen sein. Dabei übersehen sie aber, dass die Situation oder das Geschehene auch andere Interpretationen zulässt.
- **Leugnung des Positiven:** Dies geschieht, wenn Menschen positive Ergebnisse in ihrem Leben nicht wahrnehmen und nur die negativen Folgen sehen. Was nicht gut läuft, wird bemerkt, positive Erfahrungen werden ausgeblendet. Eine wütende Person kann sich also übermäßig über das, was an einem Tag schiefgelaufen ist (ein verspäteter Flug, eine verloren gegangene Tischreservierung), aufregen und den ganzen Tag als verpfuscht empfinden, während das Schöne oder Lustige, das an dem Tag passiert ist, ignoriert wird.

GUT ZU WISSEN

Menschen mit einer wütenden Persönlichkeit haben grundsätzlich eine stärkere Neigung, Gedanken der drei gerade besprochenen Kategorien zu entwickeln: hohe Erwartungen an andere, Schwarz-Weiß-Denken und Katastrophendenken.[48]

Der Ursprung von Weltbildern

Schon ein kurzer Blick auf diese Gedankenmuster genügt, um zu begreifen, dass sie eng mit Wut verbunden sind (ganz zu schweigen von anderen Gefühlen wie Traurigkeit und Angst). Wenn jemand gerne dramatisiert, neigt er dazu, schlechte Erlebnisse noch negativer einzuschätzen, was die Wut fördert. Jemand, der stark verallgemeinert, tendiert dazu, eine einzelne Situation zum Teil eines Musters zu machen. Kommt der Lebenspartner zu spät und durchkreuzt damit die Pläne dieser Person, fühlt sie sich besonders frustriert und denkt: »Das macht er immer.« Und was die anderen Gedankentypen angeht – Leugnung des Positiven, Forderungshaltung und negative Etikettierung –, ist naheliegend, dass auch sie zu Wut und Aggression führen.

Bestätigt wird dies durch zahlreiche Forschungsergebnisse. Studien zu diesen Gedankenmustern haben durchweg einen Zusammenhang von Wut, Traurigkeit und Angst hervorgebracht. Menschen, die durch einen oder mehrere dieser Gedankentypen gekennzeichnet sind, werden nicht nur häufiger wütend, sondern äußern Wut auch eher auf unangemessene oder gefährliche Weise.[49] Diese Forschungsergebnisse sind wichtig für die Therapiearbeit und die Selbsthilfe, da wir erkannt haben, dass das Ansetzen bei diesen Gedankentypen oft zu guten Behandlungserfolgen führt. In Übereinstimmung mit Becks ursprünglichen Aussagen bestätigen Forschungsergebnisse, dass wütenden Menschen am besten dadurch geholfen werden kann, dass sie neue Denkmuster entwickeln. Wenn wütende Menschen ihre Gedanken verändern, empfinden sie weniger Wut und bringen sie besser zum Ausdruck.

Für mich ist besonders die Frage interessant, wo diese Denkmuster erlernt und entwickelt werden. Warum haben manche Menschen überhaupt die Neigung, solche Gedanken zu entwickeln? Dazu sagte Ephraim etwas sehr Wichtiges, als er über den Grund dafür sprach, dass er sich so oft unverstanden und abgewertet fühlte. Er erzählte, dass seine Mutter kontrollierend gewesen war und er das Gefühl gehabt hatte, dass seine Gefühle und Gedanken während seiner gesamten Kindheit nicht anerkannt und ernst genommen worden waren. Das permanente Gefühl des Unverstandenseins war für ihn eine ständige Quelle der Frustration.

Unsere gedanklichen Neigungen entwickeln sich wahrscheinlich durch einen ähnlichen Mechanismus wie unsere emotionalen Neigungen. Manches lernen wir durch Belohnungen und Bestrafungen, wenn

Bezugspersonen uns durch Lob oder Tadel aktiv in unserem Denken bestärken oder entmutigen. Schneidet ein Kind in einer Prüfung schlecht ab und sagt: »Ich kann nichts dafür, der Lehrer hat uns das nicht beigebracht«, stimmen ihm die Eltern vielleicht zu und unterstützen es, was wie eine Belohnung wirkt. Oder sie tadeln es dafür, dass es die Schuld einem anderen in die Schuhe schiebt, was wie eine Bestrafung erscheint und das Kind dazu bringt, anders zu denken. Sie könnten ihm auch alternative Erklärungsmöglichkeiten vorschlagen oder eine veränderte Bewertung der Situation.

Unser Weltbild entwickelt sich allerdings wahrscheinlich zum Großteil durch Modelllernen. Wir erkennen, wie unsere Bezugspersonen über etwas denken, weil sie ihre Gedanken im täglichen Leben äußern. Wenn ein Elternteil sagt: »Schau dir diesen Idioten an«, »Es ist immer das Gleiche« oder »Jetzt ist der Tag gelaufen«, übernehmen Kinder diese gedanklichen Interpretationen und Denkweisen. Dann fangen auch sie an, Menschen in bestimmte Schubladen zu stecken, zu verallgemeinern und alles negativ darzustellen, weil ihre Bezugspersonen es ihnen so vorgelebt haben. In diesem Zusammenhang darf nicht unerwähnt bleiben, dass Eltern zwar die ersten und wichtigsten Bezugspersonen sind, aber nicht die einzigen. Wie die Emotionen wird auch das Weltbild durch den Blick auf Geschwister, Freunde, Lehrer, Berühmtheiten oder beeindruckende Persönlichkeiten geprägt.

ÜBUNG

Die Gedanken der anderen

Kehren wir erneut zu der wütenden Person in Ihrem Leben zurück. Denken Sie an eine Situation, in der sie richtig wütend war, und überlegen Sie, welche Gedanken sie dabei geäußert hat. Was hat sie gesagt, das offenbaren könnte, wie sie denkt?

1. Welche der oben beschriebenen Denkmuster zeigt die Person?
2. Inwiefern könnten diese Gedanken Ausdruck eines Weltbilds sein, das ihre Sicht auf die Welt beeinflusst?
3. Welche Aspekte in der persönlichen Entwicklung haben, sofern Sie dies wissen, dieses Weltbild beeinflusst oder bestimmt?

»Gebt mir Zeit«

Ich fand Ephraims Antwort auf meine Frage, wie die Menschen mit ihm umgehen sollten, wichtig und interessant. Er sagte: »Gebt mir Zeit.« Er erwartet von anderen Menschen nicht, dass sie sich für ihn verbiegen oder ihre eigenen Gefühle hintanstellen. Er möchte nur, dass man ihm Raum und Zeit gibt, um seine Gedanken und Gefühle zu verarbeiten, bevor er antwortet. Dafür braucht er eben etwas länger. Er möchte lediglich, dass man das respektiert und ihm diese Möglichkeit gibt.

Ephraim machte auf mich den Eindruck eines Menschen, der viel sensibler und einfühlsamer ist als die meisten anderen Leute, mit denen wir es zu tun haben. Auch wirkte er in einer Weise rücksichtsvoll, wie wir es von wütenden Menschen nicht erwarten würden. Es war ihm nicht egal, welche Auswirkungen seine Wut auf andere, insbesondere auf seine Verlobte, hatte. Diese Art von Rücksichtnahme sucht man bei den meisten wütenden Menschen vergeblich, und ein besserer Umgang mit ihnen verlangt uns in der Regel mehr ab. Im zweiten Teil dieses Buches widmen wir uns zehn Methoden, um besser mit wütenden Menschen umgehen zu können.

TEIL ZWEI

ZEHN METHODEN, MIT DER WUT ANDERER UMZUGEHEN

KAPITEL 6

Methode 1: Herausfinden, was Sie wirklich wollen

»Wenn er nicht wissen wollte, was ich denke, hätte er mich nicht fragen sollen«

Eine Freundin von mir erzählte mir kürzlich von einer sehr unangenehmen Situation mit ihrem Schwiegervater. In der Familie gab es einige größere gesundheitliche Probleme, die schwierige Entscheidungen erforderten. Der Schwiegervater hatte meine Freundin gefragt, was sie ihrer Meinung nach tun sollten. Sie antwortete ehrlich und unterbreitete ihm Ratschläge, von denen sie wusste, dass sie ihm nicht gefallen würden. Doch wie sehr er sie ablehnte und wie wütend sie ihn machten, damit hatte sie nicht gerechnet.

Er war fuchsteufelswild. Sie erhielt eine E-Mail von ihm, in der er seiner Wut und Feindseligkeit freien Lauf ließ. Er stellte ihre Anteilnahme an der Familie infrage und sprach ihr das Recht ab, sich so zu äußern. Als sie in ihrer Antwort versuchte darzulegen, dass sie nur, wie von ihm erbeten, ihre Meinung kundgetan hatte, ging er sie in einer zweiten E-Mail erneut heftig an. Da diese Mail sogar noch aggressiver war, beschloss sie, darauf nicht zu reagieren. Seitdem hat er sich nie wieder bei ihr gemeldet. Zu dem Zeitpunkt, als sie mir diese Geschichte erzählte, gab es zu ihr bereits keinen Kontakt mehr. Mit ihrem Mann kommunizierte er schon noch, verhielt sich ihm gegenüber aber sehr reserviert. Meine Freundin war verletzt und hatte Angst vor den Folgen für ihre Familie.

Zu ihrem Schmerz und ihrer Angst gesellte sich auch Wut auf den Schwiegervater. Schließlich hatte er sie um ihre Meinung gebeten, und die hatte sie ihm auch mitgeteilt. »Wenn er nicht wissen wollte, was ich denke, hätte er mich nicht fragen sollen«, sagte sie zu mir. »Eigentlich wollte er meine Meinung gar nicht hören, ich sollte nur bestätigen, dass richtig ist, was er tut.« Im Nachhinein wünschte sie sich, sie hätte nichts geantwortet. Oder sie hätte nur sagen sollen, dass er tun solle, was er für richtig hielt, und es dabei belassen sollen. Doch jetzt war diese schreckliche Situation entstanden, aus der es ihrer Ansicht nach nur den Ausweg gab, dass sie sich für etwas entschuldigte, das ihr nicht wirklich leidtat.

In dieser Zeit kamen viele verborgene Gefühle nach oben. Sie verspürte den Wunsch, ihm Dinge zu sagen, die ganz sicher nichts Gutes bewirken würden. Sie war wütend, und diese Wut führte wie immer in solchen Fällen dazu, dass sie um sich schlagen wollte. Gleichzeitig war ihr klar, dass sie mit dem, was sie sagen oder tun wollte, nicht ihr eigentliches Ziel erreichen würde, nämlich die Beziehung zwischen ihrem Mann und ihrem Schwiegervater zu erhalten.

TIPP

In einem emotionalen Moment innezuhalten, ist eine gute Möglichkeit, um sinnvoll mit wütenden Menschen umzugehen.

Was wir tun wollen oder was wir tun sollten

Zu den Dingen, die wir tun können, wenn jemand wütend auf uns ist, ist herauszufinden, was wir in dieser Situation erreichen wollen und wie wir es erreichen können. Dies gilt nicht nur für komplexe Situationen wie die oben beschriebene oder solche mit Kollegen, Freunden oder anderen Familienmitgliedern, sondern auch für kurze Interaktionen wie einen Streit im Straßenverkehr. Bevor wir reagieren, sollten wir versuchen, erst einmal innezuhalten und die Situation zu bewerten. So verschaffen wir uns Zeit, zu entscheiden, wie wir zu dem von uns gewünschten Ergebnis kommen können.

Jede Situation trägt verschiedene mögliche Ergebnisse in sich. Ein Beispiel: Ein Freund ist wütend auf Sie, weil Sie eine Einladung zu seiner Party ausgeschlagen haben. Zu dem Zeitpunkt, an dem Sie Nein gesagt haben, erklärte er, dass es für ihn kein Problem ist und er Sie versteht. Später erfahren Sie jedoch, dass er sich gegenüber gemeinsamen Freunden negativ über Sie ausgelassen hat. In einer solchen Situation gibt es – je nachdem, wie Ihre Beziehung zu der Person aussieht – verschiedene Folgen, die Sie sich wünschen können:

- Sie möchten, dass er nicht mehr wütend auf Sie ist.
- Sie möchten, dass er nicht mehr mit anderen über Sie spricht.
- Sie wollen die Freundschaft beenden.
- Sie wollen Ihre Schuldgefühle wegen Ihrer Absage vermindern.
- Sie möchten Ihren guten Ruf bei anderen wahren.
- Sie möchten sich an Ihrem Freund rächen.

Jedes dieser Ergebnisse erfordert eine eigene Reaktion von Ihnen. Noch komplizierter wird es, wenn Sie sich mehr als eine bestimmte Folge wünschen.

Sich genau in einem solchen Moment Zeit zu nehmen, um über das gewünschte Ergebnis nachzudenken, kann schwierig sein. Denn schließlich geht es dabei stets um eine emotional aufgeladene Situation, in der wir nicht immer klar denken. Was wir in einer solchen Situation tun *wollen*, wird sich wahrscheinlich von dem unterscheiden, was wir tun *sollten*, um das gewünschte Ergebnis zu erreichen. Anstatt uns darauf zu fokussieren, lassen wir uns eher von Rachegefühlen leiten. Statt innezuhalten und strategisch vorzugehen, folgen wir unwillkürlich unserem Rachebedürfnis. Allerdings gibt es für dieses Gefühl einen Grund, und der ist, wie so vieles, was mit unseren Gefühlen zu tun hat, tief in unseren Genen verwurzelt.

Der Wunsch nach Rache

Als ich kürzlich in den sozialen Medien über Wut sprach, antwortete jemand darauf mit einem faszinierenden und aufschlussreichen Kommentar. Er schrieb, dass es ihm oft schwerfällt, sich bei einer Konfrontation mit einer wütenden Person aus der Situation zu lösen. Wenn er einfach nur gehen würde, würde er sich schwach fühlen, und das führt dazu, dass er sich immer wehrt, obwohl er weiß, dass dies keine Lösung ist. Dieser Kommentar war an sich schon interessant, aber noch auffallender war die Tatsache, dass so viele andere Leser dieser Person beipflichteten. Es bestand eine klare Übereinstimmung darin, dass das Gefühl, der andere hätte einen Vorteil davon, wenn man sich nicht zur Wehr setzt, Menschen in einer emotional aufgeladenen Situation daran hindert, sich gut zu verhalten.

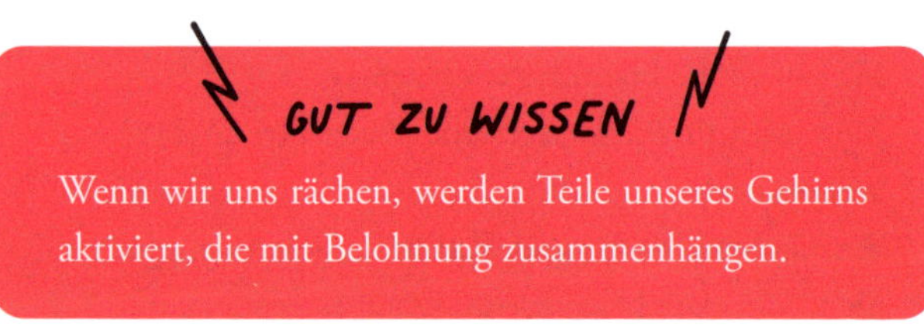

Also warum ist der Wunsch nach Rache so stark ausgeprägt? Was treibt uns in einem solchen Moment dazu, genau das zu tun, was unseren Zielen zuwiderläuft? Im Jahr 2004 ging ein Forscherteam dieser Frage nach und untersuchte dabei vor allem, was in unserem Gehirn vor sich geht, wenn wir uns rächen.[50] Dafür machten sie Aufnahmen von den Gehirnen der Studienteilnehmer, während sie anonym mit anderen ein Spiel spielten. Bei dem Spiel ging es um Geld. Waren die Teilnehmer ehrlich und arbeiteten zusammen, erhielten beide Geld. Mehr konnte man allerdings bekommen, wenn man den anderen ausnutzte. Und wer sich skrupellos verhielt und den anderen betrog, konnte am meisten verdienen.

Allerdings hatten die Teilnehmer, auf deren Kosten der Betrug gegangen war, später im Spiel die Möglichkeit, sich zu rächen. Hatten sie entdeckt, dass sie betrogen worden waren, verblieb ihnen eine Minute Zeit, um zu entscheiden, ob sie die Person bestrafen wollten, indem ihr Punkte im Spiel abgezogen werden würden. Während dieser Minute wurden die Gehirnströme mithilfe eines PET-Scanners gemessen.* So fanden die Forscher heraus, dass die Bestrafung der unanständigen Person zur Aktivierung einer Gehirnstruktur führte, die dorsales Striatum genannt wird. Dieses spielt eine bedeutende Rolle bei der Reaktion auf Belohnungen. Die Forscher kamen also zu dem Schluss, dass eine Aktivierung im dorsalen Striatum eine erwartete Zufriedenheit widerspiegelt. Oder anders gesagt: Die Teilnehmer hielten den Wunsch nach Bestrafung nicht nur für richtig, sie genossen ihre Rache auch. Die Verhängung der Strafe bereitete ihnen Freude.

Das erklärt, wie schwer es ist, in einem solchen Moment nicht zu reagieren. Unser Wunsch nach Rache ist sehr stark ausgeprägt.** Rache lohnt sich. Wie andere emotionale Erfahrungen ist auch dies wahrscheinlich in unserer Evolutionsgeschichte verwurzelt. Es war im Interesse unserer Vorfahren zu reagieren, wenn sie provoziert wurden oder ihnen Unrecht angetan wurde. Denn damit sendeten sie eine klare Botschaft an alle, die ihnen schaden oder Ressourcen wegnehmen wollten: Legt euch nicht mit uns an. Da die Überlebenswahrscheinlichkeit jener Vorfahren, menschlich und nicht menschlich, die sich rächten (was sie taten, weil es sich gut anfühlte), größer war, bereitet Rache uns heute Freude.

Gleichzeitig wurde in Studien nachgewiesen, dass sich Rache nur im Moment gut anfühlt, danach aber oft nicht mehr. Denn viele Menschen fangen dann an, über die negativen Gefühle und die Situation nachzudenken. In einer interessanten Studie wurde dieses Phänomen 2008 eingehend untersucht.[51] Ähnlich wie in der oben genannten Studie ließen die

---

* PET steht für Positronen-Emissions-Tomographie. Bei diesem Verfahren wird eine Substanz in den Körper injiziert, welche der Scanner anschließend erkennen kann. PET-CTs werden u. a. bei der Diagnose von Krebserkrankungen, Hirnstörungen, Herzproblemen und einigen anderen Erkrankungen eingesetzt.

** Studien zum dorsalen Striatum haben eine Verbindung mit der Entwicklung von Suchtverhalten nachgewiesen. Dass Rache süchtig machen kann, wäre übertrieben, aber die Feststellung zeigt, wie stark das Rachebedürfnis bei manchen Menschen sein kann.

Forscher die Teilnehmer ein Spiel spielen. Allerdings gehörte ein »falscher« Teilnehmer zum Forscherteam. Er sollte die echten Teilnehmer hintergehen, sodass diese sich ärgerten und Rachegelüste entwickelten. Die Gelegenheit zur Rache erhielt jedoch nur die Hälfte der Teilnehmer, die andere Hälfte nicht. Nachdem dieser Teil der Studie abgeschlossen war, sollten die Teilnehmer anhand eines Fragebogens ihre Gefühle angeben.

Daraus ergaben sich zwei interessante Ergebnisse. Die Teilnehmer der Gruppe, die sich nicht hatte rächen können, hätten gern die Möglichkeit gehabt, sich zu rächen. Das offenbart das Bedürfnis nach Rache, wie ich es bereits beschrieben habe. Sie waren enttäuscht, dass sie sich nicht rächen konnten. Zweitens, und das ist überraschend und wichtig, waren die Teilnehmer dieser Gruppe, die sich nicht hatte rächen können, nach der Studie glücklicher als die Teilnehmer, die sich gerächt hatten. Allerdings wussten sie nicht, dass sie glücklicher waren, sondern nahmen an, dass sie am glücklichsten wären, wenn sie die Möglichkeit zur Rache gehabt hätten. Tatsache war aber, dass sie ohne Rache glücklicher waren. Mit anderen Worten: Wahrscheinlich geht es uns besser, wenn wir nicht sofort reagieren, sobald uns jemand schlecht behandelt.

Rache vermeiden für ein besseres Ergebnis

Schauen wir uns einige Beispiele an, bei denen wir eher zur Rache neigen würden, als ein besseres und durchdachteres Ergebnis anzustreben. Im Folgenden zeige ich Wege auf, wie sich Rache im Internet, am Arbeitsplatz und zu Hause vermeiden lässt.

Internet

Stellen Sie sich vor, Sie kommentieren gerade einen politischen Beitrag eines Freundes in den sozialen Medien. Darauf reagiert jemand – ein Freund Ihres Freundes, den Sie nicht kennen – mit einem wütenden, ja aggressiven und beleidigenden Kommentar. Wahrscheinlich müssen die meisten von uns dazu nicht ihre Fantasie anstrengen, sondern nur an einen Moment zurückdenken, in dem es ihnen selbst passiert ist. Aus den Ergebnissen des »Anger Project« geht hervor, dass 23 Prozent der Menschen mindestens einmal im Monat in eine Online-Auseinandersetzung verwickelt sind.[52] In so einem Moment wächst das Bedürfnis, sich zu wehren und es dem anderen wegen der Beleidigung heimzuzahlen. Wenn Sie aber jetzt innehalten und über Ihre Ziele in dieser Situation nachdenken, werden Sie vielleicht ganz anders vorgehen.

So könnten Sie zum Beispiel zu dem Schluss kommen, dass Rache nicht Ihr Ziel ist. Sie möchten den anderen nicht beleidigen oder ihm beweisen, dass er Unrecht hat. Ihr Ziel könnte stattdessen sein, andere, die Ihren Kommentar lesen, von Ihrem Standpunkt zu überzeugen. Also posten Sie eine Antwort, die für ein breiteres Publikum bestimmt ist. Dadurch erhält Ihre Reaktion einen völlig anderen Ton und einen positiven Ansatz, ohne die Feindseligkeit, die Sie anfangs gespürt haben. Dies kann bei anderen Lesern ebenfalls zu einer positiven Resonanz führen. Ihr Ziel kann es aber auch sein, die Beziehung zu Ihrem Freund – dem Urheber des ursprünglichen Beitrags – nicht zu gefährden. In diesem Fall reagieren Sie vielleicht gar nicht, weil Sie fürchten, dass Ihr Freund und der Fremde sehr gut befreundet sind. Da Ihnen an dem Fortbestand Ihrer guten Beziehung zu Ihrem Freund gelegen ist, bedeutet das, dass Sie den Autor des negativen Kommentars in den sozialen Medien nicht beleidigen oder angreifen sollten.

Am Arbeitsplatz

Stellen Sie sich nun vor, Sie machen bei Ihrer Arbeit einen Fehler, der für einen Ihrer Kollegen zusätzliche Arbeit bedeutet und verständlicherweise Ärger auslöst. Dieser Kollege schreibt Ihnen dazu eine feindselige E-Mail, in der er Sie auch wissen lässt, wie viel Zeit ihn der Fehler gekostet hat. Sie möchten sich verständlicherweise zur Wehr setzen und werden vielleicht sogar ein wenig wütend. Ich höre oft, dass Menschen in solchen Situationen aus dem Bauch heraus – wahrscheinlich aus einem Abwehrinstinkt – ähnlich feindselig reagieren. Anstatt den Fehler zuzugeben oder sich zu entschuldigen, wird versucht, den Fehler auf den Kollegen abzuwälzen, indem man sagt: »Ich weiß, dass ich einen Fehler gemacht habe, aber …« oder »Das wäre nie passiert, wenn du nicht …«.

Es ist natürlich und verständlich, dass man sich wehrt, wenn jemand wütend auf einen ist. Seltsam wäre es, sich in einer solchen Lage nicht verteidigen zu wollen. Denn das würde unserer Natur widersprechen. Dennoch ist genau dies eine der Situationen, in denen der Erfolg maßgeblich davon abhängt, ob man innehält, um seine eigenen Ziele zu erkennen. Allerdings spielen dabei auch Beziehungsfaktoren eine Rolle, die das Ganze kompliziert machen. (Ist der betreffende Kollege zum Beispiel ein Vorgesetzter oder jemand, der Ihrer beruflichen Laufbahn auf andere Weise schaden könnte?) Um einen solchen Moment erfolgreich zu bewältigen, ist es wichtig zu wissen, was Sie in dieser Situation erreichen möchten. Wollen Sie die Beziehung zu Ihrem Kollegen wieder verbessern, das Problem, das Sie verursacht haben, lösen oder dem Kollegen mitteilen, dass Sie seine feindselige Art des Kommunizierens ablehnen – oder vielleicht alles auf einmal? Noch mal: Es ist wichtig, sich einen Moment Zeit zu nehmen und über eigene Ziele nachzudenken, um gut mit so einer Situation umzugehen.

Zu Hause

Besonders schwierig ist dieses Bedürfnis nach Rache im Verhältnis von Eltern und Kindern. Nur wenige Eltern würden das Wort »Rache« verwenden, wenn sie ihren Erziehungsansatz beschreiben. Doch wenn man hört, wie manche Eltern über den Einsatz von Strafen sprechen, scheint es dabei eher um Gerechtigkeit als um Erziehung oder Entwicklung zu gehen. In meinen Gesprächen mit Eltern über den Einsatz von Strafen, einschließlich körperlicher Strafen wie Schläge, wurden oft Erklärungen vorgebracht, die stark nach Rache klingen, etwa: »Sie hat eine Strafe verdient.« Und tatsächlich haben mir einige Personen erzählt, dass sie als Kinder geschlagen wurden, weil sie es »verdient« hatten.*

Doch mit dieser Denkweise erreichen Eltern in der Regel nicht ihr Ziel, nämlich die Eindämmung des problematischen Verhaltens. Nehmen

* »Manche Kinder verdienen es, Prügel zu beziehen. Das solltest du einfach akzeptieren«, sagte mir einmal ein Follower auf TikTok.

wir zum Beispiel die Situation, dass ein Kind wütend auf ein Geschwisterkind ist und diese Wut so äußert, wie es viele Kinder tun, nämlich durch Schlagen. Eltern reagieren darauf in der Regel mit einer Kombination aus Schimpfen, Bestrafung oder sogar körperlicher Gewalt* (und begründen dies oft mit »Gerechtigkeit« und »Rache«). Besser wäre es, wenn Eltern innehalten und über ihr gewünschtes Ergebnis nachdenken würden. Was wollen sie in diesem Moment wirklich? Die Antwort auf diese Frage lautet meistens (oder sollte zumindest lauten), dem Kind zu helfen, seine Wut auf andere Art zum Ausdruck zu bringen. Und für dieses Ergebnis bedarf es einer ganz anderen Reaktion als Schimpfen oder Bestrafen.

Wichtig in dem Zusammenhang ist eher, ein gutes Vorbild zu sein, Unterstützung zu geben und andere Verhaltensstrategien zu vermitteln. Ein Anfang ist dabei schon, selbst eine gesunde Art, Wut auszudrücken, vorzuleben. Sprechen Sie mit dem Kind in einer Art, wie Sie es sich von ihm wünschen, wenn es wütend ist (ruhig, klar). Ermutigen Sie es dazu, darüber nachzudenken, warum es wütend ist und was es dagegen tun kann. Zeigen Sie Verständnis für seine Gefühle und zeichnen Sie gleichzeitig andere Wege auf, um besser mit diesen Gefühlen umzugehen, zum Beispiel tief ein- und auszuatmen, sich Zeit für sich selbst zu nehmen und sich durchzusetzen. Wenn es Ihr Ziel ist, dass Ihr Kind seine Wut auf eine gesündere und angemessenere Weise ausdrückt, sollte Ihre Reaktion ihm dabei helfen, dieses Ziel zu erreichen.

Drei Schritte, um Ziele zu definieren

Dieser Prozess lässt sich in drei Schritte aufteilen: 1. Innehalten, 2. Gedanken sammeln und das Ziel hinterfragen, 3. Bestimmen, wie dieses Ziel erreicht werden kann.

* Eine 2017 in der US-amerikanischen Fachzeitschrift für Kinderheilkunde *JAMA Pediatrics* veröffentlichte Studie ergab, dass die Prügelstrafe bei Kindern in den USA zwar weniger, aber von einem Drittel der Eltern immer noch angewendet wird. Und das trotz der zahlreichen Belege dafür, dass Schläge nicht nur wenig effektiv, sondern sogar kontraproduktiv sind und genau zu dem führen, was Eltern zu verhindern versuchen (Unehrlichkeit, Aggression und andere Verhaltensauffälligkeiten).

Schritt eins: Finden Sie einen Weg, um innezuhalten

Das Schwierigste bei der Identifizierung Ihrer Ziele ist es, erst einmal ruhig zu bleiben. Sie müssen sich selbst davon abhalten, sofort und möglicherweise schlecht zu reagieren. Stattdessen sollten Sie sich die Zeit nehmen, die Situation zu durchdenken und zu überlegen, was Sie erreichen wollen. Reagieren Sie zu schnell auf die Wut eines anderen, schlagen Sie möglicherweise einen Weg ein, der sich als Sackgasse entpuppt. Deshalb ist es wichtig, eine Methode zu finden, wie Sie in solchen Momenten ruhig bleiben.

Ich habe diesem Thema das gesamte nächste Kapitel gewidmet, es werden also noch viel mehr Informationen dazukommen. An dieser Stelle möchte ich Ihnen nur einige Vorschläge an die Hand geben, um für sich einen Weg zu finden. Zunächst ist es wichtig zu begreifen, dass dies eine bewusste Lebensstrategie ist. Es erfordert viel mehr psychische Anstrengung, ruhig zu bleiben, als zu handeln, also müssen Sie sich im Voraus darauf vorbereiten. Außerdem sollten Sie es sich zur Gewohnheit machen, in solchen Situationen erst einmal langsam bis drei zu zählen, tief ein- und auszuatmen* oder sogar Ihre Schultern zu lockern, so wie Sie es vielleicht nach dem Sport tun.

Schritt zwei: Fragen Sie sich, was Sie erreichen möchten

Sobald Sie einen Moment Zeit hatten, um sich zu sammeln, denken Sie über das ideale Ergebnis für diese Situation nach. Was wünschen Sie sich für die beteiligten Parteien, einschließlich Ihrer selbst? Überlegen Sie dabei nicht, was vernünftig oder normal wäre bzw. was die andere Person in dieser Situation vielleicht »verdient« hätte. Diese Gedanken sind zu diesem Zeitpunkt nur Ablenkungen. Fragen Sie sich einfach, was Sie wollen, und konzentrieren Sie sich darauf.

* Als langjähriger Fan von Zombiefilmen stoße ich dabei oft ein Zombiegeräusch aus. Das hat einen doppelten Effekt: Erstens kann ich einen Moment innehalten und zweitens bringe ich mich selbst und die Menschen um mich herum zum Lachen. Gerne würde ich jetzt behaupten, dass ich das absichtlich mache, doch das stimmt nicht. Ich habe mich einfach eines Tages dabei ertappt.

Schritt drei: Überlegen Sie, wie Sie Ihr Ziel am besten erreichen können

Denken Sie schließlich darüber nach, wie Sie Ihrem Ziel nahekommen. Als meine Freundin sich bewusst machte, dass sie die Beziehung zwischen ihrem Mann und ihrem Schwiegervater unbedingt aufrechterhalten wollte, musste sie im nächsten Schritt einen Weg finden, um dies zu erreichen. Möchten Sie weiterhin eine gute Beziehung zu der Person haben, die auf Sie wütend ist, sollten Sie überlegen, wie Sie diese Beziehung wieder verbessern können. Ist Ihr Ziel, Ihren Kindern zu helfen, Wut anders als durch Schläge auszudrücken, dann richten Sie Ihre Energie nicht auf Gerechtigkeit, sondern eher auf hilfreiche Anleitung und Unterstützung.

In emotionalen Momenten ruhig bleiben

Natürlich funktioniert dies alles nur, wenn Sie lernen, ruhig zu bleiben. Sie können nur rational, zielgerichtet denken, wenn Sie es schaffen, sich in emotionalen Momenten etwas zurückzunehmen. Wie wir gesehen haben, ist diese Fähigkeit in Ihrer Biologie und Ihrer Entwicklungsgeschichte verwurzelt. Sie ist mit Ihrem Weltbild verbunden und wird von dem beeinflusst, was in Ihrer Umgebung während des emotionalen Moments vor sich geht. Gleichzeitig ist die Fähigkeit, ruhig zu bleiben, eine Eigenschaft, die sich durch Übung und Bemühen verbessern lässt. Wie Sie einen kühlen Kopf bewahren, erläutere ich im nächsten Kapitel.

KAPITEL 7

Methode 2: Ruhig und gefasst bleiben

Ein verschwitztes, zitterndes, schnell atmendes und gerötetes Wesen

Es gibt zwei Fragen, die mir fast jedes Mal, wenn ich ein Interview gebe oder vor einer Gruppe über Wut spreche, gestellt werden. Die erste: Sind die Menschen heute wütender als früher?* Die zweite: Wie bleibt man in einem Moment der Wut ruhig? Die zweite Frage ist nicht nur in Bezug auf Wut wichtig, sondern auch im Zusammenhang mit jeder anderen emotional aufgeladenen Situation. Wenn jemand auf Sie wütend ist – oder vielleicht gar *nicht auf Sie*, sondern auf jemanden in Ihrer Umgebung –, wie behalten Sie dann einen kühlen Kopf?

Um zu erreichen, dass Sie in einer solchen Situation ruhig bleiben, müssen Sie zuallererst verstehen, was in dem Moment in Ihrem Körper passiert. Wenn Sie starke Gefühle empfinden, schaltet sich unter anderem Ihr Symphatikus, das sympathische Nervensystem, ein. Oft wird dieses System auch als Kampf- oder Fluchtsystem bezeichnet. Damit schützt sich der Körper vor Gefahren oder reagiert auf eine Bedrohung. Ihr Gehirn bereitet den Körper auf einen eventuellen Kampf oder eine Flucht vor, in-

* Diese Frage zu beantworten, ist unmöglich. Es gibt kein zuverlässiges System, mit dem wir dieses Phänomen über lange Zeit verfolgen könnten. Wahrscheinlich sind wir tatsächlich in gewisser Hinsicht wütender und wir erleben Wut durch das Internet, die sozialen Medien und Videos neu. So sind öffentliche Wutausbrüche, die früher verborgen blieben, plötzlich sichtbar geworden.

dem es die Herz- und Atemfrequenz erhöht. Dabei wird im Körper Epinephrin (Adrenalin) freigesetzt, was zusätzliche Energie gibt. In der Regel steigt dann die Körpertemperatur, das Gesicht rötet sich und womöglich beginnen die Hände zu zittern. Sie fangen vielleicht an zu schwitzen, um den Körper abzukühlen. Da die Verdauung in einem solchen Moment der Gefahr relativ unwichtig ist, verlangsamt sich das Verdauungssystem und die Produktion von Speichel wird vorübergehend ausgesetzt. Ihr Mund wird trocken, was das Sprechen erschwert.

Zusammengefasst: Sie verwandeln sich in ein schwitzendes, zitterndes, schnell atmendes und gerötetes Wesen mit trockenem Mund und erhöhtem Puls. Der Versuch, sich in solchen Momenten adäquat auszudrücken, ist genauso vergeblich wie nach einem 100-Meter-Sprint. Klar zu denken, ist in einem solchen Augenblick sehr schwer, und die richtigen Worte zu finden, um die Situation nach Ihren Vorstellungen zu lösen, ist noch schwieriger.

Normalerweise dauert es etwa 20 Minuten, bis man sich von diesem Kampf-oder-Flucht-Zustand vollständig erholt hat, und zwar nicht 20 Minuten ab Beginn des veränderten Körperzustands, sondern nach Ablauf der Stresssituation. Die Aktivität des sympathischen Nervensystems erfolgt nahezu automatisch, sodass Bemühungen, sie zu verhindern, ziemlich aussichtslos sind. Deshalb werden wir uns hier auf zwei andere Dinge fokussieren. Erstens: Wie kann man diese 20 Minuten reduzieren? Zweitens, und das ist noch wichtiger: Wie schafft man es, trotz des veränderten Körperzustands weiterhin normal zu kommunizieren und sich gesund zu verhalten?

Was Sie nicht tun sollten

Beginnen wir jedoch mit dem, was nicht sinnvoll ist. Eine gängige Behauptung ist, dass wir unsere Emotionen in solchen Momenten am besten »loswerden«, indem wir auf etwas einschlagen, Dinge zerstören, laut schreien oder sogar Sport treiben.* Diese Ansicht ist so verbreitet, dass weltweit

* Wenn ich Menschen frage: »Wovon befreist du dich in diesen Momenten?«, antworten sie oft: »Von meiner Wut.« Aber was bedeutet das? Wut ist ja kein Gas. Es ist nichts, was wir in die Atmosphäre entlassen können.

sogar »Wuträume« entstanden sind, in denen Menschen Dinge zerstören können, um ihre Wut zu verarbeiten. In meiner Nähe gibt es so einen Wutraum, der damit beworben wird, dass man dort einen geeigneten Ort vorfindet, wenn man einen schwierigen Tag, eine schwierige Stunde, einen schwierigen Monat oder ein schwieriges Jahr hinter sich hat. Nach Angabe der Betreiber kann man dort zu seiner eigenen Musik Dinge auf seine individuelle Art zerstören.*

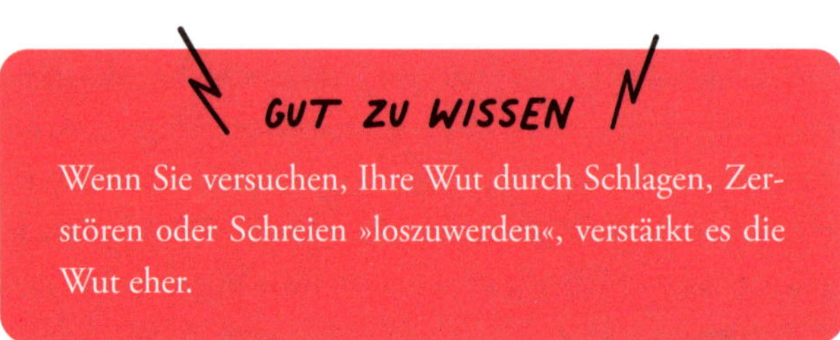

Wenn Sie versuchen, Ihre Wut durch Schlagen, Zerstören oder Schreien »loszuwerden«, verstärkt es die Wut eher.

Es ist allgemein bekannt und anerkannt, dass dieser Ansatz zur Wutregulierung nicht funktioniert. Es mag sich im Moment gut anfühlen**, aber es hilft nicht, negative Gefühle abzuschwächen. Im Gegenteil, Studien zeigen, dass so etwas Gefühle auf längere Sicht nur verschlimmert. Menschen, die versuchen, ihre negativen Gefühle irgendwie abzureagieren, sind danach aggressiver und neigen eher dazu, anderen zu schaden.

Gleiches gilt für Bewegung, auch wenn das für viele Menschen überraschend sein mag. Hier steckt der Teufel allerdings im Detail. Bewegung ist an sich gut für das emotionale Wohlbefinden, das ist hinlänglich bekannt. Menschen, die regelmäßig Sport machen, haben ein gesünderes Gefühlsleben. Sport verbessert die Stimmung und hilft, Ängste zu bewältigen. Das bedeutet jedoch nicht, dass man mitten in einer emotionalen Phase oder zur eigenen Beruhigung nach einer emotionalen Phase Sport

* In der Beschreibung der Betreiber heißt es, dass man dort auch »Geschlechtsenthüllungspartys« abhalten kann. Kann das wirklich sein, dass Menschen Wuträume aufsuchen, um ihr Geschlecht zu offenbaren?

** Das gilt übrigens auch für Alkoholkonsum und übermäßiges Essen. Trotzdem ist beides nicht gut für Sie.

treiben sollte. Wenn man gerade in einem sehr emotionalen Erlebnis mit negativen Gefühlen steckt (z. B. Wut, Angst oder große Traurigkeit), kann Sport diese Gefühle sogar verstärken. Dieses Phänomen bezeichnet man als »Erregungsübertragung«.

Darunter verstehen wir die Tatsache, dass Gefühle durch eine körperliche Erregung, die nicht mit ihnen verbunden ist, verstärkt werden. Im Grunde *überträgt* sich die Erregung (erhöhte Herzfrequenz, verstärkte Atmung) von der einen Erfahrung auf die andere. Wenn Sie während eines Wutanfalls joggen gehen, erhöht sich Ihre Herzfrequenz durch das Laufen, doch Ihr Gehirn denkt, dass dies an Ihrer Wut liegt. Forschern ist dieses Phänomen schon seit 1972 bekannt, seit der Veröffentlichung der Studie »Excitation transfer from physical exercise to subsequent aggressive behavior« (Erregungsübertragung von körperlicher Betätigung auf anschließendes aggressives Verhalten)[53] durch Dr. Dolf Zillmann und Kollegen. Wie bei fast allen Studien über Wut und Aggression in den 1970er-Jahren provozierten sie ihre Teilnehmer zunächst so, dass sie wütend wurden. Dann wurden die Teilnehmer nach dem Zufallsprinzip angewiesen, sich entweder auf einen Heimtrainer zu setzen oder eine banale Aufgabe zu erledigen.* Nachdem sie fertig waren, mussten sie mit der Person, die sie provoziert hatte, ein Gespräch führen. Wäre Bewegung ein effektives Mittel zum Abbau von Wut, wären die Teilnehmer nach der sportlichen Betätigung weniger aggressiv gewesen. Erstaunlicherweise war aber das Gegenteil der Fall: Sie waren aggressiver.

Allerdings haben diese Erkenntnisse nicht unbedingt dazu geführt, dass Therapeuten ihre Empfehlungen für wütende Menschen durchweg geändert hätten. Eine schnelle Internetsuche zum Thema »Wie beruhige ich mich, wenn ich wütend bin?« liefert seitenweise Ergebnisse, die Boxsäcke, Wuträume und Sport empfehlen. Regelmäßig erzählen mir Menschen in Gesprächen, dass ihre Therapeuten sie ermutigen, Sport zu trei-

* Die banale Aufgabe bestand darin, Lochscheiben in Größe eines Fünfcentstücks »blind« aufzufädeln. Offenbar machte diese extrem langweilige Aufgabe die Teilnehmer weniger wütend als das Fahren auf einem stationären Fahrrad.

ben, wenn sie wütend sind, oder ihnen raten, ihre zornigen Kinder auf ein Kissen einschlagen zu lassen. Offenbar ist es also, aus welchem Grund auch immer, nicht gelungen, wirksam zu verbreiten, dass ein solches Abreagieren eher schädlich ist.

Die 20 Minuten verkürzen

Wenn Abreagieren und Sport bei vielen Menschen als Mittel der Beruhigung nicht gewirkt haben, was funktioniert dann? Welche Möglichkeiten gibt es, um in emotional aufgeladenen Situationen ruhig zu bleiben?

Machen Sie es zu Ihrem Grundsatz

Das Wichtigste ist, den Wunsch, in einer solchen Situation ruhig zu bleiben, als bewusste Lebensstrategie anzuerkennen. Es ist ausgesprochen schwierig, im Moment zu *entscheiden*, dass Sie ruhig bleiben wollen. Denn alles schreit in der Situation förmlich danach, dass Sie emotional reagieren, es im Augenblick dann nicht zu tun, ist nahezu unmöglich. Deshalb sollten Sie die Entscheidung, ruhig zu bleiben, bereits vor dem Eintreten der Situation getroffen haben.

Wenn Sie sich selbst als jemanden sehen, der in solchen Situationen ruhig bleiben will (oder besser noch: ruhig bleibt), dann brauchen Sie diese Entscheidung nicht im Vorfeld zu treffen, denn Sie haben sie ja bereits getroffen. Jetzt müssen Sie nur noch daran arbeiten, die Person zu werden, die Sie sein möchten.

Das mag vielleicht ein wenig einfach klingen, aber versuchen Sie es. Es geht schließlich darum, Gewohnheiten zu entwickeln, und das Schwierigste daran ist, in Zeiten emotionaler Anspannung nicht in alte Gewohnheiten zurückzufallen. Ein Beispiel: Sie möchten sich gesünder ernähren (mehr Gemüse, weniger Zucker usw.), gehen aber abends in ein Restaurant. Wenn Sie erst dort entscheiden, was Sie essen wollen, werden Sie bei all den verlockenden Angeboten eher in alte Gewohnheiten zurückfallen. Haben Sie sich jedoch die Speisekarte im Vorfeld im Internet angesehen und eine Auswahl getroffen, bevor Sie von den Versuchungen umgeben sind, wählen Sie wahrscheinlich etwas Gesundes.

Ähnlich verhält es sich mit der Aufregung: Treffen Sie schon im Voraus die Entscheidung, ruhig zu bleiben, sofern Sie mit der Wut eines anderen konfrontiert werden, können Sie darauf zurückgreifen, wenn die Situation sich zuspitzt.

Drücken Sie die Pausentaste

Auch wenn Sie sich vorgenommen haben, eine Person zu werden, die ruhig bleibt (oder wenn Sie das bereits sind), kann es außerordentlich schwer sein, sich wieder zu fangen, wenn man sich doch aufgeregt hat. Ist jemand wütend auf Sie und Sie reagieren darauf spontan mit deutlichen Emotionen, kann es sein, dass Sie Ihre Absicht, gelassen zu bleiben, schlichtweg vergessen. Um dies zu vermeiden, empfiehlt es sich, die »Pausentaste« in Ihrem Kopf zu drücken. Sobald Sie merken, dass eine Eskalation droht, sollten Sie versuchen, daran zu denken, wer Sie in diesen Momenten sein wollen. Halten Sie inne, auch wenn das bedeutet, dass Sie Ihr wütendes Gegenüber einen Moment lang ignorieren. Nur so finden Sie wieder Ihren inneren Frieden.

Ich bin mir bewusst, dass dies leichter gesagt ist als getan, doch mit etwas Übung wird es Ihnen gelingen. Im weiteren Verlauf dieses Kapitels stelle ich Ihnen Strategien vor, die Ihnen dabei helfen. Im Moment nur so viel: Um gelassen zu bleiben, müssen Sie in der Lage sein, in einer emotionalen Situation kurz innezuhalten und ruhig zu werden.

TIPP

Ein probates Mittel, um in einem emotionalen Moment ruhig zu bleiben, ist tiefes Ein- und Austamen.

Tiefe Atmung

In den sozialen Medien kursiert derzeit ein wunderbares Video, in dem ein Sechsjähriger seinem vierjährigen Bruder mit Atemübungen dabei hilft, sich zu beruhigen. Im Text dazu heißt es, dass der jüngere Bruder kurz davor stand, einen Wutanfall zu bekommen, und sein älterer Bruder ihn dabei unterstützte, dies abzuwenden. Einfach großartig (und ein schönes Beispiel für das Modelllernen aus Kapitel 3).* Der Fall zeigt, dass wir Atmung zur Beruhigung nutzen können.

Es gibt zwei Teile des autonomen Nervensystems: das parasympathische Nervensystem (verantwortlich für Ruhe und Verdauung) und das sympathische Nervensystem (wie bereits gesagt das Kampf-oder-Flucht-System). Ist jemand wütend, wird die Kampf-oder-Flucht-Reaktion aktiviert und das parasympathische System wird heruntergefahren. Das bedeutet, dass man nicht gleichzeitig emotional aufgeladen (verängstigt, wütend, überrascht) und entspannt sein kann. Diese Zustände bezeichnen wir als *inkongruente Stimmungslagen*. Das bedeutet auch, dass der Weg zur Abschaltung des Kampf-oder-Flucht-Systems darin besteht, das Ruhe-und-Verdauungs-System zu aktivieren. Eine der Möglichkeiten, dies zu tun, ist die Atmung.

Es gibt verschiedene Arten der Entspannungsatmung, eine lückenlose Auflistung würde den Rahmen dieses Buches sprengen. Deshalb beschränke ich mich auf die Vorstellung von drei beliebten Formen: Box- oder Quadratatmung, Dreiecksatmung und 4-7-8-Atmung.

Bei der Box-Atmung folgen Sie beim Aus- und Einatmen und den Pausen dazwischen einem bestimmten Rhythmus: Sie zählen beim Einatmen bis vier, halten den Atem vier Zählzeiten an, zählen beim Ausatmen wieder bis vier, und halten den Atem erneut so lange an, bis Sie bis vier gezählt haben. Dann fangen Sie wieder von vorne an. Das Ganze machen Sie etwa eine Minute lang.

Die Dreiecksatmung ist ähnlich, allerdings mit einem kleinen Unterschied. Nach dem Ausatmen entfällt die Pause (daher Dreieck statt Box). Beim Einatmen zählen Sie also bis vier, halten die Luft vier Sekunden lang an und atmen auf vier wieder aus. Dann wiederholen Sie die Übung.

* Vielleicht war Floyd Allport genau so ein großer Bruder? Womöglich sagt meine Annahme, dass er seinen jüngeren Bruder nahezu gefoltert hat, damit er ihm die Erstautorenschaft überlässt, mehr über mich aus als über ihn.

Bei der 4-7-8-Atmung schließlich legen Sie Ihre Zunge an den Gaumen und halten sie dort während der gesamten Übung. Sie lassen die Luft aus Ihrer Lunge komplett durch den Mund ausströmen (wobei ein zischendes Geräusch entsteht, wenn die Luft an der Zunge vorbei durch den kaum geöffneten Mund fließt). Danach atmen Sie auf vier Zählzeiten leise durch die Nase ein. Dann halten Sie den Atem an und zählen bis sieben. Schließlich atmen Sie auf acht durch den Mund aus, wobei Sie wieder das zischende Geräusch machen. Auch diese Übung wiederholen Sie etwa eine Minute lang.

Es geht hierbei nicht darum, ob eine der Übungen besser ist als die andere. Wichtig ist vor allem, dass Sie etwas finden, das für Sie funktioniert. Das Prinzip hinter allen drei Übungen (und eigentlich allen anderen Atemübungen) besteht darin, langsam und tief zu atmen und sich dabei voll auf Lunge und Atmung zu konzentrieren. So unterbinden Sie die Reaktion des Sympathikus und werden oder bleiben ruhig.

Entspannen Sie Ihren Körper

Bewusstes Atmen ist natürlich nicht die einzige Möglichkeit, den Körper zu entspannen. Allerdings eine sehr wichtige, sodass die Atmung eigentlich immer miteinbezogen werden sollte, wenn man sich beruhigen möchte. Aber es gibt noch andere Ansätze, so etwa die progressive Muskelentspannung.

Dieses Vorgehen wird häufig zur Entspannung angewendet, insbesondere bei der Behandlung von Angststörungen. Wie bei der Tiefenatmung besteht auch hier das Ziel darin, das parasympathische Nervensystem zu aktivieren, um so der Kampf-oder-Flucht-Reaktion entgegenzuwirken. Dabei werden in der Regel bestimmte Muskeln in einem Bereich des Körpers angespannt, für einige Sekunden in der Spannung gehalten und dann wieder locker gelassen. Dadurch wird in diesen Muskelgruppen ein verstärktes Entspannungsgefühl spürbar. Bei der progressiven Muskelentspannung werden sukzessive im ganzen Körper verschiedene Muskelgruppen bearbeitet, sodass sich schließlich im ganzen Körper ein Entspannungsgefühl breitmacht.

In emotionalen Situationen, etwa wenn jemand wütend auf Sie ist, haben Sie natürlich nicht die Möglichkeit, eine progressive Muskelentspannung komplett durchzuführen. Aber Sie können Ihren Körper ein paar Sekunden anspannen, um danach das Gefühl der Entspannung zu spüren.

Nehmen Sie sich einen Moment Zeit, um sich zu erden

Erdung ist ein psychologischer Prozess, der uns in einen Zustand der Ruhe und Entspannung zurückbringt. Sie können sich das ungefähr so vorstellen, dass Sie ein inneres Gleichgewicht finden, einen Zustand, in dem Sie sich seelisch wohlfühlen. Es gibt verschiedene Möglichkeiten, um sich zu erden, darunter auch die bereits erwähnten Methoden bewusste Atmung oder progressive Muskelentspannung. Sie können dazu aber auch spazieren gehen, einen Eiswürfel in die Hand nehmen, Ihre Hände in Wasser tauchen oder einen speziellen Gegenstand, der Ihnen bei der Erdung hilft, zum Beispiel einen kleinen Stein, zwischen den Fingern reiben. Einige dieser Optionen sind in emotionalen Situationen nicht wirklich anwendbar. Für diese Fälle scheint mir die 5-4-3-2-1-Methode besonders hilfreich.

Bei diesem Ansatz nehmen Sie sich einen Moment Zeit, um fünf Dinge wahrzunehmen, die Sie sehen können, vier Dinge, die Sie berühren können, drei Dinge, die Sie hören können, zwei Dinge, die Sie riechen können, und ein Ding, das Sie schmecken können. Wenn Sie sich also in einem emotionalen Zustand befinden, ängstlich, angespannt oder sogar wütend sind, dann halten Sie kurz inne und sehen sich um, um sich zu erden und die Emotion in den Griff zu bekommen. Spätestens wenn Sie zu der einen Sache kommen, die Sie schmecken können, sollten Sie sich ruhiger und kontrollierter fühlen.

Suchen Sie sich ein Mantra

In emotional aufgeladenen Situationen kann ein Mantra ein sehr effektives Mittel sein, um sich zu beruhigen. Ist jemand wütend auf Sie, haben Sie schnell das Gefühl, dass die Situation aus dem Ruder läuft. Ihre Gedanken geraten durcheinander und es fällt Ihnen schwer, sich zu konzentrieren. Ein Mantra oder eine positive Affirmation – ein selbstbejahender

Satz – kann in solchen Momenten helfen, Ihre Kraft und das Gefühl der Kontrolle zurückzuerlangen. Denn dieser Spruch erinnert Sie daran, dass Sie in der Lage sind, die Situation zu bewältigen. So können zum Beispiel folgende Aussagen hilfreich sein:

- Ich bin stark genug für diese Situation.
- Ich habe mich im Griff.
- Ich schaffe das.
- Die Situation geht vorbei.
- Ich bin in solchen Momenten ______________ (geduldig, nett, stark …).

Solche Mantras können ermutigen, unterstützen und sind dazu noch planbar. Indem Sie sich sagen, dass Sie gerade die Kontrolle haben, ermutigen Sie sich selbst dazu durchzuhalten. Und Sie erinnern sich gleichzeitig daran, dass es wichtig ist, die Kontrolle zu behalten. Das hilft Ihnen und lässt sich gut umsetzen.

TIPP

Nehmen Sie sich kurz Zeit, um ein Mantra zu finden, das Ihnen in diesen Momenten hilft. Vielleicht haben Sie sogar ein spezielles Mantra für bestimmte Situationen, in denen Sie voraussichtlich mit einer wütenden Person konfrontiert werden.

Die Mischung macht's

Letzten Endes wird keine dieser Strategien für sich allein genommen immer das gewünschte Ergebnis bringen. Nicht, weil die Methode nicht wirksam wäre, sondern weil die Situationen so unterschiedlich sind, dass Sie vorher nicht wissen können, welche Vorgehensweise sinnvoll ist. So kann es zum Beispiel Momente geben, in denen Erdung für Sie einfach nicht funktioniert, weil Sie so emotional sind, dass Sie Ihre Mitte nicht finden können. Dann ist vielleicht bewusstes Atmen oder Muskelentspannung effektiver. Außerdem ist die beste Strategie wahrscheinlich eine Mischung aus mehreren Methoden.

Meines Erachtens ist das Beste, was Sie in einer emotionalen Situation tun können, diese relativ schnell und nach einem bestimmten Muster zu bewältigen. Halten Sie inne, um sich zu sammeln, sobald sich die Gelegenheit dazu bietet. Atmen Sie dann tief durch, lockern Sie Ihre Muskeln und konzentrieren Sie sich auf Ihre Ziele und die nächsten Optionen. Vielleicht ist es angesichts der Geschwindigkeit, in der sich solche emotionalen Vorfälle manchmal abspielen, nicht möglich, all dies gleichzeitig zu tun. Der beschriebene Ablauf dauert aber nur wenige Sekunden und kann zu einem klareren Kopf führen.

Vorbereiten und Üben

Wer in einer emotionalen Situation ruhig bleiben will, sollte die dafür notwendige Arbeit nicht im Moment selbst, sondern zumindest zum Teil bereits im Vorfeld leisten und auch danach fortsetzten. Das ist wie bei einem Sportler, der sich vor einem Spiel eine Strategie zurechtlegt und sich nach dem Spiel das Filmmaterial ansieht. So können wir unser Vorgehen für bestimmte emotionale Vorfälle planen und danach einen ehrlichen Blick darauf werfen.

Bereiten Sie sich vor

Wenn jemand wütend auf uns ist, gehört zum Ruhigbleiben, wie bereits erwähnt, zu entscheiden, was für ein Mensch wir sein wollen. Dabei ist wichtig, wie wir uns selbst sehen, und unsere Ziele zu verfolgen. In manchen Situationen können wir aber sogar noch zielgerichteter vorgehen. Während viele Konfrontationen mit wütenden Menschen sich eher unerwartet ereignen, gibt es dennoch manche, die vorhersehbar und planbar sind. So etwa, wenn Sie in der Arbeit eine Entscheidung treffen, die sich negativ auf einen Kollegen auswirkt. Oder wenn Sie zu Ihrem Kind etwas sagen, von dem Sie wissen, dass es Wut auslösen wird. Oder falls Sie es mit jemandem zu tun haben, der grundsätzlich schnell wütend wird. Dies alles sind Situationen, in denen das Auftreten von Wut wahrscheinlich ist. Und weil dies wahrscheinlich ist, ist das Ereignis planbar. Sie können sich im Bewusstein, dass es zu diesen emotional aufgeladenen Situationen kommen wird, entsprechend darauf vorbereiten und bereits im Vorfeld entscheiden, wie Sie mit Ihren Gefühlen umgehen werden.

Stellen Sie sich folgende Situation vor: Sie müssen einem Kollegen sagen, dass Sie es nicht schaffen, ein Projekt rechtzeitig fertigzustellen. Die Schuld dafür liegt größtenteils bei Ihnen, weil Sie mit anderen Aufgaben beschäftigt waren. Da Sie den Kollegen gut kennen, wissen Sie, dass er wütend werden wird. Vielleicht, weil er immer dazu neigt, sich ungut und feindselig zu verhalten, oder aber auch, weil er seine Arbeit sehr ernst nimmt und enttäuscht sein wird. Dadurch, dass Sie dies alles wissen, können Sie sich entsprechend auf seine Frustration vorbereiten. So können Sie im Vorfeld überlegen, wie Sie ihm die schlechte Nachricht am besten übermitteln. Eventuell können Sie ihm gleich Lösungen für die Probleme anbieten, die Sie verursacht haben. Sie können sogar üben, ruhig zu bleiben, sollte der Kollege tatsächlich wütend werden. Eine solche Vorbereitung ermöglicht es Ihnen, sich in der emotionalen Situation besser unter Kontrolle zu haben.

Denken Sie darüber nach

Um zu lernen, in einer emotional aufgeladenen Situation die Ruhe zu bewahren, ist es auch wichtig, sich danach die Zeit zu nehmen, das Ereignis Revue passieren zu lassen. Oder genauer gesagt: Denken Sie darüber nach, was *Sie* in dem Moment getan haben und was Sie tun hätten *können*. Mir ist bewusst, dass dies seltsam klingt: Wie soll das Nachdenken über die Situation dazu beitragen, ruhig zu bleiben? Um das zu erklären, bemühe ich eben gerne den Vergleich mit dem Sportler, der sich nach dem Spiel die Aufzeichnung ansieht. Wer seine Leistung analysiert, kann sinnvolle Anpassungen für die Zukunft vornehmen. So können Sie überlegen, ob Sie sich in einer ähnlichen Situation beim nächsten Mal anders verhalten wollen. Hätten Sie doch den Pausenknopf drücken sollen? Hätten Sie erst einmal tief durchatmen sollen? Hätten Sie sich erden können? All diese Gedanken werden Ihnen dabei helfen, Ihre Gefühle beim nächsten Mal besser in den Griff zu bekommen.

Kürzlich habe ich mich mit jemandem unterhalten, der meinte, dass er zwar immer an diese Situationen zurückdenkt, es ihm aber selten hilft. Stattdessen wühlt es ihn auf. Er hat das Gefühl, den Vorfall noch einmal zu durchleben, und regt sich jedes Mal wieder darüber auf.

Dazu habe ich zwei Gedanken. Erstens: Es macht nichts, dass man sich später erneut darüber ärgert. Im Gegenteil, denn so können Sie die oben genannten Beruhigungsstrategien üben. Sobald Sie sich wieder über die Situation aufregen, nehmen Sie sich einen Moment Zeit, um das oben beschriebene Vorgehen anzuwenden: Halten Sie inne, atmen Sie durch, entspannen Sie Ihre Muskeln und versuchen Sie, sich zu erden.

Zweitens: Viele Menschen machen im Rückblick den Fehler, sich zu sehr auf das Verhalten der wütenden Person zu fokussieren. Das führt aber nur dazu, dass man sich immer mehr in Gedanken wie »Unfassbar, dass er das getan hat!« verstrickt. Besser wäre es aber, sich mit dem eigenen Beitrag zur Situation zu befassen und zu überlegen, wie man selbst auf sein Gegenüber reagiert hat. Um bei dem Sportler und seiner Aufzeichnung zu bleiben: Schaut man nur auf den anderen, ist das so, als würde man in dem Film nur die andere Mannschaft beobachten. Sie möchten aber die ganze Situation betrachten und analysieren, und das schließt eben auch ein, über das eigene Verhalten nachzudenken.

Nicht alle schreien und fluchen

Eine emotionsgeladene Situation kann erst dann entstehen, wenn wir merken, dass jemand wütend auf uns ist. Das ist aber nicht immer der Fall. Oft wissen wir gar nicht, dass jemand anderes sich über uns geärgert hat. Und das liegt auch daran, dass nicht jeder wütende Mensch sich so verhält, wie wir uns das vorstellen. Denn nicht jeder schreit herum oder flucht. Im nächsten Kapitel befassen wir uns mit den unterschiedlichen Ausdrucksformen von Wut.

KAPITEL 8

Methode 3: Unterschiedliche Formen von Wut erkennen

Kein Schreien, kein Verletzen

Vor Kurzem sprach ich mit jemandem über seine Beziehungsprobleme, die zum Teil darauf zurückzuführen waren, wie seine Frau ihre Wut zu äußern pflegte. Anders als in den Beispielen, die ich bisher genannt habe, schrie oder brüllte sie nicht, wenn sie wütend war, und sie zerstörte auch nichts. Sie äußerte keine verletzenden oder passiv-aggressiven Bemerkungen, wie viele wütende Menschen es tun. War sie wütend, weinte sie.

Meistens standen diese Tränen der Wut nicht mit ihm oder den Folgen seines Verhaltens in Verbindung. Wenn sie sich über eine Unannehmlichkeit ärgerte, begann sie zu weinen. Bei Meinungsverschiedenheiten mit Arbeitskollegen konnte sie ihre Tränen nur mit Mühe zurückhalten. Aber manchmal weinte sie auch wegen eines Streits zwischen ihnen beiden. Er erzählte: »Anfangs fühlte ich mich schrecklich, so als hätte ich etwas falsch gemacht und sie damit verletzt.«

Doch mit der Zeit nahm er ihr ihr Verhalten übel. »Ich hatte das Gefühl, nicht mehr mit ihr streiten zu können, weil sie immer anfing zu weinen.« Das Muster war ziemlich einfach: Sobald sie sich über etwas relativ Unbedeutendes uneinig waren und er darüber reden wollte, begann sie zu weinen. Daraufhin fühlte er sich schuldig, weil er sie traurig gemacht hatte. Irgendwann blieb ihm nichts anderes, als seine Meinung für sich zu behalten, aus Angst, sie wieder zum Weinen zu bringen.

Das Problem an dieser Dynamik war, dass sie wusste, dass sie dazu neigte, dieses Verhalten nicht mochte, aber in dem Moment einfach nicht anders konnte. Und während er sich über sie ärgerte, fühlte sie sich beschämt und schuldig. Für ihn war es insofern besonders schwierig, als er die Tränen seiner Partnerin nicht als Ausdruck ihrer Wut und Frustration sah. Für ihn drückten sie Traurigkeit aus. Sobald sie weinte, dachte er: »Ich habe sie traurig gemacht.«

Weinen ist eine gängige, wenngleich nicht oft diskutierte Ausdrucksform von Wut. Warum Menschen diese Form wählen, dafür gibt es viele Erklärungen. Eine davon ist der Zusammenhang zwischen Wut und Traurigkeit. Aber auch das Gefühl der Machtlosigkeit, das oft Traurigkeit und Frustration auslöst, und vieles mehr. Was dieses Beispiel aber vor allem zeigt, ist, dass Wut sich auf verschiedene Weise äußern kann, und einige Ausdrucksformen nicht ohne Weiteres als Wut erkannt werden.

GUT ZU WISSEN

In einer Studie gaben mehr als 90 Prozent der Befragten an, dass sie im vergangenen Monat als Folge ihrer Wut ein weiteres negatives Gefühl wie Traurigkeit oder Angst erlebt hätten.[54]

Nach außen, nach innen und die Kontrolle

Als ich anfing, mich mit Wut zu beschäftigen, verwendete ich einen Test mit dem Namen *Anger Expression Inventory* (Wut-Ausdrucks-Inventar)[55], um vier Ausdrucksformen von Wut zu bestimmen: den Ausdruck von Wut nach außen und nach innen sowie die Wutkontrolle nach außen und nach innen. Ein Wutausdruck nach außen umfasst die Verhaltensweisen, die meistens mit Wut in Verbindung gebracht werden, so etwa Schreien, Fluchen, das Schlagen von Türen oder das Zerstören von Dingen. Der Wutausdruck nach innen bezeichnet das, was oft Wutunterdrückung genannt wird, zum Beispiel wenn jemand etwas herunterschluckt, beleidigt ist oder schmollt. Es gibt zwar zwei Arten der Wutkontrolle (nach außen und nach innen), für mich gehören sie aber zusammen, weil sie sich nicht voneinander trennen lassen. Die Wutkontrolle nach außen ist im Grunde die Absicht, das eigene Verhalten zu kontrollieren, indem man nicht auf die Wut reagiert. Die Wutkontrolle nach innen umfasst Strategien wie bewusstes Atmen oder andere Wege der Entspannung.

Zum damaligen Zeitpunkt gefiel mir diese Unterscheidung, weil sie so einfach war, aber ich stellte schnell fest, dass sie zu einfach war. Denn Menschen drücken ihre Wut so unterschiedlich aus, dass diese drei oder vier Kategorien einfach nicht ausreichend sind. Manche Menschen machen oder hören Musik, wenn sie wütend sind, andere schreiben Gedichte, besuchen einen guten Freund, um ihrem Ärger Luft zu machen oder ihn um Rat zu fragen, und wieder andere äußern sich im Internet, um der Welt ihre Wut mitzuteilen.

Darüber hinaus lassen sich die diversen ärgerlichen Ereignisse ganz unterschiedlich bewerten, und diese verschiedenen Denkweisen führen dann auch zu divergierendem Verhalten. Jemand, der wütend wird und zu Katastrophendenken neigt (»Mein Tag ist gelaufen«), wird seine Wut anders äußern und regulieren als jemand, der sich auf die positiven Dinge in seinem Leben fokussiert (»Es könnte schlimmer kommen«). Diese unterschiedlichen Denkweisen bedingen also unterschiedliches Verhalten. Und das bedeutet auch, dass die wütende Person in diesem Moment auf uns ganz anders wirkt.

Häufige Ausdrucksformen von Wut

Lassen Sie uns nun einige der häufigsten Verhaltensweisen wütender Menschen betrachten.

Körperliche oder verbale Aggression

Die bekannteste Ausdrucksform von Wut ist körperliche und verbale Aggression. Manche Menschen versuchen in ihrer Wut, jemand anderem oder einer Sache zu schaden, entweder durch körperliche Gewalt (Schlagen, Stoßen, Schießen) oder durch beleidigende, gemeine Äußerungen. Beim Autofahren zeigen sie jemandem vielleicht den Stinkefinger oder schreien Beschimpfungen, weil er sie ausgebremst hat. Zu dieser Gruppe gehören auch Menschen, die ihre Fernbedienung in Richtung Fernseher werfen, wenn ihre Mannschaft verloren hat, oder die eine Tür zuknallen und gegen eine Wand schlagen. In diesen Fällen besteht vielleicht gar nicht die Absicht, etwas zu zerstören. Vielmehr ist es ein eher körperlicher Ausdruck von Wut.

Selbst solche nach außen gerichteten aggressiven Äußerungen können jedoch anders aussehen, als viele Menschen denken. Wutmotivierte Aggression ist nicht zwangsläufig direkt. Wut kann sich in dem Versuch äußern, anderen indirekt zu schaden, zum Beispiel durch die Verbreitung von Gerüchten oder durch absichtliches Nichthandeln, obwohl man versprochen hatte, etwas zu tun (was oft als »passive Aggression« bezeichnet wird). Solche indirekten Äußerungen von Wut können sich ganz anders präsentieren als die anderen Formen der körperlichen und verbalen Aggression.

Schmollen oder Rückzug

Eher das Gegenteil von Menschen, die ihre Wut mittels körperlicher und verbaler Aggression äußern, sind solche, die sich in dem Moment zurückziehen oder schmollen. Dieses Verhalten zeigt sich häufig bei konfliktscheuen Menschen. Sie sind wütend, fühlen sich aber nicht wohl dabei, diese Wut zu äußern, auch nicht auf positive und prosoziale Weise, und ziehen sich zurück, insbesondere von jenen Menschen, denen ihre Wut gilt. Dabei gehen sie vielleicht weg, um allein zu sein, in ihrem Zimmer Trübsal zu blasen oder mit dem Auto herumzufahren.

TIPP

Wenn Menschen sich in ihrer Wut zurückziehen, geschieht das oft nur, damit sie etwas Zeit für sich haben. Im Umgang mit ihnen gilt es, dabei das richtige Maß zu finden, um sie einerseits wissen zu lassen, dass man für sie da ist, sobald sie bereit dafür sind, andererseits aber nicht aufdringlich zu wirken.

Manchmal sind Schmollen und Rückzug aber auch kalkulierte und manipulative Mechanismen. Sie sind dann nicht das Ergebnis eines unangenehmen Konflikts, sondern dienen eher dazu, andere zu beeinflussen. Mit dem Schmollen versuchen diese Menschen, andere zu kontrollieren, indem sie im Wesentlichen signalisieren: »Du musst dich anstrengen, um den Schaden, den du angerichtet hast, zu beheben.« Und somit ist auch das eine Art, sich zu wehren und zu rächen – ganz ohne Schläge oder Beleidigungen.

Unterdrückung

Darüber hinaus gibt es Menschen, die ihre Wutgefühle einfach leugnen … vielleicht sogar vor sich selbst. Sie sagen zwar, dass es ihnen gut geht, empfinden aber gerade Frust und Wut. Im bereits erwähnten Test wird diese Ausdrucksform (Wutausdruck nach innen) anhand von Aussagen wie »Ich koche innerlich, aber ich zeige es niemandem« oder »Ich spüre eine solche Wut, aber das geht niemanden etwas an« festgestellt.

Wird die Wut in dieser Art unterdrückt, kann dies für andere Menschen nicht wahrnehmbar sein. Diese Ausdrucksform ist nicht dasselbe wie das zuvor erwähnte Schmollen oder der Rückzug. Denn bei diesen Ausdrucksformen erkennt die Person ihre Wut an, ist aber nicht bereit, darüber zu sprechen. Eigentlich sagt die Person: »Ich bin wütend, will aber nicht darüber reden und möchte lieber allein sein.« Im Falle der Wutunterdrückung teilt die Person nicht mit, dass sie wütend ist. Sie gibt ihre

Wut auch nicht zu, selbst wenn sie danach gefragt wird. Andere können dann zwar wissen oder glauben, dass die Person wütend ist, aber sie gibt es nicht zu.

Sarkasmus

Der angesehene klinische Psychologe und Psychotherapeut Dr. Clifford Lazarus bezeichnete Sarkasmus als eine als Humor getarnte Feindseligkeit.[56] Ich bin mir zwar nicht sicher, ob das immer zutrifft, aber auf jeden Fall ist etwas dran. Sarkasmus kann in der Tat durch Wut motiviert sein. Denn Menschen verwenden ihn oft, um mit erlebten Frustrationen aller Art umzugehen. Stürzt ihr Computer ab, reagieren sie mit: »Na super!« Werden sie gefragt, ob sie Hilfe bei etwas brauchen, das ihnen offensichtlich Probleme bereitet, antworten sie: »Nein, das macht mir echt Spaß.«

Sarkasmus ist wahrscheinlich nicht feindselig gemeint. Er kann sogar eine Strategie sein, um zum Beispiel einen realen Schmerz, unter dem jemand leidet, besser zu ertragen. Wie viele Arten von Humor dient er auch dazu, die Stimmung zu verbessern und soziale Interaktionen angenehmer zu gestalten. Wenn jemandem etwas Schlimmes widerfährt, sagt er vielleicht: »Das ist ja toll« oder: »Einfach perfekt«, anstatt die eigenen negativen Gefühle (Frustration und Enttäuschung) zuzugeben. Allerdings kann Sarkasmus auch eine halb aggressive Art der Kommunikation mit anderen sein. Denn manche Menschen bringen ihre Enttäuschung über jemanden auf diese Art zum Ausdruck. Haben sie zum Beispiel einen Kollegen vor einem möglichen Problem gewarnt und dieser hat die Warnung in den Wind geschlagen, dann sagen sie beim Eintreten des Problems wahrscheinlich so etwas wie: »Na, was für eine Überraschung!« Dann ist der Sarkasmus eine passiv-aggressive Art, um auszudrücken: »Ich habe es dir doch gesagt.«

Ablenkung

Manche Menschen kanalisieren ihre Wut in andere, oft gesunde Aktivitäten wie Musizieren oder Schreiben und stecken die Energie ihrer Wut in Arbeit oder ein Hobby. Diese Form der Ablenkung kann ganz unterschiedlich aussehen. Für manche ist sie eine Strategie, um beschäftigt zu sein und an etwas anderes zu denken. Die Menschen gehen dann einer Aktivität nach, um sich nicht auf das zu konzentrieren, was sie wütend gemacht hat. Sie spielen Videospiele, gehen spazieren oder fangen an, das Haus zu putzen.*

Für andere ist die Ablenkung ein Weg, ihre Wut und die damit einhergehenden Gefühle zu verarbeiten. So beschreiben sie den Wutanfall etwa in ihrem Tagebuch, um die Wut zu bewältigen. Oder sie schreiben Gedichte oder erschaffen Kunstwerke, um ihre Gefühle auszudrücken. Bei diesen Ausdrucksformen steht nicht so sehr die Ablenkung im Vordergrund, sondern eher der Versuch, die Wut besser zu verstehen und zu bewältigen. Allerdings liegen das Schreiben, um Wut zu verstehen und zu verarbeiten, und das Beschreiben eines aggressiven Wutanfalls, bei dem es einfach nur darum geht, der Wut Luft zu machen, nah beieinander. Ersteres kann wertvoll und heilsam sein, während Letzteres eher ungesund ist.

Bestimmtheit

Natürlich gibt es auch die Möglichkeit, demjenigen, der die Wut ausgelöst hat, dies ganz klar zu zeigen, ohne dabei aggressiv oder feindselig zu werden. Manche Menschen äußern ihre Wut auf eine positive Art. Sie präsentieren ihre Wut direkt, selbstbewusst und ehrlich, haben dabei aber nicht die Absicht, ihr Gegenüber zu verletzen. Sie reagieren ohne Beleidigungen oder absichtliche Gemeinheiten, greifen nicht den Charakter des anderen an und sind nicht auf Rache aus. Sie verallgemeinern nicht, sondern beziehen sich ausschließlich auf die konkrete Situation. Und sie möchten dazu beitragen, den Konflikt zu lösen, wollen ihn nicht vergrößern.

* Ich habe meine Studierenden einmal gefragt, was sie tun, wenn sie wütend sind. Sofort hob eine die Hand und sagte: »Stricken!« Das erscheint mir ein guter Weg, um Wut abzubauen, denn Stricken ist eine ruhige Arbeit, die Konzentration erfordert. Allerdings kann man mit den Stricknadeln durchaus auch etwas anderes anstellen …

TIPP

Sie sollten diese Bestimmtheit nicht mit Aggression verwechseln. Jemand, der wütend auf Sie ist, kann Ihnen das deutlich zeigen, ohne Sie dabei verletzen zu wollen (Bestimmtheit). Dies unterscheidet sich komplett von jemandem, der wütend auf sie ist und versucht, Sie verbal oder körperlich anzugreifen (Aggression).

Eine wutbedingte positive Bestimmtheit ist relativ selten. Das liegt vor allem daran, dass es sehr schwierig ist, klar und positiv zu sein, wenn man wütend ist. Denn Wut geht oft mit dem Wunsch einher zu verletzen. Somit ist die Fähigkeit, Wut direkt zu äußern, ohne jemanden anzugreifen, etwas ganz Besonderes. Nur wenige Menschen haben diese Gabe. Die Menschen, die das können, werden von anderen oft nicht als wütend wahrgenommen. Dank ihrer Fähigkeit, sich deutlich zu äußern, aber gleichzeitig ruhig zu bleiben und ohne Schreien oder Fluchen auszukommen, wirken sie in solchen Momenten nicht wütend. Aber wie wir ja wissen, kann Wut unterschiedliche Gesichter haben, und nur weil jemand nach außen ruhig wirkt, muss er nicht auch zwangsläufig innerlich gelassen sein.

Bewusste Atmung oder Entspannung

Wenn mein jüngster, mittlerweile elfjähriger Sohn wütend ist, stemmt er die Arme in die Seiten, senkt die Schultern, starrt geradeaus und atmet tief ein und aus. Er scheint alles andere um sich herum auszublenden und sich nur darauf zu konzentrieren, Ruhe zu bewahren. Wie im vorigen Kapitel bereits erwähnt, kann Wut sich auch so zeigen: Jemand spürt nach einer Provokation Wut in sich aufsteigen und versucht, sich mithilfe von Atmung oder einer anderen Form der Entspannung schnell zu beruhigen.

Die Gründe für dieses Vorgehen können unterschiedlich sein. Manche Menschen versuchen bewusst, ruhig zu bleiben, weil es dem Miteinander zuträglich ist. Sie sind zwar wütend, bemühen sich aber, eine gesunde, von Aggression oder Feindseligkeit befreite Interaktion mit der anderen Person aufrechtzuerhalten. Andere wollen nicht etwa gelassen bleiben, weil sie glauben, dass dies einem besseren Ergebnis dient, sondern weil sie sich mit ihrer Wut nicht wohlfühlen und sogar Angst davor haben. Da ihnen ihre Wut unangenehm ist, möchten sie sie möglichst klein halten.

Sport oder Abreagieren

Wie im vorigen Kapitel ausführlich erläutert, ist es ein Irrglaube, dass das Abreagieren ein guter Weg ist, um Wut »sicher« auszudrücken und abzubauen. Obwohl ein halbes Jahrhundert Forschung diese Idee nachweislich widerlegt hat, höre ich immer wieder von Menschen, dass Abreagieren ihre bevorzugte Methode ist, um mit ihrer unerwünschten Wut umzugehen. Sobald sie wütend sind, begeben sie sich an einen »sicheren Ort«, an dem sie auf ein Kissen oder einen Sandsack einschlagen können, um ihre Wut loszuwerden.

Eine andere Form des Abreagierens als Mittel zur Wutbewältigung ist intensiver Sport. Das ist zwar etwas komplizierter, hat aber wie das Abreagieren oft unbeabsichtigte Folgen. Sport erhöht die Herzfrequenz und verstärkt die Atmung zu einem Zeitpunkt, an dem der Körper genau das Gegenteil davon braucht. Die Wut hat den Puls bereits hochschnellen lassen, und Sport heizt ihn noch weiter an. Schlimmer noch: Sport kann sogar Wut auslösen, und zwar durch die bereits erwähnte Erregungsübertragung. Dabei erhöht die durch den Sport bedingte kardiovaskuläre Aktivierung die Wahrscheinlichkeit, dass man auf eine Provokation mit Wut reagiert.

Weinen

Weinen ist eine sehr häufige, aber auch oft missverstandene Reaktion auf Wut. Missverstanden, weil meist davon ausgegangen wird, dass jemand, der wütend ist, weint, weil die Traurigkeit stärker ist als die Wut. Damit wird ihm unterstellt, nicht wirklich wütend zu sein, sondern nur traurig, und die Tränen sind der Ausdruck dieser Traurigkeit. Das mag manchmal zutreffen, aber viel öfter sind Tränen eine natürliche, normale und sogar gesunde Reaktion auf Wut.

Menschen weinen tatsächlich aus ganz unterschiedlichen Gründen, die nicht unbedingt etwas mit Traurigkeit zu tun haben müssen. Sie weinen, wenn sie körperliche Schmerzen empfinden, Angst haben, glücklich sind oder sich in die Gefühle einer anderen Person hineinversetzen. Letztendlich sind Tränen ein Kommunikationsmittel. Damit signalisiert jemand anderen Menschen in seiner Umgebung, dass er in Not ist oder intensive Gefühle empfindet. Weinen ist im Grunde ein nach Unterstützung strebendes Urverhalten, das unseren Vorfahren einen evolutionären Vorteil bot. Diejenigen, die ihre Notlage mit Tränen offenbarten, bekamen eher Hilfe und vergrößerten damit ihre Überlebenschancen.

Tränen funktionieren auch heute noch so, wie eine Studie von Martijn Balsters und Kollegen aus dem Jahr 2013 belegt.[57] Die Forscher zeigten Studienteilnehmern Bilder, auf denen entweder jemand mit einem traurigen oder jemand mit einem neutralen Gesichtsausdruck zu sehen war. Bei der Hälfte der Bilder hatten die Forscher den Gesichtern Tränen hinzugefügt. Die Bilder wurden nur extrem kurz – 50 Millisekunden – vorgezeigt. Dann wurden die Teilnehmer gebeten anzugeben, welche Emotion sie jeweils ausdrückten und wie viel Hilfe die Person wohl benötigte. Die Teilnehmer erkannten die Emotion bei Gesichtern mit sichtbaren Tränen schneller und nahmen ein größeres Hilfebedürfnis wahr. Tränen signalisieren also ein echtes Hilfebedürfnis, und Menschen gehen darauf ein.

Wie dies beim Umgang mit wütenden Menschen helfen kann

Was bedeuten diese Erkenntnisse für den Umgang mit wütenden Menschen? Ein paar Bemerkungen dazu:

Niemand verwendet immer die gleiche Ausdrucksform

Keiner reagiert immer gleich, wenn er wütend ist. Menschen zeigen in unterschiedlichen Momenten und Situationen verschiedene Wutreaktionen. Die Ausdrucksform ist erheblich vom Kontext bestimmt. Denn wie Menschen sich in Situation A verhalten, so benehmen sie sich nicht zwangsläufig auch in Situation B (gegenüber meinen Kindern äußere ich meine Wut anders als gegenüber meinen Freunden oder meinem Chef). Das ist normal. Da ich für die Erziehung meiner Kinder verantwortlich bin, sollte ich, wenn ich mich ärgere, weil sie sich unangemessen verhalten, darauf in einer bestimmten Art und Weise reagieren (zum Beispiel, indem ich sie dazu ermutige, in Zukunft anders vorzugehen). Meine Beziehung zu meinem Chef ist natürlich ganz anders, und deshalb verfolge ich auch nicht die gleichen Ziele, wenn ich mich über ihn geärgert habe. Unterschiedliche Ziele führen zu anderen Ausdrucksformen.

Menschen haben einen bestimmten Ausdrucksstil

Obwohl Menschen sich unterschiedlich verhalten, wenn sie wütend sind (und ihr Verhalten je nach Situation variiert), drücken sie sich meistens in einer bestimmten Weise aus. Dies gilt insbesondere für automatisch auftretende Gefühlsäußerungen wie Weinen oder Schreien, die sehr schnell erscheinen und sich daher nicht so leicht kontrollieren lassen, auch wenn man es möchte. Wenn Sie eine wütende Person in Ihrem Leben haben, ist es, vor allem wenn sie regelmäßig mit ihr zu tun haben, gut zu wissen, wie sie sich bei Wut üblicherweise verhält. Denn einige der Probleme, die in diesen emotionalen Momenten auftreten, rühren daher, dass man nicht erkennt, was die Person wirklich denkt und fühlt.

Achten Sie darauf, woher die Wut kommt

Um den Umgang mit einer wütenden Person zu verbessern, ist es wichtig zu wissen, woher die unterschiedlichen Ausdrucksformen kommen und warum die Person ihre Wut auf diese Art und Weise zum Ausdruck bringt. Denn diese Ausdrucksform, ob bewusst oder unbewusst gewählt, spiegelt wahrscheinlich etwas Tieferliegendes wider. Die Neigung zum Weinen kann ein Zeichen von Hilflosigkeit oder Ohnmacht sein, während die Tendenz zum Schreien darauf hindeutet, andere Menschen einschüchtern oder kontrollieren zu wollen. Tiefe Atemzüge können den Versuch offenbaren, sich zu beruhigen und positiv mit der Wut umzugehen. Diese unterschiedlichen Ausdrucksformen verweisen auf tiefer liegende Probleme und Bedürfnisse und daher ist es für einen besseren Umgang mit wütenden Menschen sinnvoll zu versuchen, sie und ihre Entwicklungsgeschichte zu verstehen.

Die Perspektive der wütenden Person einnehmen

Die Wut zu erkennen, ist natürlich nur ein Aspekt, um eine wütende Person wirklich zu verstehen. Wollen wir ein Gefühl dafür entwickeln, was wirklich in ihr vorgeht, müssen wir den ärgerlichen Vorfall einmal aus ihrer Perspektive betrachten: Was ist genau vorgefallen, wie hat die Person die Provokation interpretiert und in welcher Stimmung war sie zu diesem Zeitpunkt? Wir müssen die ärgerliche Situation aus ihrer Sicht analysieren. Wie das funktioniert, erfahren Sie im nächsten Kapitel.

KAPITEL 9

Methode 4: Die Wut aus der Perspektive des anderen verstehen

Sie sind wütend, weil …

1991 untersuchten vier Forscher, wie gut Kinder emotionale Situationen begreifen.[58] Sie wollten herausfinden, ob Kinder Gefühle erkennen, wenn sie sie miterleben, und ob sie die Situationen verstehen, die zu diesen Gefühlen führen. Für die Studie beobachteten die Forscher Vorschulkinder in einer Kita, die in drei Altersgruppen eingeteilt wurden. In der jüngsten Gruppe waren die Kinder 39 bis 48 Monate alt, in der mittleren Gruppe 50 bis 62 Monate und in der ältesten Gruppe 62 bis 74 Monate. Die Beobachter warteten, bis eines der Kinder sich eindeutig glücklich, traurig, wütend oder verzweifelt zeigte. Dann hielten sie fest, um welches Gefühl es sich handelte, was dazu geführt hatte und wie die Gefühlsintensität war. Danach wandten sie sich an ein Kind in der Nähe, das nicht an dem emotionalen Vorfall beteiligt gewesen war, und stellten ihm zwei Fragen:

- Wie fühlt sich … (Name des Kindes)?*
- Warum fühlt sich … (Name des Kindes) … (vom Kind angegebener Gefühlszustand)?

---

* Diese Studie ergab auch, dass Jungen ihre Wut deutlich offener und ihre Traurigkeit weniger offen zum Ausdruck brachten als Mädchen. Dabei war kein Altersunterschied zu erkennen, was belegt, dass das geschlechtsspezifische Lernen von Gefühlsausdrücken (wie in Kapitel 3 angesprochen) offenbar vor dem dritten Lebensjahr stattfindet.

Die Forscher notierten die Antworten der Kinder wortwörtlich, damit sie später kodiert werden konnten, und kehrten dann zur Beobachtung zurück.* Ihr Ziel war es herauszubekommen, wie gut Kinder Gefühle anderer Kinder interpretieren und die Ursache der Emotionen verstehen können. Sie verglichen im Grunde die Antworten der Kinder mit denen der Beobachter.

Die Ergebnisse unterschieden sich abhängig vom Alter der Kinder und in Bezug auf die jeweilige Emotion. So erkannten die Kinder Glück eher als andere Gefühle, und je älter sie waren, desto besser gelang ihnen das Einordnen der Gefühle. Die Kinder der ältesten Gruppe erkannten die Emotion in 83 Prozent der Fälle. Und in 74 Prozent der Fälle konnten sie eine sinnvolle Erklärung dafür geben, warum das andere Kind die Emotion empfunden hatte. Selbst die jüngste Gruppe, also die Drei- und Vierjährigen, konnte in etwa 66 Prozent der Fälle die Emotion und die Ursache richtig identifizieren.

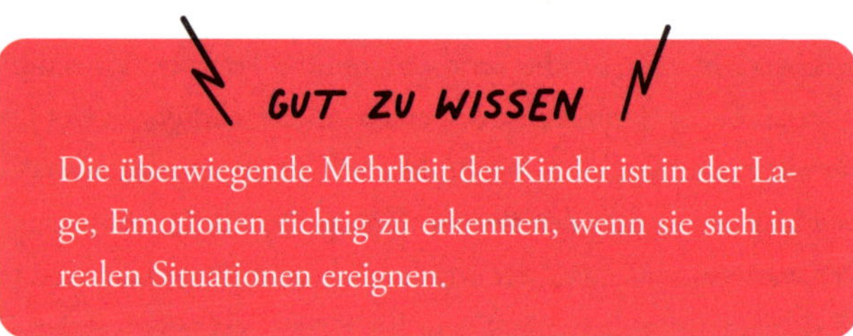

Diese Studie gefällt mir deshalb, weil sie zeigt, wie früh Kinder bereits emotionale Situationen verstehen. Es ist wirklich faszinierend, dass schon die Jüngsten imstande sind, Gefühle aus der Sicht einer anderen Person zu betrachten. Säuglinge haben noch keine Vorstellung davon, dass andere Menschen Gedanken und Gefühle haben. Sie weinen mitten in der Nacht, ohne zu begreifen, dass ihr Hilferuf bei den Bezugspersonen Verzweiflung,

* Ich bin wieder einmal beeindruckt, wie akribisch Forscher bei ihrer Arbeit vorgehen (und erneut irritiert davon, wie schnell die Öffentlichkeit Forschungsergebnisse wegen ihrer anekdotischen Evidenz ignoriert).

Müdigkeit oder sogar Frust auslösen kann. Sie sind sich zum Glück nicht bewusst, dass andere über sie nachdenken oder sie sogar bewerten. Dieses Verständnis kommt erst später … und mit ihm eine Vielzahl neuer Gefühle wie Scham, Verlegenheit und Stolz. Doch gemäß dieser Studie braucht es nur wenige Jahre, um sich von einem Baby, das keinerlei Bewusstsein für die Gefühle anderer hat, zu einem Kind zu entwickeln, das Emotionen fast so gut verstehen kann wie die meisten Erwachsenen.*

Dafür gibt es einen guten Grund. Die Fähigkeit, emotionale Situationen richtig einzuschätzen, war für das Überleben unserer Vorfahren entscheidend. Zu begreifen, dass ein anderer Mensch oder ein Tier wütend war, half ihnen dabei, Konflikte und potenziell gefährliche Situationen zu vermeiden. Zu verstehen, warum jemand traurig war, trug dazu bei, einen Verlust so zu verarbeiten, dass es für die Gruppe gut war. Und zu erkennen, dass jemand Angst hatte, war überaus hilfreich, da die Ursache für diese Angst schließlich etwas sein konnte, wovor man selbst besser Angst haben sollte.

Heutzutage ist das Verstehen von Emotionen und ihren Ursachen von großer Bedeutung für den Erfolg nahezu jeder zwischenmenschlichen Aktion. Einer Führungskraft, die Emotionen erkennt und wirksam einsetzt, fällt es leichter, ihr Team zu motivieren. Eltern, die begreifen, was ihr Kind fühlt und aus welchem Grund, können besser auf die emotionalen Bedürfnisse des Kindes eingehen. Wenn sich jemand über seine Kollegen beschwert, geht es interessanterweise in den meisten Fällen nicht um die fachliche Kompetenz der jeweiligen Person, sondern um ihre emotionalen Defizite. Bezeichnet jemand seinen Kollegen als seltsam, unsensibel oder respektlos, dann meint er damit, dass es ihm an emotionalen Fähigkeiten mangelt.

---

* Allerdings frage ich mich, ob eine andere Schlussfolgerung dieser Studie nicht sein könnte, dass sich diese Fähigkeit nach dem sechsten Lebensjahr nicht mehr wesentlich verbessert. Wenn eine Studie ergeben würde, dass Kinder im Alter von sechs Jahren genauso gut lesen können wie die meisten Erwachsenen, würden wir uns dann nicht Sorgen um die erwachsenen Leser machen?

Kurz gesagt: Die Fähigkeit zu verstehen, warum jemand wütend ist, ist entscheidend für den Umgang mit ihm. Das Wissen, dass er wütend ist, oder ein oberflächliches Erkennen der Ursache reichen nicht aus. Für den erfolgreichen Umgang mit wütenden Menschen ist es essenziell, die Wut aus ihrer Perspektive zu sehen. Aus diesem Grund kann ich nur dazu raten, den ärgerlichen Vorfall aus der Perspektive der wütenden Person zu analysieren.

Die Analyse des Vorfalls

In meinem letzten Buch *Why We Get Mad* (Warum wir ausrasten) habe ich ausführlich beschrieben, wie sich ein ärgerlicher Vorfall analysieren lässt. Basierend auf einem Modell von Dr. Jerry Deffenbacher[59], umfasst diese Analyse die Identifizierung von drei sich gegenseitig beeinflussenden Phänomenen: dem Auslöser, dem Zustand der Person vor der Wut und der Bewertung. Der Auslöser ist die Provokation, also das, war wir als Grund für die Wut identifiziert haben. *Ich bin wütend, weil sie den Müll nicht rausgebracht hat, obwohl ich darum gebeten habe. Ich bin wütend, weil er sich mit meiner Arbeit gebrüstet hat.* Der Auslöser ist also der Funke, der die Wut entzündet. Als würde man ein Streichholz auf einen Haufen von mit Benzin getränkten Lumpen werfen. Das Streichholz hat das Feuer zwar entfacht, aber richtig schlimm wurde es erst durch die Lumpen.

Um Wut auszulösen, braucht es in der Regel mehr als nur einen kleinen Funken. Es kommt auch darauf an, was eine Person zum Zeitpunkt der Provokation tut und fühlt. Deffenbacher bezeichnet dies als Stadium vor der Wut. Es umfasst den physiologischen und emotionalen Zustand in dem Moment, in dem sich der Auslöser ereignet. Ist jemand müde, hungrig, gestresst, traurig, ängstlich, hat er sich schon über etwas anderes geärgert, ist ihm zu heiß oder zu kalt, fühlt er sich unwohl oder erlebt er gerade einen anderen der vielen möglichen Zustände, die Wut verstärken können?

Stellen Sie sich zum Beispiel vor, Sie lesen in der Arbeit eine E-Mail, in der ein Kollege Ihnen mitteilt, dass er ein Projekt, das er an diesem Tag hätte fertigstellen sollen, nicht rechtzeitig zu Ende bringen kann. Das allein könnte schon ausreichen, um Sie zu verärgern.* Schließlich haben Sie damit gerechnet, dass das Projekt zu einem bestimmten Zeitpunkt und auf eine bestimmte Art erledigt wird, und wenn dies nicht geschieht, werden Sie wütend. Ihre Ziele wurden blockiert, und daher ist Ihre Wut eine normale und sogar gesunde Reaktion auf diese Art von Provokation. Stellen Sie sich nun dieselbe Situation vor, mit dem Unterschied, dass Sie schlecht geschlafenen haben oder auf dem Weg ins Büro länger im Stau standen (oder beides). Würde sich die gleiche Provokation jetzt nicht noch viel schlimmer anfühlen?

TIPP

Auch wenn Sie den ärgerlichen Vorfall aus der Perspektive einer anderen Person betrachten und verstehen, heißt das nicht, dass Sie den Missbrauch durch diese Person tolerieren müssen. Es ist also wichtig, Gefühl und Verhalten voneinander zu trennen.

Warum aber spielt unsere Stimmung zum Zeitpunkt der Provokation eine Rolle? Weil dies den dritten Aspekt im Zusammenhang mit Wut beeinflusst: die Bewertung, das heißt die Frage, wie wir den Auslöser interpretieren. Was bedeutet der Auslöser für uns im Kontext unseres Lebens? Wer ist unserer Meinung nach dafür verantwortlich? Hätte das Ganze vermieden werden können? Wie schlimm ist es? Das, was uns widerfährt, ist nicht a priori schlecht oder gut. Erst durch unsere Bewertung entscheiden wir, ob etwas schlecht oder gut ist, und das hängt von seiner Bedeutung für uns

* Natürlich gibt es zahlreiche Faktoren, die Einfluss darauf haben, wie wütend Sie in einer solchen Situation werden: Ihre Beziehung zu dem Kollegen, seine sonstige Zuverlässigkeit, die Bedeutung des Projekts, ob Sie seine Begründung verstehen und glauben und die Folgen der Nichtfertigstellung des Projekts. All dies wirkt sich aus, unterliegt aber auch in gewisser Hinsicht Ihrer Interpretation und Bewertung. Darauf werde ich später noch eingehen.

ab. So ist ein sonniger, wolkenloser Tag für jemanden, der seinen Kindern beim Fußballspielen zusehen will, großartig, aber einen Landwirt, der seit Langem keinen Regen mehr gesehen hat und sich um seine Ernte sorgt, kann derselbe Tag zur Verzweiflung bringen.

Wenn Menschen Situationen als ungerecht oder gemein empfinden oder ihre Pläne durchkreuzt werden, steigt die Wahrscheinlichkeit, dass sie wütend werden. Die Ursache dafür sind die Gedanken, die ich in den Kapiteln 3, 4 und 5 beschrieben habe. Menschen, die zum Schwarz-Weiß- oder Katastrophendenken neigen oder hohe Erwartungen an andere haben, empfinden eher Wut.

Wie kann dieses Wissen helfen?

Wie können Ihnen diese Informationen im Umgang mit einer wütenden Person helfen? Nun, wichtig für Sie ist es, den Wutausbruch aus der Perspektive des Betroffenen zu betrachten. Versuchen Sie, Verständnis für die Wut der anderen Person aufzubringen, indem Sie die drei oben genannten Elemente auswerten. Was war der Auslöser? Wie war die Stimmung der Person zum Zeitpunkt des Auslösers? Und wie hat sie diesen Auslöser interpretiert?

Während meiner Zeit auf dem College arbeitete ich in den Sommerferien auf einem Bauernhof. Mein Chef war oft wütend auf mich.* Zu meinen Aufgaben gehörte auch, Führungen mit dem Traktor über die Felder und in der Umgebung zu machen. Demzufolge war ich oft weit vom Hof entfernt und, da es damals noch keine Handys gab, oft für längere Zeit nicht erreichbar. Normalerweise war das kein Problem, da die Führungen etwa eine Stunde dauerten und ich immer rechtzeitig für die nächste Tour zurück war.

Eines Tages kam die angekündigte Gruppe allerdings erst sehr spät. Eine andere Vorgesetzte entschied, dass ich die Führung trotzdem ma-

* Zu seiner Verteidigung: Ich machte meine Arbeit nicht besonders gut. In der kurzen Zeit, in der ich dort war, habe ich mehrere Traktoren kaputt gemacht und einen eher unglücklichen Vorfall ausgelöst, bei dem ich die Küche, auch die der Besitzer, mit etwa sechs Fässern ungefiltertem Apfelwein geflutet habe.

chen sollte, obwohl ich nicht rechtzeitig zurück sein würde, um die nächste Gruppe zu übernehmen. Sie wollte dafür jemand anderen finden. Also machte ich mich mit den Leuten auf zu der etwa einstündigen Führung. Als wir gegen Ende irgendwo anhielten und ich der Gruppe etwas über die Gegend erzählte, kam mein Chef in einem Geländewagen angefahren und wirkte sehr wütend.

Er kam zu mir und fragte mit einem falschen Lächeln und in einem gespielt freundlichen Ton: »Hallo, Ryan, wie spät ist es?«

Ich hatte zwar keine Uhr, wusste aber dennoch, wie spät es ungefähr war, weil ich ja wusste, wie lange die Touren dauerten. Deshalb antwortete ich ihm. Er schien überrascht, dass die Uhrzeit stimmte, und fuhr mit mehr Wut in seiner Stimme fort: »Nein. Schau auf deine verdammte Uhr und sag mir, wie spät es ist.«

»Du weißt, dass ich keine Uhr habe, aber ich weiß, wie …«

»Stimmt. Du hast keine Uhr«, unterbrach er mich, »und deshalb weißt du nicht, dass du zu spät zu deiner nächsten Tour kommst. Besorg dir eine verdammte Uhr!«

»Ich weiß genau, wie spät es ist«, erwiderte ich. »Die Gruppe kam zu spät, aber ich sollte trotzdem mit der Führung beginnen. Jemand anderes sollte dann die nächste Tour übernehmen.«

Da er diese Information offenbar nicht gehabt hatte, verstummte er erstaunt. Das alles geschah vor der Gruppe, was die ganze Situation noch merkwürdiger und unangenehmer machte. Nach einer langen, peinlichen Pause meinte er schließlich: »Gut, das wusste ich nicht. Danke, dass du es mir gesagt hast. Ich fahre jetzt zurück und sorge dafür, dass jemand die nächste Führung macht.«

Daraufhin fuhr er mit dem Geländewagen los und überließ es mir, mit den Zeugen dieses seltsamen Wortwechsels, denen das Ganze peinlich war und die sich unbehaglich fühlten, zurechtzukommen. Nehmen wir uns kurz Zeit, um die Situation zu analysieren. Allerdings möchte ich zuvor klarstellen, dass er sich meiner Meinung nach sehr schlecht verhalten hat. Er reagierte, ohne die Situation zu kennen. Und er hat mich unnötig schlecht behandelt, und zwar auf eine Weise, die sowohl für ihn als auch für mich und die Gruppenmitglieder peinlich war. Selbst wenn ich mich in dieser Situation wirklich geirrt und ihm einen guten Grund gegeben hätte, wütend auf mich zu sein, hätte es bessere Möglichkeiten gegeben, mit der Situation umzugehen.

Betrachtung aus seiner Perspektive

So lässt sich der Vorfall in drei Stufen analysieren:

Der Auslöser

Der Auslöser war wie so oft eher unbedeutend. Ich war nicht da, wo ich seiner Meinung nach hätte sein sollen, und es war niemand vor Ort, um die nächste Führung zu übernehmen. Dies fällt eindeutig in die Kategorie der zielblockierenden Provokationen. Denn für ihn war es wichtig, dass seine Gäste ein positives Erlebnis hatten, und eine Führung, die zu spät beginnt, weil der Leiter fehlt, steht im Widerspruch zu diesem Ziel.

Das Stadium vor der Wut

Sein Zustand vor dem Wutausbruch lässt sich nicht so leicht beurteilen, aber ich vermute, dass er gestresst und besorgt war. Er führte einen aktiven Bauernhof, den Familien gerade zu dieser Jahreszeit gern an Wochenenden besuchten. Es war also viel los, und jeder hatte mehrere Aufgaben zu erledigen. Dieser hohe Stresspegel brachte ihn wahrscheinlich an seine Grenzen. In der Hochsaison arbeiteten alle auf der Farm auch an den Wochenenden sehr lange, begannen schon frühmorgens mit den Vorbereitungen und waren bis in den Abend hinein beschäftigt, wenn die letzte Führung längst vorbei war. Ich kann mir vorstellen, dass auch er ziemlich erschöpft war.

Die Bewertung

Das Interessanteste an diesem Vorfall ist jedoch die Bewertung. Dabei ist es wichtig, sich vorzustellen, wie er über diese Situation und die beteiligten Personen dachte. Betrachten wir das Ganze mal unabhängig von seiner Meinung über mich. Aus seiner Sicht hätte ich eine Führung machen sollen, war aber nicht da. Dies löste sofort Gedanken aus, die umfassen, was jemand anderes hätte tun sollen:

- »Ryan hätte da sein sollen.«
- »Das ist seine Aufgabe.«
- »Was macht er gerade?«

Wahrscheinlich hat er sich stark darauf fixiert, welche Folgen es haben könnte, wenn kein Führer da war, und womöglich hat er die Konsequenzen dramatisiert (indem er die Situation negativer beurteilt hat, als sie in Wirklichkeit war).

- »Wir werden der Gruppe das Geld zurückerstatten müssen.«
- »Das ist extrem ärgerlich.«
- »Ich habe eigentlich keine Zeit dafür, muss jetzt aber noch diese Führung machen.«

Allein diese Bewertung reicht aus, um Wut auszulösen. Wahrscheinlich würde jeder, der eine solche Situation erlebt und sie so intrepretiert, wütend werden. Schlimmer wurde das Ganze noch durch seine Meinung über mich. Ich machte meine Arbeit nicht gut. Nicht, dass ich kein verantwortungsbewusster Angestellter gewesen wäre, denn ich kam immer pünktlich zur Arbeit, tat, was von mir verlangt wurde, und konnte gut mit den Gästen umgehen. Aber um in dem Job wirklich gut zu sein, fehlten mir einfach die Fähigkeiten und das Wissen. Ich hatte kaum Erfahrung mit Traktoren und Motoren, verbrachte aber die Tage größtenteils damit, mit ihnen herumzufahren. Da die meisten Traktoren ziemlich alt und in schlechtem Zustand waren, gab es häufig Defekte, die ich nicht selbst reparieren konnte (und anders als andere erkannte ich Probleme auch nicht schon im Vorfeld).

Auf meinen Chef wirkte das so, als hätte ich ständig Probleme (die ich, aus seiner Sicht, selbst verursachte). Als ich also nicht da war, um die Führung zu übernehmen, kam er vorschnell zu dem Schluss, dass ich schuld daran war. Wie wir bereits gesehen haben, verstärkt diese falsche Zuschreibung von Ursachen Wut oft noch. Dann ging er einen Schritt weiter und meinte den Grund für meine Abwesenheit darin zu erkennen, dass ich keine Uhr hatte und daher nicht wusste, wie spät es war.* Letztendlich lag er in beiden Punkten falsch. Erstens traf mich keine Schuld und zweitens wusste ich durchaus, wie spät es war. Doch aus seiner Sicht waren genau dies die Faktoren, welche den Vorfall verursacht hatten (eine Situation, die er als verheerend bezeichnete).

Außerdem erfolgte gegenüber meiner Person eine negative Etikettierung, da er mich als »verantwortungslos«, »dumm« oder noch schlimmer einschätzte. Diese Stempel, die wir Menschen in solchen Situationen aufdrücken, haben eine große Wirkung. Denn sobald wir dies tun, fangen wir an, Menschen auch so zu sehen. Diese Einschätzungen sind wie eine Linse, durch die wir die Personen betrachten. Das aber verstärkt die Wahrnehmung, sodass mein Chef mich wirklich für einen dummen und verantwortungslosen Angestellten hielt und dabei übersah, was ich gut konnte und dass ich durchaus verantwortungsvoll agierte.

Zusammengefasst haben wir es also mit einer erschöpften, gestressten Person (Stadium vor der Wut) zu tun, die in eine Situation geraten ist, in der ihre Ziele blockiert werden (Auslöser) und die sie als unangenehm und verheerend erlebte (Beurteilung). Der Vorfall wurde durch einen verantwortungslosen Mitarbeiter ausgelöst (Beurteilung). Das machte die Person ziemlich wütend (Gefühlszustand), was dazu führte, dass sie zu mir fuhr und mich anschrie (Ausdruck).

* Aus für mich unerklärlichen Gründen hat es ihn offenbar wirklich gestört, dass ich keine Uhr besaß. Wahrscheinlich war es für ihn ein Gradmesser, wie verantwortungsvoll jemand war (»verantwortungsbewusste Menschen haben eine Uhr«). Das ist insofern komisch, als ich auch ohne Uhr immer wusste, wie spät es war, und nicht ständig zu spät kam (schließlich hingen überall Uhren). Trotzdem war es ihm wichtig, dass ich eine Uhr trug.

Nutzen Sie diese Erkenntnisse zur Deeskalation

Was habe ich als Opfer und Ziel des Wutausbruchs von dieser Analyse? Zweierlei:

Der richtige Ansatzpunkt

Zunächst ist es hilfreich zu erkennen, wo man in dem Moment am besten ansetzen kann. Denn in diesem Fall gab es mehrere Quellen für die Wut:

- Stress und Erschöpfung
- Unwissenheit darüber, was passiert ist
- Einschätzung meiner Person als verantwortungslos

Es obliegt nicht mir als seinem Angestellten, sein Stress- und Erschöpfungsproblem zu bewältigen. Zudem ist das in so einer Situation besonders schwierig. Wer bekommt schon gerne gesagt, dass er sich erst mal entspannen oder runterkommen soll (vor allem nicht von einem Angestellten). So bleibt als Ansatzpunkt nur die Unwissenheit. In diesem Fall bestand die Deeskalation letztlich einfach darin, diese Unwissenheit mit Informationen aufzulösen.

Muster erkennen

Zweitens: Die Analyse von Wutausbrüchen wie diesem kann einem mit der Zeit ein Gefühl für Muster vermitteln, wenn man regelmäßig mit der wütenden Person zu tun hat. In meinem Fall war mein Chef oft wütend, weil er mich als verantwortungslos und inkompetent betrachtete. Diese Wahrnehmung kann man zu verändern versuchen, indem man sie entweder direkt anspricht (»Ich habe das Gefühl, du hältst mich für verantwortungslos. Können wir darüber reden, wie sich das ändern lässt?«) oder indirekt beeinflusst (indem man Wege findet, Kompetenz und Verantwortungsgefühl zu demonstrieren). Wenn man jemanden so gut kennt, dass man weiß, welche Auslöser zu Wut führen (sowohl die Provokationen als auch die Stimmungen), kann man besser mit diesen Situationen umgehen. So kann man versuchen, Vorfälle zu vermeiden, von denen man weiß, dass sie Wut auslösen können. Und erkennt man, dass jemand in einer bestimmten Stimmung ist, in der es leicht zu einem Wutausbruch kommen kann, kann man deeskalierende Schritte einleiten, um dies zu verhindern.

> **TIPP**
>
> Achten Sie auf typische Muster, wie und warum eine Person wütend wird. Können Sie diese Muster identifizieren, lassen sich mögliche Wutausbrüche in Zukunft besser steuern.

Wenn die Wut gerechtfertigt ist

Es gibt aber noch einen weiteren Grund, warum wir die Wut aus der Perspektive der wütenden Person betrachten sollten. In dem obigen Fall war ich nicht schuld. Ich hatte (ausnahmsweise) nichts falsch gemacht, die Wut meines Chefs auf mich war schlichtweg fehlgerichtet. Aber das ist nicht immer so. Manchmal ist jemand wirklich schuld an etwas und die Wut auf ihn – nur die Wut, nicht unbedingt, wie die Person behandelt wird – ist gerechtfertigt. Doch wie geht man dann am besten mit jemanden um, der zu Recht wütend auf einen ist? Darauf komme ich im nächsten Kapitel zu sprechen.

KAPITEL 10

Methode 5: Erkennen, ob Wut berechtigt ist

Wenn etwas Einfaches schwierig wird

Nehmen Sie sich einen Moment Zeit, um sich eine Situation vorzustellen, in der jemand völlig zu Recht wütend auf Sie ist, da Sie etwas falsch gemacht haben. Vielleicht war das gar nicht Ihre Absicht. Womöglich geht es auch um nichts Wichtiges. Und auch wenn die Wutreaktion in ihrer Heftigkeit völlig unangemessen ist, bleibt die Tatsache, dass die Wut berechtigt ist. Jemand ist wütend geworden, weil Sie einen Fehler gemacht haben. Jetzt müssen Sie versuchen, die Situation zu klären.

Zu erkennen, dass man etwas falsch gemacht hat, und den Fehler dann zu beheben, sollte eigentlich einfach sein. Damit meine ich, dass die dafür erforderlichen Schritte im Grunde einfach sind. Sie schauen sich die Situation an und analysieren sie eventuell wie im vorigen Kapitel beschrieben. Sie erkennen Ihre Rolle in dem Vorfall, stellen fest, wo Sie den Fehler gemacht haben, geben diesen zu und arbeiten an einer Lösung. Für sich genommen, sind diese Schritte sehr einfach. Nur warum ist es dann oft schwieriger, als es sein müsste? Einer der Gründe dafür lautet: Abwehrhaltung.

Woher wissen Sie, dass jemand zu Recht wütend ist?

Bevor ich auf das Phänomen der Abwehrhaltung eingehe, sollten wir uns erst damit befassen, wie man feststellen kann, ob Wut gerechtfertigt ist.

Denn selbst wenn man die eigene Abwehrhaltung einmal außen vor lässt, ist die Entscheidung, ob die Wut berechtigt ist, nicht ganz einfach. Dafür gibt es nun mal keine klare Richtlinie, und zur Bewertung muss immer auch der Kontext gesehen werden: Was haben Sie getan, welchen Anlass gab es, wie hat der andere etwas interpretiert usw. Im Folgenden einige Denkanstöße für Sie:

Lassen Sie sich nicht von der Wut des anderen irreleiten

Manchmal lassen wir ungewollt zu, dass die Gefühle einer anderen Person unsere eigenen Schuldgefühle beeinflussen. Weil die andere Person wütend auf uns ist, glauben wir, dass wir etwas falsch gemacht haben müssen. Versuchen Sie, solche Gedanken und Gefühle zu vermeiden. Die Wut anderer Menschen bedeutet nicht unbedingt, dass Sie einen Fehler begangen haben. Denn es gibt viele Fälle, in denen andere einfach falschliegen und ihre Wut nicht gerechtfertigt ist. Vielleicht haben sie die Situation falsch eingeschätzt oder überreagiert. Es kann auch sein, dass sie ihre Wut als Waffe nutzen, um Sie unter Druck zu setzen. Sie müssen die Reaktion auf das, was Sie angeblich getan haben, von dem trennen, was Sie tatsächlich getan haben.

Bewerten Sie Ihr Verhalten und die Folgen für den anderen, nicht den Grund

Manchmal hört man jemanden sagen: »Ich bin mir bewusst, dass das gemein war, aber ich wollte doch nur …«, und dann folgt die Rechtfertigung für das, was die Person getan hat. Für unser eigenes emotionales Wohlbefinden, unser Wachstum und unsere Entwicklung ist diese Rechtfertigung natürlich wichtig. Für uns ist es gut, die verschiedenen Faktoren, die unser Handeln beeinflussen, zu erkennen. Aber aus Sicht der anderen Person, die wütend auf uns ist, spielt es keine Rolle, was wir tun *wollten* oder *wieso* wir etwas gemacht haben. Was zählt, ist, was wir getan haben und welche Folgen unser Verhalten für den anderen hat.

Deshalb müssen wir uns fragen: »Habe ich die andere Person schlecht oder ungerecht behandelt?« oder »Habe ich ihre Ziele unnötigerweise behindert?«. Ungeachtet der Gründe für ein Verhalten, stellt sich die Frage, ob die Handlung der Person geschadet hat, da sie sich schlecht gefühlt hat, ihr eine Möglichkeit genommen wurde oder sie aufgehalten wurde. Wenn das so ist, ist die Wut berechtigt.

Abwehrhaltung

Die Abwehrhaltung ist eine emotionale Reaktion auf (gefühlte) Kritik oder Angriffe. Jemand geht in die Defensive, weil er glaubt, beschuldigt zu werden, etwas falsch gemacht zu haben. Wie jedes Gefühl umfasst auch dieses zahlreiche Gedanken, physiologische Erregungen und Verhaltensweisen. Stellen Sie sich vor, dass Ihr Partner wütend auf Sie ist, weil Sie ein von Ihnen verursachtes Durcheinander nicht aufgeräumt haben. Natürlich wissen Sie tief in Ihrem Inneren, dass Sie einen Fehler gemacht haben. Eigentlich wollten Sie aufräumen, haben es aber einfach vergessen. Anstatt einfach zu sagen: »Es tut mir leid, ich mache es, sobald ich kann«, gehen Sie in die Abwehrhaltung:

- Sie denken vielleicht: »Sie macht ständig Chaos und räumt nie auf, warum werde ich also dafür kritisiert?« (Gedanken).
- Sie spüren einen leichten Anstieg der Herzfrequenz oder eine Anspannung der Muskulatur, verbunden mit Angst, Scham oder Nervosität (physiologische Erregung).
- Sie reagieren sarkastisch und anklagend (»Ach, du hast wohl noch nie vergessen aufzuräumen, oder?«) oder leugnen sogar Ihren Fehler* (Verhalten).

* Aus irgendeinem Grund fällt es mir schwer zuzugeben, dass ich manchmal vergesse, das Licht auszuschalten. Leider habe ich diese schlechte Angewohnheit, aber wenn meine Frau es mir vorwirft, versuche ich es verzweifelt zu leugnen. Unberührt von der Abwehrhaltung, da ich mich gerade nicht in der Situation befinde, kann ich das einfach so schreiben und zugeben, dass mein Gefühl und mein Verhalten völlig unangemessen sind. Doch sobald es wieder passiert, suche ich alle möglichen Ausreden. Wenn ich es auf den Hund schieben könnte, würde ich es ehrlich gesagt tun.

Wie jede andere Emotion tritt auch die Abwehrhaltung eher unter bestimmten Umständen auf. Die eigene Abwehrhaltung oder die einer anderen Person lässt sich auf ähnliche Weise analysieren wie die Wut, indem man den Auslöser (Kritik), den Zustand vor der Abwehrhaltung (die Stimmung zum Zeitpunkt der Kritik) und die Bewertung (»Das muss ich mir nicht anhören«, »Wieso glaubst du, mich kritisieren zu können?«) betrachtet.

Besonders bedenklich an der Abwehrhaltung ist, dass die Konfrontation mit Feedback unser Wachstum und unsere Entwicklung fördert. Unabhängig von der eigenen Rolle oder Tätigkeit (Angestellter, Ehepartner, Chefin, Studierende, Freund, Mitspieler, Künstlerin) kann man sich nur verbessern, wenn man offen für Kritik ist. Aus diesem Grund wird in fast jedem Fragebogen für die Schule oder die Arbeit, den ich je ausgefüllt habe, gefragt, ob man kritikfähig ist.

TIPP

Überlegen Sie, welche Werte und Eigenschaften Ihnen wichtig sind. Sind Sie freundlich? Sind Sie ehrlich? Wollen Sie weiter lernen und wachsen? Sind Sie sich dieser Werte bewusst, beeinflusst das Ihr Verhalten in bestimmten Situationen.

Warum reagieren Menschen abwehrend, wenn jemand anderes wütend auf sie ist? Wieso ist es so schwer, einen Fehler zuzugeben und ihn zu beheben? Eigentlich seltsam, vor allem wenn man bedenkt, dass man sich selbst schnell ärgert, wenn jemand anderes seine Fehler nicht eingesteht und sich nicht dafür entschuldigt. »Er könnte sich ja zumindest dafür entschuldigen, dass er etwas Falsches getan hat«, ist oft in Konfliktsituationen zu hören. Es besteht also eine Diskrepanz zwischen dem, was viele Menschen von anderen erwarten, und dem, was sie selbst zu tun bereit sind. Nur, warum?

Bedrohung unseres Selbstkonzepts

Wie bei den meisten emotionalen Erfahrungen geht es auch bei der Abwehrhaltung um Selbstschutz. Werden wir beschuldigt, einen Fehler begangen zu haben, empfinden wir das als Bedrohung unseres Wohlbefindens oder unserer Identität und reagieren mit schlechten Gefühlen. Diese motivieren uns dazu, Trost zu suchen und eine Lösung zu finden. Könnten wir in dem Moment rational denken, würden der Trost und die Lösung darin bestehen, dass wir den Fehler zugeben und ihn ansprechen. Aber wenn wir nicht rational denken können, suchen wir die Lösung darin, den Fehler zu leugnen oder den Konflikt zu verschieben und auf die andere Person zu richten. So wird aus »Es tut mir leid, dass ich vergessen habe, den Abwasch zu machen« ein »Ja, aber du räumst die Teller nie weg, wie es ausgemacht war!«.

GUT ZU WISSEN

Die Abwehrhaltung ist eine natürliche emotionale Reaktion auf die Bedrohung des Selbstkonzepts. Wie andere Gefühle dient auch sie dem Schutz, kann jedoch die Entwicklung behindern.

Noch bedrohlicher wird es, wenn ein Fehler nicht mit dem Selbstkonzept vereinbar ist. Wirft mir jemand vor, ich sei ein schlechter Angler, wäre mir das egal. Da ich mich nicht für besonders gut halte, empfinde ich den Vorwurf nicht als Bedrohung meiner Identität. Sehe ich mich jedoch dem Vorwurf ausgesetzt, ein schlechter Lehrer, ein schlechter Vater oder ein schlechter Ehepartner zu sein, wäre mir das nicht egal. Ich möchte in diesen Rollen gut sein und tue auch viel dafür. Deshalb wäre der Vorwurf, dass ich darin nicht gut bin, verletzend für mich. Wenn jemand feststellt, dass ich einen Fehler gemacht habe – und sei er noch so klein –, aus dem sich schließen lässt, dass ich in einer dieser Rollen nicht gut bin, ist dies eine Bedrohung für einen wichtigen Teil meines Selbstkonzepts, und das tut weh.

Anders als in diesem Beispiel mag es manchmal vielleicht nicht ganz so offensichtlich sein. Unsere Identität kann vielfältig und unbestimmt sein und auf alle möglichen nicht ganz so deutlichen und unerwarteten Arten bedroht werden. So kann sich ein großartiger Basketballspieler angegriffen fühlen, wenn er in einer anderen Sportart herausgefordert wird, nur weil er sich allgemein als Sportler sieht. Denn die Herausforderung fühlt sich für ihn an wie ein Angriff auf seine sportlichen Fähigkeiten. Jemand, der Freundlichkeit schätzt, kann es als bedrohlich empfinden, wenn man ihm sagt, dass er während einer Interaktion unhöflich oder unfreundlich wirkte. Ein solches Feedback wird er dann als Bedrohung seiner Identität als freundlicher und rücksichtsvoller Mensch erfahren.*

Es gibt eine Reihe von persönlichen Eigenschaften, die die Neigung erhöhen, in die Abwehrhaltung zu gehen, wenn jemand wütend auf einen ist. Unsicherheit und ein geringes Selbstvertrauen zählen dazu, aber auch Ängstlichkeit oder mangelhaftes Durchsetzungsvermögen. Vielleicht machen auch ein erlittenes Trauma oder Missbrauch Wut-Situationen emotional anstrengender. Womöglich wurde Ihnen die Abwehrhaltung wie andere emotionale Äußerungen vorgelebt, und so haben Sie dieses Verhalten erlernt. Wie bei jeder emotionalen Erfahrung können auch die Wurzeln der Abwehrhaltung kompliziert sein und weit über das hinausgehen, was sie ausgelöst hat.

Natürlich kommt es auch darauf an, von wem das Feedback stammt, und ebenso auf das Umfeld, in dem man Kritik erhält. Levi Adelman und Nilanjana Dasgupta untersuchten 2019 in einer Studie, wie Menschen auf Kritik aus der Eigengruppe, also einer Gruppe, zu der man gehört, reagieren.[60] Das heißt, wenn Teamkollegen, Ehepartner oder Arbeitskollegen

* Das erklärt das Beispiel mit dem Anlassen des Lichts. Ich halte mich für einen verantwortungsvollen und umweltbewussten Menschen. Und so irrelevant meine Angewohnheit, das Licht brennen zu lassen, auch sein mag, sie steht im krassen Widerspruch zu der Person, die ich sein möchte. Und deshalb gehe ich in die Abwehrhaltung, sobald mich jemand darauf hinweist.

einer Person sagen, dass sie etwas anders machen soll. In dieser Forschungsarbeit, die aus drei separaten Studien bestand, wollten die Autoren ergründen, wie Menschen Kritik unter verschiedenen Umständen aufnahmen. Sie teilten die Teilnehmer in zwei Gruppen ein: eine »Bedrohungsgruppe« und eine »Nicht-Bedrohungsgruppe«. Die Bedrohungsgruppe bekam einen Artikel zu lesen, in dem es hieß, dass die Wirtschaft stagniert und dies zu niedrigeren Löhnen und einer schlechteren Lebensqualität führen könnte. Die Teilnehmer beider Gruppen lasen auch einen Artikel darüber, dass die Stagnation der Wirtschaft das Ergebnis der schlechten Arbeitsmoral der Amerikaner sei (die Teilnehmer waren alle Amerikaner und so wurden auch sie für die schlechte wirtschaftliche Lage verantwortlich gemacht). Autor des zweiten Artikels war ein Wirtschaftswissenschaftler, der als Experte für die amerikanische Wirtschaft galt. Die Forscher änderten aber die Nationalität des Experten, um der Studie eine weitere Variable hinzuzufügen. Entweder war er Amerikaner (Eigengruppe) oder Südkoreaner (Fremdgruppe).

Die Forscher fanden heraus, dass den Teilnehmern, wenn keine Bedrohung vorlag (das heißt, wenn sie den Artikel über die wahrscheinliche Verschlechterung ihrer Lebensqualität und die sinkenden Löhne nicht gelesen hatten), empfänglicher für das Feedback der eigenen Gruppe waren als für das Feedback der Fremdgruppe. Mit anderen Worten: Sie reagierten defensiver, wenn die Kritik von einem Südkoreaner kam. Fühlten sie sich jedoch bedroht, nahm die Empfänglichkeit für Kritik aus der eigenen Gruppe ab. Fürchteten die Teilnehmer um ihr eigenes wirtschaftliches Wohlergehen, gab es keinen Unterschied, und sie gingen in jedem Fall in die Abwehrhaltung. Dies spricht dafür, dass es bei der Abwehrhaltung im Wesentlichen um den Schutz vor der Bedrohung unseres emotionalen oder allgemeinen Wohlbefindens geht.

Eine Abwehrhaltung erkennen und dagegen vorgehen

Wie in jeder emotionalen Situation ist es manchmal schwer festzustellen, dass man gerade eine Abwehrhaltung eingenommen hat. Denn in solchen Momenten denkt man nicht unbedingt klar, und es ist schwer, die eigenen

Gefühle, Gedanken und Verhaltensweisen angemessen zu bewerten. Was sind also Anzeichen dafür, dass man in die Abwehrhaltung geht?

Erstens, wenn Sie sich beim Versuch ertappen, das Gespräch auf das Verhalten der anderen Person zu lenken. Das kann bedeuten, dass Sie sich auf das Verhalten der anderen Person fokussieren, das wiederum Ihre Reaktion ausgelöst hat. Oder dass Sie sich darauf konzentrieren, wie die andere Person Ihnen Unrecht getan hat oder sich in der Vergangenheit ähnlich verhalten hat wie Sie. In beiden Fällen kann das ein Indiz dafür sein, dass Sie versuchen, Ihre eigene Verantwortung herunterzuspielen und die der anderen Person in den Vordergrund zu stellen.

Zweitens, wenn Sie feststellen, dass Sie der anderen Person nicht wirklich zuhören. Sie denken vielleicht darüber nach, was Sie als Nächstes sagen wollen, anstatt zuzuhören, was die andere Person Ihnen sagt. Handelt es sich um eine E-Mail oder eine Handynachricht, lesen Sie diese eventuell erst später oder nur halb. Und schließlich drittens, wenn Sie sich dabei erwischen, dass Sie mit einer Art von Rechtfertigung reagieren, etwa »Ich weiß, ich hätte das nicht tun sollen, aber …« oder »Ich verstehe, was Sie sagen, aber …«. Diese Form der Rechtfertigung zeigt eine Tendenz zur Ablenkung.

TIPP

Achten Sie darauf, wann Sie versuchen, Ihr eigenes Verhalten auszublenden und den Fokus auf das Verhalten der anderen Person zu richten. Meist ist das ein ziemlich gutes Indiz für eine Abwehrhaltung.

Selbstverständlich kann eine »chronische« Abwehrhaltung erhebliche Folgen haben, sowohl für einen selbst als auch für das Umfeld. Für einen selbst, weil sie Schuld- und Schamgefühle hervorrufen kann. In der emotionalen Situation fühlt man sich dadurch vielleicht besser, aber langfristig kann es zu Schuldgefühlen, Scham oder Trauer über das eigene

Verhalten kommen. Eine ständige Abwehrhaltung kann auch erhebliche Beziehungsprobleme auslösen. Denn die zwischenmenschlichen Interaktionen werden dadurch feindseliger und emotionaler als normal. Ihr Umfeld erachtet Sie dann als unvernünftig oder unzuverlässig. Besonders problematisch ist aber, dass eine solche dauerhafte Abwehrhaltung Menschen daran hindert, Konflikte effektiv zu lösen und vernünftige Lösungen zu finden.

Wenn Ihre Abwehrhaltung Sie daran hindert, emotionale Situationen gut zu bewältigen, können Ihnen folgende Strategien helfen, sie zu überwinden. Einige können Sie in der Situation anwenden, mit anderen können Sie sofort arbeiten.

Erforschen Sie Ihre Identität

Wenn Sie gerne in Abwehrhaltung gehen, sobald Ihre Identität infrage gestellt wird, tun Sie gut daran, sich etwas mit Ihrer Identität zu befassen. Wann ist Ihre Abwehrhaltung am stärksten und welche Aspekte Ihrer Identität sind in dem Moment betroffen? Sie können noch einen Schritt weitergehen und sich fragen, ob Sie Ihre Identität auch anders sehen und dadurch seltener in die Abwehrhaltung geraten könnten. So können Sie zum Beispiel aus dem »Ich muss recht haben«-Modus in einen »Ich lerne gerne dazu«-Modus wechseln. Durch diese Veränderung sehen Sie einen Fehler als Gelegenheit, sich weiterzuentwickeln, und nicht als Angriff auf Ihren Intellekt.

In der bereits erwähnten Forschungsarbeit von Adelman und Dasgupta gab es ein besonders faszinierendes Ergebnis, das ein zusätzliches Licht darauf werfen könnte, wie man die Abwehrhaltung, die mit der eigenen Identität verknüpft ist, angehen kann. In einer ihrer Studien versuchten sie, auf die Abwehrhaltung einzuwirken und sie zu verringern, indem sie den Teilnehmern einen »nationalen Grundwert« in Erinnerung brachten. Dafür musste die Hälfte der Teilnehmer im Vorfeld der Studie eine Stellungnahme über den Wert der Meinungsfreiheit lesen (ein ähnliches Verfahren wie oben beschrieben). Heraus kam, dass dies die Empfänglichkeit der Teilnehmer für Kritik erhöhte, unabhängig davon, ob es eine Bedrohung gab und wer die Kritik äußerte. Einen zentralen Grundwert ins Bewusstsein zu rufen, verringert also die Neigung, eine Abwehrhaltung einzunehmen.

Spüren Sie, dass Sie abwehrend agieren, sollten Sie sich kurz auf Ihre Grundwerte besinnen, die zu der Situation passen. Ist jemand wütend auf Sie, weil Sie einen Fehler gemacht haben, dann machen Sie sich bewusst, wer Sie sind und was Ihnen wichtig ist. Stimmen Sie, wie in der Studie, Ihre Erfahrung auf Ihre Werte ab.

Bereiten Sie sich auf Ihre Abwehrhaltung vor

Wahrscheinlich können Sie vorhersehen, in welchen Situationen Sie in die Abwehrhaltung gehen. Sicher gibt es Menschen (z. B. ein Vorgesetzter, ein Elternteil), die Sie besonders nervös machen, oder bestimmte Situationen (ein Meeting, ein Familientreffen), in denen Sie eher dazu neigen, sich zu wehren. Wenn Sie wissen, dass so eine Situation bevorsteht, können Sie sich darauf vorbereiten. Sie können bereits im Vorfeld Entscheidungen darüber treffen, wie Sie damit umgehen und was Sie sagen wollen, *bevor* Ihre Emotionen die Oberhand gewinnen.

Drücken Sie (erneut) die Pausentaste

In Kapitel 7 habe ich beschrieben, welche Methoden es gibt, um in emotionalen Situationen ruhig zu bleiben. Die gleichen Ansätze können Sie auch in diesem Fall nutzen. Bewusste Atmung, Entspannung und Erdung sind wertvolle Werkzeuge, um eine Reaktion zu verhindern, die Sie später vielleicht bereuen. Doch bevor Sie eine dieser Möglichkeiten anwenden, müssen Sie erst einmal versuchen, in dem emotionalen Moment innezuhalten. Sie müssen sich darauf konzentrieren, Ihre Pausentaste zu drücken, sobald Sie merken, dass die Lage eskaliert.

Gefühl versus Handlung

Es ist wichtig, sich immer wieder bewusst zu machen, dass das Gefühl einer Person etwas anderes ist als das, was sie mit diesem Gefühl macht. Jemand kann zwar wütend auf Sie sein, eventuell sogar berechtigterweise, aber das impliziert nicht, dass er Sie nach Belieben behandeln darf.

Auch gerechtfertigte Wut gibt niemandem das Recht, Sie anzuschreien oder Ihnen Gemeines und Verletzendes an den Kopf zu werfen. Diese Tatsache ist aus zweierlei Gründen wichtig.

Erstens neigt man, vor allem wenn man sich in einer Abwehrhaltung befindet, schnell dazu, nur das Verhalten einer Person zu sehen und die zugrunde liegenden Gefühle zu ignorieren. Ihr Verhalten ist dann der Grund dafür, die Wut zu missachten, auch wenn diese vielleicht gerechtfertigt und durch eine Ungerechtigkeit Ihrerseits ausgelöst worden ist.* Natürlich müssen Sie sich nicht schlecht behandeln lassen, aber wenn Sie versuchen, das Verhalten der anderen Person von deren Gefühlen zu trennen, können Sie Ihr Unrecht vielleicht besser wiedergutmachen. Schaffen Sie es zu sagen: »Ihre Wut ist gerechtfertigt, Ihr Verhalten aber nicht«, lösen Sie zwei Probleme auf einmal: Sie vermitteln der anderen Person, dass Sie einerseits einen Fehler gemacht haben, den Sie aus der Welt schaffen möchten, und dass Sie andererseits erwarten, in Zukunft besser behandelt zu werden.

Zweitens sollten Sie ebensowenig, wie Sie die Gefühle der anderen Person ignorieren, weil Sie ihr Verhalten nicht gutheißen oder schätzen, zulassen, dass die berechtigten Gefühle der anderen Person als Entschuldigung dafür dienen, Sie schlecht zu behandeln. Oft hört man als Entschuldigung für das gemeine Verhalten einer wütenden Person Sätze wie: »Ich habe es durch das, was ich getan habe, verdient.« Es ist sicherlich vernünftig, dem anderen zu zeigen, dass Sie den von Ihnen angerichteten Schaden anerkennen und er berechtigterweise wütend sein darf. Gleichzeitig sollten Sie aber klarmachen, dass Sie sein gemeines Verhalten nicht tolerieren. Wie immer können Sie sich von toxischen Menschen und Situationen in Ihrem Leben befreien.

---

* Meines Erachtens ist es bei manchen Menschen eine bewusste Strategie, sich auf das Verhalten wütender Personen zu fokussieren, um die berechtigte Wut dahinter zu verharmlosen. So werden zum Beispiel Demonstranten oft wegen ihrer Vorgehensweise kritisiert, um ihr Anliegen zu bagatellisieren. Journalisten und Politiker bringen dies zum Ausdruck, indem Sie Aussagen tätigen wie: »Die Sorgen sind verständlich, aber es wäre wünschenswert, sie würden sie auf andere Weise zeigen.«

Eine aufrichtige Entschuldigung

Was können Sie nun aber tun, wenn Sie wissen, dass die Wut auf Sie gerechtfertigt ist und Sie Ihren Fehler wiedergutmachen wollen? Manchmal lässt sich ein Fehler nicht mehr gänzlich beheben, aber Sie sollten das, was möglich ist, versuchen. Der erste Schritt ist in der Regel eine aufrichtige Entschuldigung.

Selbst wenn sie ihre Abwehrhaltung überwunden haben, fällt es aber vielen Menschen schwer, sich zu entschuldigen. Dennoch ist eine Entschuldigung sehr wichtig, da sie helfen kann, das zwischenmenschliche Verhältnis wieder zu verbessern und die Tür zu einer sinnvollen Lösung zu öffnen. Ein weiterer Vorteil ist, dass die Schuldgefühle wegen des Fehlers dadurch weniger werden. Schließlich unternehmen Sie etwas, um den Fehler zu beheben. Im Folgenden drei Tipps dazu, wie Ihre Entschuldigung aussehen sollte:

Erstens: Übernehmen Sie die Verantwortung für Ihr Verhalten und stellen Sie sicher, dass sich dies auch in Ihrer Aussage widerspiegelt. Sätze wie »Es tut mir leid, aber …« oder »Es tut mir leid, falls …« klingen nicht unbedingt nach einer aufrichtigen Entschuldigung. Sagen Sie jedoch: »Es tut mir leid, dass ich (Ihre Gefühle verletzt habe/den Bericht nicht fertiggestellt habe/vergessen habe, Sie anzurufen)«, dann erkennen Sie Ihren Fehler an und machen deutlich, dass Sie die Verantwortung dafür übernehmen.

Zeigen Sie Ihrem Gegenüber zum Zweiten, dass Sie Ihr Verhalten bereuen und traurig darüber sind. Auch dies sollte sich in der Aussage widerspiegeln, die Sie tätigen, etwa: »Ich bereue wirklich, das getan zu haben« oder »Ich bin traurig, dass ich Sie verärgert habe«.

Und drittens: Versuchen Sie, das wiedergutzumachen, was geht, oder bieten Sie es zumindest an. Wenn Sie in der Arbeit etwas nicht geschafft haben, was wichtig gewesen wäre, wirken Sie bei der Problemlösung mit, um die Folgen in Grenzen zu halten. Haben Sie das Vertrauen anderer enttäuscht, dann erklären Sie, dass Sie in Zukunft alles daransetzen werden, dass dies nicht mehr geschieht.

Natürlich dauert es manchmal etwas, bis solche Situationen wieder bereinigt sind. Deshalb ist es auch unvernünftig und unfair zu erwarten, dass die Wut des anderen plötzlich verflogen ist, nur weil Sie sich entschuldigt haben. Vergebung braucht oftmals Zeit und Kraft, und selbst die aufrichtigste Entschuldigung kann das, was passiert ist, nicht ungeschehen machen.

Was tun, wenn nicht kommuniziert wird?

Nicht jede Person, die wütend auf Sie ist, äußert das auch. Wie wir bereits gesehen haben, gibt es verschiedene Ausdrucksformen der Wut, und manche Menschen behalten ihr Gefühl für sich und schweigen. Aber wie gehen Sie mit einer wütenden Person um, die nicht mit Ihnen darüber redet? Oder die nicht zugibt, dass sie wütend auf Sie ist? Damit befassen wir uns im nächsten Kapitel.

KAPITEL 11

Methode 6: Mit Menschen umgehen, die Kommunikation verweigern

Kontaktabbruch

Eines Tages kam Anne, eine Klientin, mit dem Problem zu mir, dass sie ihre Freundin vor den Kopf gestoßen hatte und nicht wusste, wie sie damit jetzt umgehen sollte. Eigentlich hatte alles mit einer Lappalie begonnen, war aber dann zu einem richtigen Streit eskaliert, bei dem Anne die Gefühle ihrer Freundin verletzt hatte. Daraufhin zog diese sich vollständig zurück und wollte von Anne nichts mehr wissen. Sie reagierte weder auf Anrufe noch auf SMS (es war noch in der Zeit vor den sozialen Medien, aber ich vermute, dass sie auch auf Facebook die Freundschaft beendet hätte), und wenn sie sich auf dem Universitätscampus begegneten, ignorierte ihre Freundin sie, grüßte nicht und würdigte sie keines Blickes.

Anne war am Boden zerstört. Sie vermisste ihre Freundin und fühlte sich schlecht, weil sie sie offenbar so verletzt hatte. Was die Sache noch komplizierter machte, war die Tatsache, dass Anne die Verantwortung für die entstandene Situation nicht allein bei sich sah. Sie erzählte mir, dass sie beide in dem Streit zu weit gegangen seien, dass sie beide verletzende Dinge gesagt und beide gute Gründe dafür hätten, wütend zu sein. Deshalb hatte Anne nicht das Gefühl, dass nur sie allein versuchen sollte, ihre Freundschaft zu retten. Gleichzeitig sah sie aber auch, dass ihre Freundin keinerlei Anstalten dazu machte, und dadurch fühlte sie sich noch schlechter.

Bei Anne und ihrer Freundin bestand offensichtlich ein Beziehungs-, aber auch ein Wutproblem. Es ging dabei um zwei Personen, die aufeinander wütend waren, und eine davon zeigte ihre Wut, indem sie den Kontakt abbrach. Anne interpretierte diesen Abbruch als mangelndes Interesse an der Fortsetzung der Freundschaft. Das konnte stimmen, musste es aber nicht.

TIPP

Wenn jemand den Kontakt zu Ihnen abbricht, weil er wütend auf Sie ist, sollten Sie überlegen, was der Grund dafür sein könnte. Ist die Person verletzt, konfliktscheu, versucht sie, Sie zu manipulieren, möchte sie die Beziehung beenden oder geht es um etwas ganz anderes? Die Antworten auf diese Fragen können Ihnen helfen herauszufinden, wie Sie am besten weiter vorgehen.

»Es ist nicht meine Aufgabe, mich um ihre Gefühle zu kümmern«

Während ich an diesem Kapitel schrieb, wuchs meine Neugierde darauf, wie sich andere Menschen in einer solchen Situation verhalten würden. Also forderte ich über die sozialen Medien Menschen dazu auf, mir zu erzählen, wie sie vorgehen würden. Auf mein TikTok-Video gab es innerhalb weniger Stunden 200 Reaktionen, die zum Teil sehr unterschiedlich waren. Hier einige Beispiele:

- »Kommt darauf an … aber wenn es jemand ist, der mir wirklich was bedeutet, würde ich mich per Textnachricht melden und fragen, was los ist und was ich tun kann.«

- »Ich würde es als Zeichen verstehen, dass sie nicht darüber reden will. Das würde ich respektieren und sie in Ruhe lassen. Wenn sie irgendwann doch das Bedürfnis hat zu reden, wird sie sich schon melden.«
- »Es liegt in ihrer Verantwortung, ihre Bedürfnisse/Probleme zu kommunizieren. Dazu zwingen kann ich sie nicht.«
- »Ich würde sie einmal darauf ansprechen und sagen: ›Wenn du reden willst, melde dich einfach. Die Tür steht immer offen‹, und sie dann in Ruhe lassen.«
- »Ich würde es ignorieren. Ich würde so tun, als wäre nichts. Das wird sie zermürben. Entweder sagt sie mir dann, was los ist, oder sie verschwindet. So oder so ist das ihre Entscheidung. So ist das eben.«

Insgesamt lagen die meisten Reaktionen irgendwo zwischen »Ich melde mich einmal und sage ihr, dass ich für Sie da bin« und »Ich tue nichts, denn es ist nicht mein Problem. Es ist nicht meine Aufgabe, mich um ihre Gefühle zu kümmern«.

Einige wenige Menschen sprachen etwas wirklich Wichtiges an Situationen wie dieser an, etwas, das wir in diesem Fall nicht wissen, nämlich warum Annes Freundin wohl den Kontakt abgebrochen hat. Einige nahmen an, dass sie die Freundschaft einfach beenden wollte, während andere vermuteten, dass die Freundin unreif oder manipulativ war oder erwartete, dass Anne sie um die Fortsetzung der Freundschaft anflehen würde. All das ist durchaus möglich, aber vielleicht gab es auch andere Gründe. Dabei sollten wir wieder daran denken, dass Wut sehr unterschiedlich geäußert werden kann und dass die Ausdrucksform nicht immer beabsichtigt oder geplant ist. Es kann einfach sein, dass der Rückzug der Freundin am ehesten entsprach oder sie mit diesem Vorgehen gute Erfahrungen gemacht hatte.

Die Suche nach dem Grund

Nicht immer ist die Situation so dramatisch wie bei Anne, aber zuweilen schon. Manchmal geht einem jemand aus dem Weg, antwortet nicht auf Anrufe, E-Mails und SMS und ignoriert einen, wenn man ihm begegnet. Möglich ist aber auch, dass die Person zwar die Freundschaft beendet, nicht aber den Kontakt. Sie reagiert vielleicht noch auf Kontaktversuche, ist dabei aber weniger persönlich als zuvor. Die Interaktionen sind oberflächlicher als früher. Dies wirkt sich auf lange Sicht negativ auf die Freundschaft aus.

Vielleicht ist die Ursache für den Kontaktabbruch eine ganz andere, als man denkt (zumindest könnte das Ganze komplizierter sein, als es auf den ersten Blick scheint). Auch wenn alles mit einer Meinungsverschiedenheit begann, die zu Wut führte, folgt daraus nicht zwangsläufig, dass die Wut der Grund für den Kontaktabbruch ist. Wenn Menschen wie Annes Freundin die Kommunikation einstellen, kann eine Ursache ihre Wut sein, es kann aber auch andere geben.

An dieser Stelle möchte ich kurz darauf hinweisen, dass sich die Forschung zu diesem Thema mehrheitlich mit dem Ghosting* genannten Phänomen des Kontaktabbruchs in Liebesbeziehungen befasst hat – wenn also ein Partner plötzlich verschwindet, anstatt die Beziehung zu beenden. Deshalb müssen wir die Erkenntnisse daraus auf andere Beziehungsformen übertragen. Im Folgenden zeige ich Ihnen ein paar mögliche Erklärungen für so ein Verhalten.

* Zugegebenermaßen bin ich angenehm überrascht davon, wie viele Studien zum Thema Ghosting durchgeführt worden sind. Allein aus den letzten zehn Jahren gibt es etwa 20 Forschungsartikel, was in Anbetracht der Tatsache, dass es sich hier um ein relativ neues Thema handelt, nicht gerade wenig ist. Auch von den Titeln war ich nicht enttäuscht, die von witzig (»Wenn dein Schatz zum Geist wird«) bis hin zu übertriebenem Fachjargon reichten (»Das Verschwinden in Zeiten von Hypervisibilität: Definition, Kontext und psychologische Folgen von Ghosting in den sozialen Medien«).

Scham

Manchmal brechen Menschen den Kontakt ab aus Scham darüber, wie sie sich bei einem Streit verhalten haben. Ungeachtet dessen, ob ihnen das bewusst ist oder ob sie es unabsichtlich tun, bedeutet eine Kontaktaufnahme mit der Person, mit der der Streit stattfand, dass sie sich der Situation erneut stellen müssen, was sie als unangenehm erfahren. Weil sie sich schämen und verunsichert fühlen, ist das Vermeiden der angenehmere Weg. Wenn sie den Kontakt abbrechen, werden sie nicht immer wieder damit konfrontiert, was sie gesagt oder getan haben.

Traurigkeit, Verletzung oder Depression

Manchmal sind starke Gefühle wie Traurigkeit oder sogar Depression Grund für den Kontaktabbruch. Die anfängliche Wut ist dem Gefühl der Verletzung durch etwas gewichen, das der andere getan oder gesagt hat. Vielleicht ging es dabei gar nicht um eine spezielle Aussage oder Handlung, allein die Tatsache, dass jemand anderer Meinung ist (oder die Bewertung, was diese Meinungsverschiedenheit bedeuten könnte), kann emotionalen Schmerz auslösen. Eine Kontaktaufnahme würde in diesem Fall diesen Schmerz verstärken, deshalb wird sie vermieden.

Konfliktscheue Menschen

Konflikte sind immer schwierig, aber manche Menschen fühlen sich dabei sehr unwohl oder haben sogar Angst davor. Wenn Menschen sich zurückziehen oder den Kontakt abbrechen, kann das auch einfach daran liegen, dass sie etwas vermeiden möchten, was schwierig für sie ist. Die Vermeidungshaltung ist eine natürliche und häufige Reaktion auf Angst und Sorge. Die Not, die sie im Zusammenhang mit einem Konflikt empfinden, bestärkt sie darin, den Kontakt abzubrechen.

Passiv-aggressive Manipulation

Kontaktabbruch kann auch von der passiv-aggressiven Absicht herrühren, die andere Person zu verletzen. Dies passiert oft dann, wenn derjenige weiß, dass die andere Person den Kontaktabbruch als verletzend empfindet. Manchmal wird aber auch versucht, damit die Oberhand in einer Beziehung zu gewinnen. Denn es wird die Botschaft gesendet, dass man die Beziehung nicht braucht. Und dies wiederum soll dazu führen, dass die andere Person sich entschuldigt und sogar um Vergebung bettelt.

Der sehnliche Wunsch, die Beziehung zu beenden

Manchmal steht hinter dem Kontaktabbruch auch der tief empfundene Wunsch, die Beziehung zu beenden. Gründe dafür können eine ganze Reihe von Gefühlen wie etwa Traurigkeit, Verletzung oder Scham sein, aber auch das Vermeiden von Konflikten. Ganz egal, was hiervon zutrifft, die Person ist der Freundschaft einfach nur überdrüssig und möchte zu neuen Ufern aufbrechen. Dies zeugt zwar nicht von großer Reife im Umgang mit Menschen und Beziehungen, doch es kommt oft vor.*

Wie lässt sich der Kontakt wiederherstellen?

Wie verhält man sich in einer solchen Situation? Wie kann man sinnvoll mit einer Person umgehen, die (wahrscheinlich) wütend auf einen ist und jeglichen Kontakt abgebrochen hat?

Finden Sie den wahren Grund für den Kontaktabbruch heraus

Es ist wichtig, diese verschiedenen Erklärungen zu kennen, weil sie unterschiedliche Lösungsansätze erfordern. Bricht jemand den Kontakt ab, weil er sich für etwas schämt, das er getan oder gesagt hat, sollten Sie anders reagieren, als wenn es um eine Person geht, die wütend auf Sie ist, aber die Konfrontation vermeiden möchte. In beiden Fällen empfiehlt sich ein behutsames Vorgehen, doch die konfliktscheue Person sollte die Möglichkeit erhalten und sogar dazu ermutigt werden, das zu sagen, was sie sagen möchte.

* Im Internet gibt es zwei Meinungen zu diesem Thema. Einerseits halten einige das sogenannte Ghosting, das übrigens sehr verbreitet zu sein scheint, für eine vernünftige Methode, eine Beziehung, vor allem eine ungesunde, zu beenden. Andere dagegen werfen diesen »Geistern« in ihren Aufsätzen über den Umgang mit Ghosting regelmäßig vor, unreif oder sogar unfähig für eine direkte Kommunikation zu sein. Die Geister selbst waren für eine Stellungnahme nicht zu haben.

Natürlich kann es auch sein, dass Sie, sobald Sie den wahren Grund kennen, überhaupt nichts unternehmen wollen. Wenn Sie zum Beispiel feststellen, dass die andere Person sich Ihnen gegenüber manipulativ oder passiv-aggressiv verhält, kann Sie dies zu der Einsicht bringen, dass dies keine Beziehung ist, in die Sie noch Kraft und Energie investieren wollen. Vielleicht wollen Sie auch gegenüber einer konfliktscheuen Person keine weiteren Schritte einleiten, weil Sie ähnlich denken wie viele Menschen in den sozialen Medien, nämlich, dass es nicht Ihre Aufgabe ist, sich um die Gefühle des anderen zu kümmern. Je nach Art der Beziehung und der Bedeutung der Person für Sie kann dies tatsächlich eine vernünftige Option sein.

Überlegen Sie, wie viel Sie in die Beziehung investieren wollen

Um eine Beziehung mit jemandem zu kitten, der sich der Kommunikation verweigert, ist vor allem Ihre Anstrengung gefragt. Und das bedeutet zunächst, das Schweigen zu brechen und auf die Person zuzugehen. Gut möglich, dass sogar noch mehr nötig sein wird. Um die Beziehung zu erhalten, müssen Sie sich vielleicht für etwas entschuldigen, das Sie getan haben (eventuell sogar für etwas, für das Sie sich nicht allein verantwortlich fühlen). Das könnte auch heißen, dass Sie einige Gefühle herunterschlucken müssen, um die Gefühle der anderen Person nicht zu verletzen. Deshalb geht es hier um die Frage, was Ihnen diese Beziehung wert ist und wie viel Sie für ihren Erhalt investieren wollen.

Diese Entscheidung hängt von einigen Faktoren ab wie etwa: Welche Rolle spielt die Person in Ihrem Leben (Freund, Kollege, Verwandter)? Welche Beziehung hat die Person zu anderen Menschen in Ihrem Leben? Welche Macht hat sie über Sie und Ihre Gefühle? All dies beeinflusst das Vorgehen entscheidend. Was Sie zu tun bereit sind, um die Beziehung zu erhalten, hängt davon ab, um welche Person es sich handelt und welche Bedeutung sie in Ihrem Leben hat.

Entscheiden Sie, was Ihnen am wichtigsten ist

In Kapitel 6 habe ich Ihnen erklärt, wie wichtig es ist, im Umgang mit einer wütenden Person ein bestimmtes Ziel vor Augen zu haben. Das gilt auch in Situationen wie diesen. Wenn Sie auf jemanden zugehen möchten, der wütend auf Sie ist und den Kontakt abgebrochen hat, was möchten Sie dann erreichen und wie können Sie das schaffen? Möchten Sie die Beziehung aufrechterhalten? Geht es Ihnen darum, dass die Person Ihren Standpunkt in der Sache versteht, um die es in dem Streit ging? Wollen Sie das letzte Wort haben und sich anschließend selbst aus der Beziehung verabschieden? Jedes dieser Ziele erfordert einen anderen Ansatz. Um die Beziehung zu bewahren, müssen Sie vielleicht etwas, das Sie eigentlich aussprechen möchten, für sich behalten. Soll die andere Person Ihre Position begreifen, müssen Sie womöglich Dinge ehrlich aussprechen, die sowohl Ihnen als auch Ihrem Gegenüber unangenehm sind. Deshalb: Überlegen Sie sich, was Ihr Ziel ist und wie Sie es erreichen können. Versuchen Sie aber auch, flexibel auf Wünsche und Bedürfnisse der anderen Person einzugehen.

Spielen Sie der anderen Person den Ball zu

Wenn Sie sich entschieden haben, den Kontakt wiederherzustellen, nutzen Sie dazu am besten ein Medium, das für Sie beide am besten geeignet ist. Ephraim aus Kapitel 5 zum Beispiel schätzte bei schwierigen Gesprächen die Möglichkeit, per Textnachricht zu kommunizieren. Ihm kam dabei entgegen, dass er dann Zeit zum Nachdenken hatte und seine Gedanken in Ruhe formulieren konnte. Das könnte auch für Sie und die Person, die Sie ansprechen wollen, sinnvoll sein (vor allem weil die Person, die den Kontakt abgebrochen hat, wahrscheinlich nicht ans Telefon gehen wird). Wie auch immer Sie die andere Person kontaktieren, drücken Sie direkt, aber nicht feindselig aus, wie Sie sich fühlen. Auch sollten Sie sie ermutigen, den nächsten Schritt zu tun (z. B. mit einer Aussage wie: »Ich glaube, du bist wütend auf mich, und ich würde gerne mit dir darüber reden. Sag mir bitte Bescheid, wenn du dazu bereit bist«).

TIPP

Es kann hilfreich sein, einen Termin für ein persönliches Gespräch oder ein Telefonat zu vereinbaren. So hat jeder die Möglichkeit, sich mental darauf vorzubereiten.

Seien Sie offen für Kritik und hören Sie zu

Sobald Sie die Gelegenheit erhalten, persönlich oder per Textnachricht mit der Person zu kommunizieren, ist es wichtig, dass Sie selbst flexibel und kritikfähig sind. Hören Sie sich den Standpunkt der anderen Person unvoreingenommen an. Wie in Kapitel 10 erwähnt, ist es in einer solchen Situation ganz natürlich und normal, in die Abwehrhaltung zu gehen. Da es sein kann, dass Sie sich von den Aussagen Ihres Gegenübers angegriffen fühlen, sollten Sie sich im Voraus darauf einstellen. Überlegen Sie, was Sie sagen wollen und was Sie für besonders wichtig halten. Seien Sie aber auch darauf gefasst, dass die Kommunikation vielleicht in eine ganz andere Richtung läuft, als Sie erwartet haben. Um das Problem, das diese Situation hervorgerufen hat, zu lösen, braucht es eine gemeinsame Anstrengung und deshalb sollten Sie darauf vorbereitet sein, zusammen über eine Lösung nachzudenken.

Erkennen Sie, wann es genug ist

Auch wenn es Ihnen vielleicht nicht gefällt, das hier zu lesen, aber es kann sein, dass Sie einen Punkt erreichen, an dem Sie einfach aufgeben müssen. Wie bereits erwähnt, kann ein Grund für den Kontaktabbruch der sehnliche Wunsch nach Beendigung der Beziehung sein. Trifft das in Ihrem Fall zu, werden Sie vermutlich nichts tun können, um die andere Person umzustimmen. Es wäre sogar respektlos zu versuchen, die Beziehung weiterzuführen, wenn Ihnen Ihr Gegenüber klargemacht hat, dass es dies partout nicht möchte. Dem anderen zuzuhören, bedeutet nämlich auch, Wünsche des anderen zu respektieren und sich zurückzuziehen, wenn dies gewünscht ist.

Umgekehrt kann es sein, dass Sie im Laufe der Auseinandersetzung beschließen, mit dieser Person keine Beziehung mehr haben zu wollen. Vielleicht stellen Sie fest, dass Ihnen die Beziehung einfach zu anstrengend ist oder Ihnen nicht guttut. Womöglich erkennen Sie auch unerwartete emotionale Folgen der Beziehung, die bei ganzheitlicher Betrachtung gegen eine Fortsetzung sprechen. Auch das ist in Ordnung.

Achten Sie auf sich

Zweifellos wird diese Auseinandersetzung emotionalen Tribut von Ihnen fordern. Das Gespräch kann emotional anstrengend und unangenehm werden. Achten Sie darauf, wann Sie vielleicht eine Pause brauchen oder sogar für den Moment Schluss machen müssen, um wieder zur Ruhe zu kommen und etwas Abstand zu gewinnen. In diesem Zusammenhang können einige der in Kapitel 7 besprochenen Methoden helfen, ruhig zu bleiben.

Reagiert die Person nicht auf Ihre Kontaktaufnahme und kommt es nicht zu einem Gespräch, kann auch dies emotional belastend und schmerzhaft sein. Die Entscheidung, dass die Person Sie aus welchem Grund auch immer nicht mehr in ihrem Leben haben möchte, kann verletzend und traurig sein. Vielleicht geben Sie sich selbst die Schuld, schämen sich und fühlen sich für das Problem verantwortlich. In dem Fall ist es besonders wichtig, dass Sie gut auf sich achten, den Vorfall für sich akzeptieren und aus dieser Erfahrung Ihre Lehren ziehen.

GUT ZU WISSEN

Eine beschädigte Beziehung ist eine der häufigsten Folgen von unangemessener Wut. Im Rahmen des »Anger Project« gaben die meisten Teilnehmer an, im Monat vor der Befragung mindestens einer Beziehung durch ihre Wut geschadet zu haben.[61]

Feindseligkeit im Internet

Für Anne war das Ergebnis nicht sehr erfreulich. Sie wandte sich per E-Mail an ihre Freundin und bat darin um ein Gespräch mit ihr. Außerdem entschuldigte sie sich sogar für ihren Anteil an dem Problem. Ihre Freundin reagierte mit einer äußerst feindseligen Antwort, die deutlich machte – vielleicht sogar etwas zu deutlich –, dass sie keine Freundschaft mehr mit Anne wünschte. Anne war verletzt und so verlagerte sich die zentrale Fragestellung der Therapie schnell von »Wie stelle ich diese Freundschaft wieder her?« zu »Wie komme ich über diesen Verlust hinweg?«.

Dieses Beispiel wirft eine sehr interessante Frage auf, und zwar, wie man mit einer wütenden E-Mail umgeht. Oder allgemeiner ausgedrückt: Wie gehen wir mit verschiedenen Formen von »E-Wut« um (soziale Medien, SMS, Dating-Apps usw.)? In den meisten Fällen erleben wir diese Wut nicht von Angesicht zu Angesicht, sondern von Bildschirm zu Bildschirm. Deshalb behandeln wir im nächsten Kapitel die Frage, welche Strategien im Zusammenhang mit der Feindseligkeit von Internetnutzern sinnvoll sind.

KAPITEL 12

Methode 7: Richtig auf Wut im Internet reagieren

Die Macht von Wut im Internet

2014 gingen Rui Fan und Kollegen der Frage nach der Ansteckungskraft bestimmter Emotionen im Internet nach.[62] Sie wollten wissen, welche Emotionen sich am schnellsten über die sozialen Medien verbreiten. Auf Weibo, einer chinesischen Plattform ähnlich X (vormals Twitter), sammelten sie dazu etwa 70 Millionen Beiträge von 278 654 Nutzern. Sie teilten die Emotionalität dieser Beiträge (anhand der verwendeten Emoticons, Großbuchstaben und anderer Faktoren) in vier Kategorien ein: Ekel, Traurigkeit, Freude und Wut. Anschließend untersuchten sie, welche Beiträge am ehesten von anderen gelikt oder geteilt wurden.

Die Ergebnisse waren faszinierend, wenn auch nicht unbedingt überraschend für jemanden, der im letzten Jahrzehnt viel Zeit im Internet verbracht hat: Beiträge, die mit Ekel oder Traurigkeit verbunden waren, wurden von den Internetnutzern kaum oder zumindest viel weniger geteilt als Beiträge, die Freude oder Wut ausdrückten. Freudige Beiträge teilten sie, wenn sie irgendeine Beziehung zu der Person hatten, die den ursprünglichen Beitrag geteilt hatte. Wütende Beiträge wurden unabhängig davon, ob sie mit der Person in Verbindung standen oder nicht, geteilt. Mit anderen Worten: Die Menschen freuten sich mit den anderen, wenn sie sie kannten, wurden aber auch wütend, wenn sie sie nicht kannten. Dies veranlasste die Autoren zu der vorsichtigen Annahme, dass Wut eine nicht zu vernachlässigende Rolle bei der massiven Verbreitung negativer Nachrichten über die Gesellschaft spielt.*

Wie ähnlich/unterschiedlich Online-Emotionen sind

Die oben genannte Studie zeigt, was die meisten bereits wissen, nämlich dass Wut im Internet allgegenwärtig ist. Bei Online-Aktivitäten begegnen die meisten von uns mehrmals pro Woche oder sogar pro Tag wütenden Menschen: Menschen, die wir kennen und mit denen wir per E-Mail, SMS oder anderweitig kommunizieren, oder auch Fremde, mit denen wir punktuell in den sozialen Medien und sonst nie wieder Kontakt haben. Eines ist dabei erstaunlich: Auch wenn die Folgen eines virtuellen Streits mit einem Fremden andere sind als die eines Streits mit einem Freund, sind die Ursachen für die Wut sehr ähnlich.

Es gibt eine relativ einfache Erklärung dafür, warum wir im Internet so oft auf wütende Menschen treffen: weil soziale Medien und elektronische Kommunikationsformen wie E-Mail und SMS die Art und Weise, wie wir Gefühle erleben und ausdrücken, erheblich verändert haben. Wir haben heute mehr Möglichkeiten, unsere Gefühle nach außen zu tragen, und so gibt es auch zusätzliche Reize, auf die wir reagieren können. Sogar die Art und Weise, wie wir diese Reize interpretieren, hat sich verändert.

Mehr Auslöser für Gefühle

Jeden Morgen nach dem Aufstehen mache ich mir einen Kaffee. Während ich darauf warte, scrolle ich durch Facebook, X (vormals Twitter) oder eine andere Social-Media-Plattform, um zu sehen, was in den neun bis zehn Stunden seit meinem letzten Besuch passiert ist. Dabei bin ich allen möglichen Reizen ausgesetzt, auf die ich emotional reagieren kann. Ich kann Freude bei der Nachricht empfinden, dass ein alter Freund heiratet. Ich kann traurig sein, wenn ich lese, dass jemand, der mir wichtig ist, krank

* Die Einstufung als Annahme verblüfft ein wenig, wenn man bedenkt, was seit der Veröffentlichung 2014 geschehen ist und wie die öffentliche Wut bestimmte Ereignisse geprägt hat. Die US-Präsidentschaftswahlen von 2016 und 2020 wurden stark von der Wut beeinflusst, die größtenteils über die sozialen Medien verbreitet wurde.

geworden ist. Oder ich kann mich über die politischen Nachrichten ärgern, die ein Kollege geteilt hat. Dies sind alles Gelegenheiten, etwas zu empfinden. Gelegenheiten, die ich vor 15 Jahren nicht hatte, zumindest nicht in vergleichbarer Form. Damals hätte ich nie erfahren, dass der alte Freund heiratet, weil wir schon seit Langem keinen Kontakt mehr hatten. Jetzt aber kann ich mich mitfreuen, was vor den sozialen Medien nicht möglich gewesen wäre.

Als Konsequenz daraus haben wir im Laufe eines Tages zahlreiche kleine und große emotionale Erlebnisse (je nachdem, wie viel man in den sozialen Medien unterwegs ist). Aber es geht nicht nur um soziale Medien. Heute sind wir viel stärker mit Nachrichten konfrontiert als früher. Vor ein paar Jahrzehnten informierten sich die meisten Menschen über die Zeitung oder über die abendliche Nachrichtensendung im Fernsehen höchstens ein paar Mal am Tag über das Weltgeschehen. Heute fliegen uns die Nachrichten in Echtzeit per App oder E-Mail ins Haus. Selbst wenn man diese Möglichkeiten nicht nutzt, bedeutet die Omnipräsenz der Medien, dass wir die Nachrichten trotzdem mitbekommen, und zwar über Freunde, Kollegen und Familienmitglieder, die viel online sind. Wie im Falle der sozialen Medien wirkt sich auch dies auf unser Gefühlsleben aus. Denn diese zusätzlichen Nachrichteninhalte sind keineswegs »gefühlsneutral«.[63*] Auch sie rufen Gefühle hervor.

Ein neuer Ort, eine neue Sprache

Durch elektronische Kommunikationsformen wie SMS, E-Mail und die sozialen Medien haben Menschen einen anderen Ort und sogar eine andere Sprache erhalten, um ihre Gefühle zum Ausdruck zu bringen. Wenn eine Person heute auf jemanden wütend ist, kann sie diese Wut auf eine Art und Weise ausdrücken, die früher nicht möglich war. Sie kann jemandem, der ihr Unrecht getan hat, eine wütende E-Mail schicken, sich per

* Weit gefehlt. Laut einer Studie von Dr. Jonah Berger und Katherine Milkman aus dem Jahr 2012 ist es wahrscheinlicher, dass Nachrichteninhalte viral gehen, die Emotionen mit hohem Erregungsgrad, insbesondere Wut oder Angst, hervorrufen. Das heißt, dass Nachrichten, die den Weg zu Ihnen finden, wohl auch bei Ihnen diese Gefühle erzeugen.

Tweet an das Unternehmen wenden, über das sie sich geärgert hat, oder ihre Wut einfach auf Facebook posten, damit Freunde es sehen können. Dies ist eine grundlegend andere Art, Wut zu äußern, und eine mit erheblichen Auswirkungen auf uns selbst und auf die Welt um uns herum. Kommt hinzu, dass man dabei anonym oder vermeintlich anonym sein kann, sodass soziale Medien zu einem Ort geworden sind, wo sich Wut schnell verbreiten kann.

Das Internet ist nicht nur ein anderer Ort, um Wut zu äußern. Die Internettechnologie hat uns dafür auch mit neuen Sprachen ausgestattet. Was mal mit rudimentären Emoticons wie :-) begann, hat sich zu komplizierteren, faszinierenden Ausdrücken weiterentwickelt. So lässt sich Wut mit Emojis, Hashtags, Memes und GIFs auf mehr oder weniger humorvolle Weise zeigen. Heute sind YouTube, TikTok, Instagram und andere Video-/Foto-Sharing-Plattformen voll mit Videos von Menschen in Wut. Die einfache Möglichkeit, Videos zu erstellen und zu bearbeiten, um seiner Wut Ausdruck zu verleihen, unterscheidet sich grundlegend von dem, was man früher tat, wenn man wütend war. Außerdem haben die sozialen Medien die Tür zu passiv-aggressiven Wutausdrücken geöffnet. So werden soziale Medien auch genutzt, um Gerüchte zu verbreiten, andere öffentlich bloßzustellen und zu beschämen.*

Eine Veränderung der Stimmung vor der Provokation

Was wir in einem bestimmten Moment online tun, verändert unsere Stimmung derart, dass die Wahrscheinlichkeit steigt, aufgrund einer Provokation wütend zu werden. Belege dafür fanden Dr. Jenny Radesky und Kollegen[64], als sie Betreuer und Kinder bei einem Besuch in einem Fast-

* Von meinen Studierenden habe ich erfahren, dass eine relativ häufige Methode, sich an jemandem zu rächen, darin besteht, ein wenig schmeichelhaftes Foto von ihm online zu stellen. Daraufhin habe ich zu diesem Phänomen eine Umfrage gestartet und dabei festgestellt, dass tatsächlich vier Prozent der Befragten dies schon einmal gemacht haben. Das würde ich zwar nicht als »häufig« bezeichnen, aber es kommt definitiv vor. Und so habe ich mich gefragt, wie oft wütende Studierende wohl während meiner Vorlesungen wenig schmeichelhafte Fotos von mir gemacht und dann geteilt haben …

Food-Restaurant beobachteten. Sie stellten nicht nur fest, dass die überwiegende Mehrheit der Betreuer während des Essens ihr Handy benutzte, sondern auch, dass sie die Kinder in dem Moment strenger behandelte. Durch die Handynutzung waren sie angespannter und wurden schneller wütend.

In einem viel weiteren Sinne verändern Informationen aus dem Internet unsere Sicht auf die Welt. Wenn wir an den Teil in Kapitel 5 über Weltbilder und Linsen zurückdenken, durch die wütende Menschen ihre Erfahrungen interpretieren, lässt sich sagen, dass diese Weltbilder oft durch online konsumierte Inhalte beeinflusst werden. Durch die Medien, denen die Menschen ausgesetzt sind, entwickeln sie nicht nur die Ansprüche an andere weiter, sondern auch die Neigung zu voreiligen Schlüssen, Übergeneralisierung und Katastrophendenken. Da viele Nutzer Social-Media-Inhalte von Menschen mit ähnlichen Werten konsumieren, leben sie oftmals in einer Echokammer, in der sie von Menschen mit gleicher Meinung umgeben sind. So verlieren sie wertvolle andere Blickwinkel auf die Welt und beginnen zu glauben, dass alle Menschen die Welt so sehen *sollten* wie sie. Es fällt ihnen zusehends schwer, sich in andere einzufühlen oder die zu verstehen, die die Welt etwas anders sehen als sie.

TIPP

Soziale Medien sind ideal für die Entwicklung von vielen der im Zusammenhang mit Wut bereits beschriebenen Denkweisen (Schwarz-Weiß-Denken, negative Etikettierung, Erwartungen an andere). Deshalb sollten Sie sich immer bewusst sein, dass der andere, mit dem Sie interagieren, ein menschliches Wesen mit differenzierten Beweggründen ist, die nicht in einem Tweet oder Facebook-Post zusammengefasst werden können.

Warum ist das Internet so feindselig?

Als ich zum ersten Mal die Studie von Fan et al. über die bedeutende Rolle der Wut im Internet las, kamen mir Tausende unterschiedliche Gedanken. Mir ging es nicht so sehr um die Schlussfolgerung, denn die hat mich nicht überrascht, sondern mehr um die Frage nach dem Grund. Egal ob es um die Nutzung sozialer Medien oder um einfache digitale Kommunikation geht, was führt im Internet zu einer solchen Wut und Feindseligkeit? Warum verbreitet sich die Wut so schnell? Auf diese interessanten Fragen lassen sich einige Antworten im Vergleich mit einer anderen Wut und Feindseligkeit auslösenden Aktivität finden: dem Autofahren. Bei beiden Aktivitäten – online oder im Auto sein – gibt es Elemente, die offenbar leicht zu Wut führen.

Distanz zu der Person, mit der man kommuniziert

Wenn Menschen sich über das Internet austauschen, gibt es, ähnlich wie im Straßenverkehr, eine physische Distanz zwischen ihnen. Man kann nicht direkt erkennen, wie sich das eigene Verhalten während der Kommunikation auf die jeweils andere Person auswirkt. Diese Distanz lässt die Hemmschwelle der Menschen sinken, ihre Wut feindselig oder gemein zum Ausdruck zu bringen. Es ist einfach leichter, etwas Verletzendes zu sagen bzw. zu schreiben, wenn man jemandem dabei nicht in die Augen schaut.

Anonymität (oder vermeintliche Anonymität)

Auch wenn sie nicht anonym sind, geben Menschen oft an, dass sie sich im Internet anonym *fühlen* (ähnlich wie beim Autofahren). In einer Studie untersuchten zwei Forscher 2016 die Auswirkungen dieser Anonymität auf Interaktionen im Internet.[65] Dabei ging es darum, dass die Teilnehmer zusammen mit anderen Personen eine Reihe von Wörtern entschlüsseln mussten. Für die erfolgreiche Entschlüsselung wurde ihnen ein Preis versprochen. Jedoch war die Aktivität derart manipuliert, dass sie immer verlieren mussten. Außerdem waren die anderen Personen keine tatsächlichen Studienteilnehmer, sondern Mitarbeiter des Forscherteams. Als die Teilnehmer fertig waren, bat man sie, einen Blogbeitrag über ihre Erfahrungen während der Studie zu schreiben. Dafür wurden sie in zwei Gruppen aufgeteilt: eine anonyme und eine nicht anonyme Gruppe. Die Studie ergab, dass sich die Teilnehmer der anonymen Gruppe gegenüber den anderen Personen feindseliger und aggressiver äußerten als jene der nicht anonymen Gruppe.

Besorgniserregend an diesem Ergebnis ist, dass die Teilnehmer nicht erkannten, wie stark die Anonymität sie beeinflusste. In einer Studie über Online-Schimpftiraden[66], die ich 2013 durchgeführt habe, gaben 67 Prozent der Teilnehmer an, auch dann im Internet zu schimpfen, wenn sie nicht anonym wären. Die Anonymität würde an ihrem Verhalten nichts ändern, sagten sie. Die obige Studie zeigt aber, dass dies nicht stimmt und dass die Anonymität die Teilnehmer beeinflusst, ob ihnen das bewusst ist oder nicht. Offenbar gibt es viele Menschen, die nicht erkennen, wie stark Anonymität oder vermeintliche Anonymität ihr Verhalten prägt.*

Verstärkte Impulsivität

Vieles von dem, was wir für ein Wutproblem halten, könnte in Wirklichkeit ein Impulsivitätsproblem sein. Oder anders gesagt: Viele Menschen sind zwar wütend, können diese Wut aber kontrollieren. Dass sie keine gemeinen Dinge tun oder sagen, liegt nicht daran, dass sie sie nicht denken, sondern dass sie in der Lage sind, sich selbst davon abzuhalten, ihren Impulsen zu folgen. Andere hingegen werden wütend und drücken ihre Wut impulsiv aus, indem sie Dinge tun oder sagen, die sie später bereuen.

Online-Plattformen begünstigen verstärkte Impulsivität. 2016 beschrieb ein Artikel in der Zeitschrift *The Lancet Psychiatry* Online-Im-

* Dabei muss ich daran denken, was Dr. Rosenthal (Kapitel 4) über Menschenmengen im Internet sagte. Wir wissen, dass Menschen in Gruppen Dinge tun, die sie allein vielleicht nicht tun würden, weil eine Menschenmenge ihnen das Gefühl von Anonymität verleiht. Die gleichen psychologischen Grundsätze, die eine echte Menschenmenge zu einem Mob werden lassen, können auch für das Entstehen eines Mobs im Internet gelten.

pulsivität als Problem der öffentlichen Gesundheit und erklärte, wie das Internet diese Impulsivität verstärkt.[67] Dabei wurde nicht nur Anonymität als Problem ausgemacht, sondern auch das Fehlen einiger Kontrollmechanismen, die in der realen Welt bestehen. Da die Angst vor Konsequenzen (durch die Polizei oder andere mit Machtbefugnissen ausgestattete Personen wie Lehrer oder Eltern) im Internet nicht so präsent ist, sinkt die Hemmschwelle für feindselige, gemeine oder aggressive Verhaltensweisen.

Belohnungen und Modelllernen

In den sozialen Medien lässt sich eine ungewöhnliche, aber wichtige Dynamik beobachten: Menschen werden für Feindseligkeit belohnt und sogar dazu ermutigt. Wie die genannte Studie von Fan et al. zeigt, verbreitet sich Wut schneller im Internet als andere Emotionen (so werden etwa Wut-Tweets eher gelikt und geteilt als andere Beiträge). Dies bedeutet, dass Posts am ehesten mit Likes und Shares belohnt werden, wenn sie Wut enthalten oder auslösen. Dies geht auf die Ursprünge des Behaviorismus zurück, mit dem wir uns in Kapitel 3 bereits befasst haben: Menschen bringen die Gefühle zum Ausdruck, für die sie belohnt werden. Wer also für Wut, Feindseligkeit und Aggression belohnt wird, wird damit weitermachen.

Wie in Kapitel 3 erläutert, werden Gefühlsäußerungen nicht ausschließlich durch Belohnungen und Bestrafungen bestimmt. Auch das Modelllernen spielt eine bedeutende Rolle. Menschen ahmen andere nach, insbesondere andere mit gleichem oder höherem Status. So führt die ohnehin schon vorhandene Wut in den sozialen Medien tendenziell zu noch mehr Wut. Und die Tatsache, dass auch bekannte Persönlichkeiten und Politiker* soziale Medien dazu nutzen, Wut, Feindseligkeit und Gemeinheiten zu äußern, zeigt anderen Nutzern, dass dies offenbar eine akzeptable

* Sicher fallen Ihnen bekannte Persönlichkeiten – vielleicht sogar Staatsoberhäupter oder Regierungschefs – ein, die die sozialen Medien routinemäßig nutzen, um ihrer Wut und Feindseligkeit Ausdruck zu verleihen.

Gefühlsäußerung ist. Kurz: Feindseligkeit und Wut im Internet führen zu noch mehr Feindseligkeit und Wut.

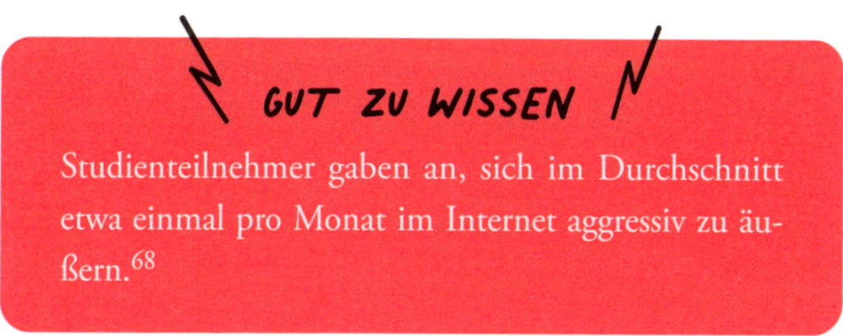

Studienteilnehmer gaben an, sich im Durchschnitt etwa einmal pro Monat im Internet aggressiv zu äußern.[68]

Methoden für den Umgang mit Wut im Internet

Vieles von dem, womit wir uns in diesem Buch bereits befasst haben, trifft auch auf Wut im Internet zu. So gilt hierbei ebenfalls, die eigenen Ziele nicht aus den Augen zu verlieren, ruhig zu bleiben und sich zu fragen, ob die Wut gerechtfertigt ist. In gewisser Weise ist dies im Zusammenhang mit dem Internet sogar etwas einfacher, weil man in der Regel Zeit hat, sich zu beruhigen und über seine Reaktion nachzudenken. Unabhängig davon, ob man es mit einem Fremden oder einem Bekannten zu tun hat, gibt es einiges im Umgang mit Wut im Internet zu beachten. Das Wichtigste dabei ist jedoch, nicht noch mehr Öl ins Feuer zu gießen, indem man mit der gleichen Wut reagiert.

Lassen Sie sich Zeit

Ich hatte an der Uni eine Professorin, die es ihren Studierenden nicht erlaubte, ihr innerhalb von 24 Stunden nach Vergabe einer Note Fragen zu ihrer Benotung zu stellen. Damit bezweckte sie, dass sich die emotionale Reaktion auf die Benotung aufgelöst hatte, bevor sie ein Gespräch darüber führte. Ob 24 Stunden dafür der ideale Zeitraum sind, weiß ich nicht, aber es gibt einen guten Grund dafür, sich mit seiner Antwort etwas Zeit zu lassen. Vergessen Sie nicht: Die Wut eines anderen auf Sie führt in der Regel dazu, dass auch Sie Gefühle entwickeln (wie Wut, Angst, Traurigkeit, Schuldgefühle). Nehmen Sie sich aber etwas Zeit für Ihre Antwort, haben sich die Gefühle vielleicht bereits aufgelöst und Sie können mit klarem Kopf agieren. Wie wir bei Ephraim in Kapitel 5 gesehen haben, ist dies einer der Vorteile der Online-Kommunikation gegenüber einem Gespräch von Angesicht zu Angesicht. Normalerweise gibt es keinen Grund dafür, sofort zu reagieren. Sie können sich also Zeit für eine wohlüberlegte Antwort lassen. Da Gefühle relativ kurzlebig sind, reichen manchmal schon 20 bis 30 Minuten aus, um die Dinge zu überdenken und anders zu sehen.

TIPP

Abzuwarten, bis sich Ihre Gefühlslage etwas beruhigt hat, ist eine wertvolle Strategie. In einem persönlichen Gespräch haben Sie diese Zeit meistens nicht, aber bei der Online-Kommunikation können Sie entscheiden, ob und wie Sie reagieren wollen.

Suchen Sie die direkte Kommunikation

Ich habe früher in einem Jugendheim gearbeitet, und eines der ersten Dinge, die ich dort in Bezug auf Konfliktbewältigung gelernt habe, war, etwaige Zuschauer wegzuschicken. Der Grund: Andere Jugendliche, die Zeuge eines Konflikts sind, können diesen noch komplizierter machen. So kann der Betroffene das Gefühl haben, sein Gesicht wahren zu müssen, während die anderen Jugendliche Dinge tun, die den Konflikt anheizen, und derjenige, der intervenieren soll, sich zu einer bestimmten Art des Handelns gedrängt fühlt. Das Gleiche gilt für den Umgang mit Wut im Internet. Wenn man über die sozialen Medien kommuniziert, dann kann die Aufmerksamkeit anderer Nutzer die Situation möglicherweise schwieriger machen.

Deshalb sollten Sie besser versuchen, den Kontakt zu der Person auf andere Weise herzustellen (was natürlich von der Art Ihrer Beziehung zu ihr abhängt). Wenn möglich, ist eine SMS oder eine E-Mail empfehlenswert, da hier niemand mitliest. Sie können natürlich auch ein Telefonat in Erwägung ziehen oder einen Termin für ein persönliches Gespräch vereinbaren. In Anbetracht der oben beschriebenen Tatsache, dass physische Distanz Feindseligkeit verstärken kann, ist ein persönliches Gespräch vielleicht die bessere Option.

Vermeiden Sie die Wut-Emojis

Ein erstaunlicher Aspekt der Kommunikation im Internet ist, wie sehr Menschen sich bemühen, ihre Gefühle explizit, aber ohne Worte zum Ausdruck zu bringen. Um zu zeigen, dass sie wütend sind, verwenden sie Versalien, wütende Gesichter, zusätzliche Ausrufezeichen, fett geschriebene Buchstaben oder anderes. Sehr zielführend sind diese Ansätze allerdings nicht, wenn es darum geht, dass jemand seine Meinung ändern oder ein gutes Gespräch mit Ihnen führen soll. Im Grunde ist das alles überflüssig und schwächt das, was Sie eigentlich sagen wollen, eher ab. Es ist nicht falsch, in einer E-Mail seine Wut zum Ausdruck zu bringen, aber wahrscheinlich ist es besser, sie einfach in Worte zu fassen, als mithilfe eines finsteren Gesichts zu symbolisieren.

Damit sage ich nicht, dass Sie niemals Emoticons oder Emojis in Ihrer Kommunikation verwenden sollten. Manchmal sind sie durchaus angebracht, insbesondere die positiven. Emoticons und Emojis können die Stimmung aufhellen und ein gewisses Gefühl betonen, das aus dem Text nicht klar hervorgeht.* Ein Smiley kann zum Beispiel verdeutlichen, dass es sich bei einem Text um einen Scherz handelt oder er lustig gemeint war (z. B. »Vorausgesetzt, ich kündige nicht vorher :)«). Ein trauriges Gesicht kann aussagen, dass Sie etwas sehr schade finden (»Ich kann heute Abend nicht mitgehen, weil ich morgen früh eine Besprechung habe :(«). Manchmal aber werden solche Symbole auch für eine passiv-aggressive Form der

* Der Ursprung der Emoticons zeigt, dass sie genau zu diesem Zweck erfunden wurden. Als 1982 in einem Forum der Carnegie Mellon University im amerikanischen Pittsburgh ein Witz missverstanden wurde, schlug einer der an der Online-Konversation Beteiligten, Scott E. Fahlman, vor, Witze mit der Zeichenfolge :) zu kennzeichnen. Ich gebe ihm jedes Mal die Schuld daran, dass eines meiner Kinder mir eine Latte von mehr als 20 Emojis schickt, die, so weit ich erkennen kann, keinerlei Bezug zum Kontext oder Bedeutung haben.

Internetkommunikation genutzt, zum Beispiel, wenn jemand einen unfreundlichen Text mit einem Smiley oder LOL (»Hoffentlich bist du diesmal pünktlich. LOL«) aufzulockern versucht. Überlegen Sie sich also gut, welche Emotionen Sie auf welche Weise zum Ausdruck bringen wollen.

Lassen Sie jemand anderen Ihre Antwort lesen

Gefühle, insbesondere Wut, können oft wie eine Linse wirken, durch die Menschen das, was sie lesen, sehen und interpretieren. Das bedeutet, dass die wütende Person Ihre Antwort missverstehen könnte, weil sie zu dem Zeitpunkt, als sie sie las, wütend war. Ebenso ist es möglich, dass Ihre eigene emotionale Reaktion auf die Wut der anderen Person Ihre Antwort auf eine Weise beeinflusst, die Ihnen gar nicht bewusst ist. Deshalb ist es auf jeden Fall empfehlenswert, Ihre Antwort vor Versendung von jemand anderem lesen zu lassen. Dass diese Person Ihre Nachricht mit anderen Augen betrachtet, kann Ihnen einen neuen und nützlichen Blick darauf ermöglichen.

Fragen Sie sich, warum Sie reagieren möchten

Ebenso wie in Kapitel 6 bereits angesprochen, gilt es auch hier, sich Gedanken darüber zu machen, welches Ziel Sie in dieser bestimmten Situation haben. Was wollen Sie mit Ihrer Reaktion erreichen? Ist Ihr Ziel erstrebenswert und erreichbar? Und wenn nicht, gibt es ein anderes Ziel, das Sie in dieser Situation verfolgen könnten? Und wie könnten Sie diesem Ziel am besten näherkommen? All diese Fragen sollten Sie sich stellen, bevor Sie auf Wut im Internet reagieren, damit Sie Ihr Vorgehen darauf abstimmen können. Außerdem sollten Sie auch daran denken, dass Sie ebenso gar nicht reagieren können. Manchmal ist dies sogar die beste und vernünftigste Option.

Dennoch ist genau diese Option für viele Menschen besonders schwierig. Ihr Bedürfnis, sich zu wehren oder zu rächen, ist so stark, dass sie sich gezwungen fühlen, zu reagieren, ohne darüber nachzudenken, was sie von der Reaktion erwarten. Manche Ziele sind unrealistisch (wie etwa einen wütenden Fremden im Internet davon zu überzeugen, dass er mit seiner politischen Meinung falschliegt).* Aber selbst wenn Ihre Ziele erreichbar sind, erfordert ihre Durchsetzung ein durchdachtes und vernünftiges Vorgehen. Dazu kann es zum Beispiel sinnvoll sein, ein persönliches Gespräch zu führen oder etwas Zeit verstreichen zu lassen, um sich vor der Antwort zu beruhigen.

Bleiben Sie bei der Sache

Was mir bei Wut und Feindseligkeit im Internet immer wieder auffällt, ist, dass manche Menschen andere rücksichtslos in einer Weise angreifen, die von Angesicht zu Angesicht undenkbar wäre. Alles, was mir im persönlichen Gespräch schon an den Kopf geworfen wurde, ist nichts, verglichen mit dem, was ich im Internet zu lesen bekommen habe. Die sogenannten Charakterangriffe können dabei viele Ausprägungen haben. Nicht immer sind sie offen feindselig oder absichtlich gemein. Manchmal werden Menschen unabsichtlich beleidigt, zum Beispiel, indem zu sehr verallgemeinert wird oder sie in eine bestimmte Schublade gesteckt werden. Nicht selten eskaliert ein Gespräch mit einer wütenden Person, weil es irgendwann um mehr geht, als es eigentlich sollte. Der Grund: Es fällt uns schwer, bei der Sache zu bleiben. Im nächsten Kapitel befassen wir uns damit, wie sich Charakterangriffe in Gesprächen mit wütenden Personen vermeiden lassen.

---

* Manchmal werde ich gefragt, warum ich mit Leuten im Internet diskutiere, obwohl ich weiß, dass sie ihre Meinung nicht ändern werden. Ich antworte dann, dass ich nicht wirklich mit ihnen diskutiere und schon gar nicht die Absicht habe, die Diskussion zu »gewinnen«. Mir geht es darum, Leute durch meine Beiträge zu überzeugen. Denn das ist für mich die Gelegenheit, meine Ideen mit anderen zu teilen, die vielleicht noch keine klare Meinung haben.

KAPITEL 13

Methode 8: Angriffe auf den Charakter vermeiden

»Du tust das, was du immer tust!«

Es gibt eine Szene in dem 2019 erschienenen Film *Booksmart*, die ich gleichermaßen liebe und hasse. Für diejenigen, die ihn nicht gesehen haben: Es ist eine Komödie über zwei beste Freundinnen, die am Abend vor ihrem Highschool-Abschluss auf eine Party gehen. Dort stoßen sie im Verlauf des Abends auf diverse Probleme, und es passieren Sachen, die ihre Freundschaft auf die Probe stellen. Irgendwann artet das Ganze in einen Streit aus, obwohl der Anlass relativ unbedeutend ist: Eine der beiden hat genug von der Party, die andere will bleiben. Der Streit eskaliert, als eine der beiden sagt: »Ich gehe nicht, bloß weil du das tust, was du immer tust.« Ab diesem Punkt geht der Streit nicht mehr darum, ob sie die Party verlassen oder nicht, sondern um viel mehr. Zum Schluss gipfelt die kleine Meinungsverschiedenheit in einer regelrechten Schlacht.

Ich hasse diese Szene, weil es so wehtut mitanzusehen, was hier passiert. Zwei Freundinnen, die sich schon lange kennen, möchten die wenige Zeit, die ihnen vor ihrem Studium noch bleibt, zusammen genießen. Zu verfolgen, wie sie sich gegenseitig verletzen, tut richtig weh. Andererseits liebe ich diese Szene, weil sie so realistisch ist. Sie zeigt genau das, was ich bei anderen Auseinandersetzungen auch schon gesehen und erlebt habe. Beide bemühen sich nicht mehr um eine Lösung, sondern versuchen stattdessen, mit verletzenden Kommentaren zu punkten. »Du bist egoistisch und gemein.« »Du bist ein verdammter Feigling.« »Du bist eine schlechte Freundin.«

Charakterangriffe können unterschiedlich aussehen

Wenn ich sage, Sie sollten Charakterangriffe vermeiden, meine ich, dass Sie keine Aussagen tätigen sollten, die die Person in ihrer Identität angreifen (sie also zum Beispiel als dumm, gemein oder schlechte Freundin zu bezeichnen). Auf den ersten Blick scheint das einfach zu sein. Wenn es Ihnen um ein produktives Gespräch oder eine gesunde Interaktion mit jemandem geht, ist klar, dass Sie denjenigen nicht beleidigen sollten. Und ehrlich gesagt sind Charakterangriffe auch dann keine gute Idee, wenn Sie kein gutes Gespräch führen und die Interaktion einfach beenden möchten. Selbst wenn sich solche Angriffe manchmal im Moment gut anfühlen, bewirken sie meistens nur wenig Gutes.

Allerdings ist es nicht gerade ungewöhnlich, dass Menschen in emotional aufgeladenen Situationen mit einer wütenden Person etwas Beleidigendes sagen oder tun. Dafür gibt es zwei Gründe. Erstens werden Menschen oft von der vorherrschenden Emotion übermannt – sie werden vielleicht selbst wütend – und teilen dann aus, um sich besser zu fühlen. Wie bereits gesagt, geht mit Wut oft das emotionale Bedürfnis einher, selbst auszuteilen. Deshalb ist es auch ganz natürlich, dass man etwas Verletzendes sagen oder tun *möchte*, wenn man wütend ist. Dieses Bedürfnis nach Rache – das in Kapitel 6 bereits behandelt wurde und das Sie eindämmen müssen, wenn Sie Ihre Ziele erreichen wollen –, kommt hoch und führt dazu, dass man sein Gegenüber in dem Moment eher verletzen will, anstatt die Auseinandersetzung zu beenden.

Außerdem passiert in solchen Situationen recht häufig noch etwas anderes, das viel weniger offensichtlich ist: Manchmal erkennen Menschen überhaupt nicht, dass sie einen Charakterangriff begangen haben. Wie im Beispiel mit den zwei Freundinnen, in dem der Charakterangriff auf einer Verallgemeinerung oder Etikettierung beruht. In dem Streit im Film *Booksmart* lässt sich der genaue Eskalationszeitpunkt zum Beispiel leicht erkennen.* Es ist der Moment, an dem eine von beiden aus dem Kontext der spezifischen Situation heraus eine verallgemeinernde Bemerkung (»Du tust das, was du immer tust!«) über die Persönlichkeit der anderen macht. Diese Neigung, ausgehend von der aktuellen Situation, verallgemeinernd auf eine Persönlichkeitseigenschaft zu schließen, ist häufig der Grund dafür, dass eine Meinungsverschiedenheit zu einem Streit oder einer regelrechten Schlacht eskaliert. Wer wütend ist, sagt leicht Dinge wie »Das machst du immer« oder »Du bist so irrational, wenn du wütend bist«. Damit wird das Verhalten der anderen Person so pauschalisiert und als »normal« abgestempelt, dass es sich für sie wie ein Charakterangriff anhört und anfühlt.

Und auch wenn dies nicht als Angriff gemeint ist, ist es einer. Wer verallgemeinert oder jemandem einen bestimmten Stempel aufdrückt, erklärt ein einmaliges Ereignis zu einem Teil eines Musters, das ein größeres Problem widerspiegelt. Die Aussage ist: »Das, was du gerade tust und was mich stört, tust du oft und deshalb halte ich das für eine Charakterschwäche.« In der Situation geht es dann nicht mehr darum, *was jemand getan hat*, sondern, *wer er ist*.

Stellen Sie sich zum Beispiel vor, Sie machen einen Fehler in der Arbeit und ein Kollege wird deswegen wütend auf Sie. Er schickt Ihnen eine feindselige E-Mail, die Sie unangemessen finden und über die Sie sich richtig ärgern. Sie verstehen zwar die Wut und übernehmen die Verantwortung für Ihren Fehler, sind aber der Meinung, dass er anders hätte reagieren müssen. Deshalb antworten Sie umgehend mit einer E-Mail**, in der Sie schreiben: »Ich finde es nicht gut, wie du darauf reagiert hast. Deine ständige Feindseligkeit mir gegenüber ist ungerecht und unprofessionell.«

* Ich sage nicht, dass eine von beiden die Schuld trägt und die andere nicht. Im Gegenteil. Beide Freundinnen hatten reichlich Gelegenheit dazu, die Situation zu beruhigen, wenn sie es gewollt hätten. Aber die Aussage, die andere würde »immer« nur das tun, was sie tut, war der Punkt, an dem die Meinungsverschiedenheit nicht mehr darum ging, ob sie die Party verlassen wollten oder nicht, sondern um ganz andere Dinge.

** Weil Sie das Kapitel über den Umgang mit Wut im Internet noch nicht gelesen haben.

Eine solche Antwort mag vernünftig und sogar richtig erscheinen, da die Feindseligkeit des Kollegen womöglich tatsächlich viel zu oft auftritt, ungerecht und unprofessionell ist. Der Kollege offenbart damit vielleicht wirklich ein problematisches Verhaltensmuster, das untersucht werden sollte, aber in der aktuellen Situation spielt das keine Rolle und ist aus zweierlei Gründen wenig sinnvoll. Erstens löst dieser Charakterangriff bei dem Kollegen eine Abwehrhaltung aus (siehe Kapitel 10). Sobald es in der Kommunikation darum geht, *wer jemand ist*, und nicht mehr darum, *was er getan hat*, muss man damit rechnen, dass er in die Abwehrhaltung geht. Und genau die erschwert es ihm, klare Gedanken zu fassen und ein produktives Gespräch zu führen. Zweitens liegt das Problem von solchen Verallgemeinerungen darin, dass die wütende Person sich dadurch ihrer Verantwortung entziehen kann. Welche Aussage in der hypothetischen E-Mail wäre für die wütende Person leichter zu bestreiten?

1. »Was Sie geschrieben haben, war feindselig und unprofessionell.«
2. »Sie sind feindselig und unprofessionell.«

Die erste ist etwas schwieriger vom Tisch zu wischen. Denn die zwingt die wütende Person schließlich dazu, ihr Handeln noch einmal anzusehen – also die geschriebene E-Mail – und sich dazu zu äußern, ob diese in der Tat unprofessionell oder feindselig war oder nicht. Die Person muss diese eine Handlung rechtfertigen. Sie könnte zwar mit »Wie können Sie es wagen, mich als unprofessionell zu bezeichnen« antworten, aber darauf könnten Sie dann sagen: »Das habe ich nicht. Ich habe gesagt, dass Ihre E-Mail unprofessionell war.«

GUT ZU WISSEN

Eine Übergeneralisierung begünstigt die Eskalation der Wut und wirkt sich negativ aus.[69]

Wenn Sie verallgemeinern und das Gespräch auf die Persönlichkeit des anderen lenken, indem Sie ihn als feindselig und unprofessionell bezeichnen, kann er wahrscheinlich problemlos Beispiele anführen, um diese Unterstellung zu widerlegen. Denken Sie an Kapitel 1 zurück, als es darum ging, dass Menschen in verschiedenen Situationen unterschiedliches Verhalten zeigen. Die wütende Person kann also sicher eine Menge Beispiele nennen, die sie als freundlichen und professionellen Menschen darstellen. Sie kann die Unterstellung der »ständigen Feindseligkeit« leicht widerlegen, indem sie auf die Momente verweist, in denen sie Ihnen gegenüber nicht feindselig war oder sich professionell verhalten hat.

Und wenn es doch ein Muster gibt?

Andererseits gibt es vielleicht tatsächlich ein Verhaltensmuster bei der anderen Person, das Sie gerne thematisieren möchten. Die Person aus unserem Beispiel äußert sich in E-Mails womöglich wirklich häufig – nicht *ständig*, aber oft – feindselig und unprofessionell, und Sie wollen dieses Problem nicht länger ignorieren. Sofern die andere Person eine Charakterschwäche (wie etwa ihre Wut) hat und Sie dies zur Sprache bringen wollen, wie gehen Sie dann am besten vor, wenn es nichts bringt, die Person direkt darauf anzusprechen? Hier folgen zwei mögliche Ansätze:

Sprechen Sie nur den aktuellen Vorfall an

Wenn Sie sich nur auf den letzten Vorfall konzentrieren, erhält die andere Person ein Feedback, das ihr vielleicht hilft, tatsächlich ein Muster zu erkennen. Vor einigen Jahren schickte mir eine Freundin und Arbeitskollegin eine E-Mail zu einem strittigen Thema. Um die Angelegenheit zu klären, leitete ich ihre E-Mail (mit Kopie an meine Freundin) an die zuständige Person weiter. Einige Zeit nachdem das Problem gelöst war, schrieb mir meine Freundin, dass sie sich darüber geärgert habe, dass ich ihre E-Mail ohne ihr Einverständnis weitergeleitet hatte. Sie sagte nicht: »Das machst du immer so«, nannte mich auch nicht »unsensibel« oder »achtlos«, sondern teilte mir einfach nur mit, dass ihr meine Vorgehensweise nicht gefallen hatte.

Ich erzähle dies aus zwei Gründen. Erstens, weil ich mich damals schrecklich fühlte. Denn ich hatte keineswegs die Absicht gehabt, sie zu ärgern. Ich war mir überhaupt nicht bewusst, dass das Weiterleiten ihrer E-Mail sie aufbringen könnte. Doch sie wollte nicht, dass andere Leute ihre E-Mail lasen, und das hatte ich nicht begriffen. Ich halte mich selbst eigentlich nicht für einen achtlosen Menschen, aber das war unachtsam. Zweitens, weil mich der Vorfall dazu zwang, darüber nachzudenken, ob ich so etwas öfter tat. Hatte ich das bei E-Mails von anderen Menschen auch schon gemacht, die mich nur nicht darauf angesprochen hatten? War ich diesbezüglich öfter unsensibel? Auch wenn ich diese Fragen nicht wirklich beantworten kann, achte ich doch seitdem mehr darauf als früher. Das Feedback meiner Freundin zu dieser einen Situation hat mein Verhalten nachhaltig verändert.

TIPP

Wenn Sie nur das ansprechen, was eine Person in einem speziellen Fall gesagt oder getan hat und nicht ein Verhaltensmuster daraus ableiten, versteht die entsprechende Person vielleicht eher, was Sie meinen. Denn es fühlt sich weniger wie ein Angriff an.

Warten Sie, bis sich die Wogen geglättet haben, und planen Sie Ihr Vorgehen

Um ein allgemeines Verhaltensmuster anzusprechen, ist es wichtig abzuwarten, bis sich die Emotionen beruhigt haben. Wie gesagt, verhindert Wut ein klares und rationales Denken. In einem solchen Moment über eine Persönlichkeitseigenschaft zu reden, die Sie stört, führt wahrscheinlich zu keinem guten Ergebnis. Die Person wird eine Abwehrhaltung einnehmen und den Eindruck haben, dass Sie das Problem auf sie abwälzen wollen, um sich Ihrer eigenen Verantwortung in der Sache zu entziehen.

Wie gelingt dieses schwierige Gespräch?

Stellen Sie sich vor, Sie möchten mit dem Kollegen aus dem obigen Beispiel reden, und zwar nicht nur über seine E-Mail, sondern allgemein über seine Wut, die am Arbeitsplatz zu Problemen führt, und seine Feindseligkeit Ihnen gegenüber. Im Folgenden finden Sie fünf Anregungen, die Ihnen dabei helfen können, dieses Gespräch produktiver zu gestalten.

Entscheiden Sie, ob Sie das Gespräch wirklich wollen, und formulieren Sie Ihre Ziele

Als Erstes sollten Sie darüber nachdenken, ob Sie tatsächlich mit der Person über dieses Thema reden wollen. Ist es wirklich Ihre Aufgabe, sich mit ihr darüber auseinanderzusetzen, oder ist dafür eher eine andere Person zuständig? Geht es bei dem Problem ganz sicher um die andere Person oder eher um Sie (vielleicht ist Teil des Problems, dass Sie überempfindlich sind oder nicht gut mit Konflikten umgehen können)? Wenn Sie zu dem Schluss kommen, dass es sich lohnt, das Thema anzusprechen, sollten Sie sich noch fragen, ob ein persönliches Gespräch der richtige Weg für Sie ist, um Ihr Ziel zu erreichen. Wird sich die Person durch ein Gespräch verändern oder ist es nicht besser, einen anderen Ansatz zu wählen?

TIPP

Bevor Sie ein schwieriges Gespräch mit jemandem führen, nehmen Sie sich Zeit, um Ihre Ziele zu formulieren. Wann ist das Gespräch für Sie erfolgreich? Sind Ihre Ziele erreichbar?

Planen Sie das Gespräch und vereinbaren Sie einen Zeitpunkt

Überlegen Sie, welcher Zeitpunkt gut wäre, und bereiten Sie sich auf das Gespräch vor. Ein vereinbarter Termin macht das Ganze etwas offizieller. Teilen Sie der Person im Voraus mit, dass Sie etwas Wichtiges besprechen wollen, und planen Sie ausreichend Zeit ein. Wenn Sie dies im Vorfeld kommunizieren, stellen Sie sicher, dass dem anderen bewusst ist, dass es um etwas Ernstes geht, und dass Sie genügend Zeit bekommen, um das mitzuteilen, was Sie möchten. In diesem Zusammenhang sollten Sie sich Gedanken darüber machen, was das ist und wie Sie es sagen wollen. Welche Punkte wollen Sie auf jeden Fall thematisieren? Bleiben wir hierfür bei dem Beispiel mit der feindseligen E-Mail: Vielleicht möchten Sie sagen, dass Ihnen Ihr Fehler bewusst ist und der andere zu Recht auf Sie wütend war, Sie aber die Art und Weise, wie diese Wut geäußert wurde, verletzt hat? Oder wollen Sie klarmachen, dass man Sie durchaus auf Fehler hinweisen darf, Sie aber erwarten, dass dies in Zukunft etwas behutsamer und mit mehr Rücksicht auf Ihre Gefühle geschieht? Wenn Sie Ihr Anliegen im Voraus klar durchdenken, ist die Wahrscheinlichkeit größer, dass Sie tatsächlich das ansprechen, was Sie mitteilen möchten.

Gefährden Sie nicht Ihre Beziehung

Wenn es zu einem Gespräch kommt, dann zeigen Sie Verständnis für die Gefühle der anderen Person und behalten Sie das Verhältnis zu ihr im Blick. Wie ich an verschiedenen Stellen dieses Buches bereits erwähnt habe, sollte Ihr Ziel nicht darin bestehen, einen Streit zu gewinnen oder die Person davon zu überzeugen, dass sie Ihnen Unrecht getan hat. Wichtiger ist es, dass die Person ihr Verhalten – insbesondere Ihnen gegenüber – in Zukunft verändert. Dieses Ziel erreichen Sie vielleicht nicht in diesem einen Gespräch, aber ganz sicher nicht, wenn Sie die Gefühle der Person nicht respektieren. Versuchen Sie deshalb, respektvoll und freundlich zu sein, und achten Sie auf Ihre Formulierungen (»Ich habe viele Ihrer E-Mails an mich als feindselig empfunden« klingt ganz anders als »Sie sind immer so feindselig«).

Seien Sie offen für Kritik

In Kapitel 1 ging es unter anderem darum, dass Menschen bei anderen bestimmte Reaktionen hervorrufen können. Manchmal tun wir unbeabsichtigt etwas, das bei unserem Gegenüber Feindseligkeit auslöst. Damit meine ich ganz sicher nicht, dass das negative Verhalten der anderen Person uns gegenüber dadurch gerechtfertigt wäre oder wir es verdient hätten. Ich möchte nur darauf hinweisen, dass wir offen sein sollten für Feedback, das unsere eigene Rolle in Interaktionen betrifft. An Unstimmigkeiten wie dieser ist selten nur eine Person schuld. Wenn Sie beschließen, so ein schwieriges Gespräch zu führen, dann sollten Sie auch bereit sein, über eine Veränderung Ihres Verhaltens in der Zukunft nachzudenken. Deshalb ist es wichtig, auch dem anderen zuzuhören und sich Kritik zu Herzen zu nehmen.

Geben Sie dem anderen Zeit

Abschließend sollten Sie der anderen Person nach dem Gespräch Zeit und Raum gönnen, um über das, was Sie erwarten, nachzudenken. In kontroversen Gesprächen findet man selten sofort eine Lösung. Es kann dabei sogar erneut zu verletzten Gefühlen, weiteren Meinungsverschiedenheiten und zu Verärgerung kommen. Deshalb sollten Sie sich bemühen, geduldig zu sein, und einsehen, dass eine Veränderung manchmal etwas Zeit braucht, auch wenn die Person bereit ist, ihr Verhalten Ihnen gegenüber zu korrigieren.

Es gibt keine Erfolgsgarantie

All diese Punkte setzen bei der Person, mit der Sie es zu tun haben, ein gewisses Maß an emotionaler Reife voraus. Meistens geht man davon aus, dass auch der andere ein produktives Gespräch führen will, ähnliche Ziele hat und ebenfalls in der Lage ist, seine Gefühle in emotional aufgeladenen Situationen unter Kontrolle zu haben. Diese Menschen gibt es tatsächlich. Selbst Menschen, die schnell zu Wutanfällen neigen, können diese Art von zielgerichteten, produktiven Gesprächen führen. Auf der anderen Seite gibt es natürlich wütende Menschen, die dazu nicht fähig sind, egal wie viel Zeit und Energie Sie in die Gesprächsvorbereitung stecken. Manchmal muss man einfach akzeptieren, dass die andere Person anders tickt, und erkennen, wann man seine Bemühungen einstellen sollte. Darauf kommen wir im nächsten Kapitel zu sprechen.

KAPITEL 14

Methode 9: Sich im richtigen Moment zurückziehen

SICHERHEIT GEHT VOR

Wenn Sie besser mit wütenden Menschen umgehen wollen, bedeutet das nicht, dass Sie körperlichen und emotionalen Missbrauch tolerieren sollen. Ziehen Sie sich in einen geschützten Raum zurück, sobald Sie das Gefühl haben, in Gefahr zu sein.

Ein ganz schwieriges Thema

Dieses Kapitel habe ich beim Schreiben des Buches als besonders schwierig empfunden. Die Entscheidung, sich aus einer toxischen Beziehung zu lösen, fällt man nicht schnell und sie will gut überlegt sein. Und es ist eine große Herausforderung, darüber zu schreiben und Ratschläge zu erteilen, wann oder wie man es tun sollte. Außerdem ist das Thema so komplex, dass ich beim Schreiben immer das Gefühl hatte, nicht alles zu erfassen. Ich überlegte ständig: »Aber was ist mit den Situationen, in denen …?« oder »Das mag ja funktionieren, wenn die Person nicht …«. Und zu allem Überfluss gab es nur wenige Quellen, die mir beim Schreiben von Nutzen waren. In den meisten Studien wurden emotional oder körperlich missbräuchliche Beziehungen, meistens Liebesbeziehungen, untersucht.

Ein wichtiges Thema, aber mein Ansatzpunkt ist ein anderer. Mit diesem Buch möchte ich Menschen dabei helfen herauszufinden, was sie tun können, wenn sie eine Beziehung zu einer wütenden Person – egal ob Freund, Arbeitskollegin, Geschwister, Elternteil oder Ehepartner – haben, die ihr Leben negativ beeinflusst und sich nicht positiv verändert. Woher weiß man, wann man eine Beziehung besser beendet? Wie beendet man eine solche Beziehung und was bedeutet es?

Doch dann schoss mir etwas in den Sinn, das mir weiterhalf. Die Probleme, die ich beim Schreiben dieses Kapitels hatte, spiegelten im Grunde nur die Schwierigkeiten wider, die Menschen bei der Beendigung einer toxischen Beziehung haben. Die Nuancen, die ich beim Sortieren meiner Gedanken aufgedeckt habe, sind Teil der Herausforderung. Die Bedeutsamkeit einer solchen Entscheidung mit all ihren Konsequenzen macht es so schwer, sie zu treffen. Das mag auch die Erklärung für den Mangel an Quellen sein: Über die Beendigung einer Beziehung nachzudenken, zu schreiben oder sie tatsächlich durchzuführen, ist schwierig.

Dennoch befinden sich viele Menschen in so einer Situation und erzählen mir, dass sie Hilfe brauchen, weil sie nicht wissen, was sie tun sollen. Es gibt eine wütende Person, die ihnen das Leben schwer macht, und sie wissen nicht, wie sie damit umgehen sollen. Zunächst einmal ist hierzu anzumerken (und damit kehren wir zum Anfang des Buches und zur Unterscheidung zwischen einer wütenden Persönlichkeit und einem Menschen, der wütend ist, zurück), dass es zwei verschiedene Szenarien gibt. Zum einen geht es darum, ein eher einmaliges Problem mit einer wütenden Person zu lösen, zum anderen, sich aus einer länger dauernden Beziehung mit einer wütenden Person zurückzuziehen. Einige Strategien, die im ersten Fall nützlich sein können, lassen sich auch für den zweiten Fall umsetzen.

Zwei Beispiele

Beginnen wir mit zwei Beispielen, in denen sich Menschen auf ganz verschiedene Weise von einer wütenden Person getrennt haben. Sie belegen, dass eine solche Trennung je nach den Umständen und der Art der Beziehung sehr unterschiedlich aussehen kann.

Alex

Im ersten Beispiel geht es um Alex, die mir von einem Problem in ihrer Beziehung zu ihrer besten Freundin erzählte. Alex war Ende 20, als wir miteinander sprachen, und die Freundschaft bestand seit fast 15 Jahren. Sie waren sich zu Schulzeiten sehr nahegestanden, aber Alex räumte ein, dass ihre Freundin immer schon ein ernstes Wutproblem gehabt hatte, das ihr Angst machte und sie emotional erschöpfte. Alltägliche Frustrationen wie lange Warteschlangen oder nicht gut funktionierende Dinge brachten ihre Freundin stets schnell auf die Palme. Wenn sie wütend war, schrie und fluchte sie oder schlug sogar auf Dinge ein.

Normalerweise richtete sich die Wut der Freundin nicht gegen Alex, wenn doch, dann fühlte Alex sich traurig oder klein. Später hatten sie an verschiedenen Unis studiert, aber immer den Kontakt gehalten, und jetzt lebten sie in derselben Stadt. Irgendwann hatte Alex das Gefühl, den Kontakt abbrechen zu müssen. Ihre Treffen waren einfach zu anstrengend für sie. Die Wut ihrer Freundin hatte sich im Laufe der Zeit verschlimmert, und Alex fühlte sich zusehends davon überfordert. Der Versuch, mit ihrer Freundin darüber zu reden, blieb erfolglos, weil diese in ihrer Wut kein Problem sah und sich nicht dafür interessierte, wie sich ihre Wutausbrüche auf Alex auswirkten.

Schließlich beschloss Alex, die Beziehung zu beenden. Das war nicht einfach, da sie einige gemeinsame Freundinnen hatten, obwohl dies nicht die größte Herausforderung war. Das eigentliche Problem waren ihre eigenen Schuldgefühle. Sie fühlte sich schuldig, obwohl sie wusste, dass ihre Entscheidung richtig war. Alex beendete die Beziehung zu ihrer Freundin nicht mit einem Gespräch, sondern indem sie sich einfach zurückzog, um möglichst wenig Zeit mit ihr zu verbringen. Sie ging immer weniger mit ihr aus, reagierte nur noch sporadisch auf Nachrichten und meldete sich nie von sich aus. Als ihre Freundin nachfragte, ob etwas nicht in Ordnung sei, erzählte Alex ihr, wie sie sich fühlte. Wie zu erwarten war, wurde ihre Freundin wütend. Alex fühlte sich schuldig, hielt aber an ihrer Entscheidung fest. Danach schrieben sie sich noch ab und an Nachrichten, aber irgendwann hörte auch das auf und sie gingen getrennte Wege.

Charlie

Charlie, mit dem ich ebenfalls sprach, entschied sich für einen ganz anderen Weg, um sich von einer wütenden Person zu lösen. Allerdings war diese Person viel stärker mit seinem Leben verwoben als die Freundin von Alex. Denn es war sein Vater. Charlies Fall glich ein wenig den Szenarien, die ich am Anfang des Buches beschrieben habe. Charlies Vater wurde leicht wütend und sagte dann schreckliche Dinge. Er wurde zwar nie gewalttätig, aber seine Aggressivität bereitete Charlie immer großes Unbehagen.

Zu dem Zeitpunkt, als wir miteinander sprachen, war Charlie Mitte 40 und sein Vater in seinen Siebzigern. Etwa fünf Jahre zuvor hatte Charlie beschlossen, den Kontakt zu seinem Vater zu reduzieren, unter anderem, weil er kleine Kinder hatte und nicht wollte, dass sie die gleichen Dinge sahen und erlebten wie er. Da er überzeugt war, dass sein Vater sich nicht ändern konnte oder wollte, beschloss er, weniger Zeit mit ihm zu verbringen und seine Kinder möglichst von ihm fernzuhalten.

Allerdings wollte er den Kontakt nicht komplett abbrechen, weil er sich bewusst war, dass sein Vater nicht mehr allzu lange leben würde, und er Angst hatte, einen völligen Kontaktabbruch eines Tages zu bereuen. Er fragte sich immer wieder, wie es ihm damit gehen würde, wenn sein Vater stürbe und er keine Gelegenheit hätte, sich zu verabschieden. Er sprach mit seiner Mutter darüber, erzählte ihr von seinen Bedenken und dass er den Kontakt seiner eigenen Familie mit dem Vater eingrenzen wollte. Er erklärte ihr, dass er damit keine Probleme in der Beziehung zu ihr heraufbeschwören wollte, aber sich im Klaren darüber sei, dass es die Lage insgesamt nicht einfacher machen würde.

Ihm ging es nur darum, weniger Zeit mit seinem Vater zu verbringen und seine Kinder lediglich bei besonderen Anlässen mit ihm zu konfrontieren. Bei diesen wenigen Anlässen blieben sie dann auch nie sehr lange. Seine Mutter traf er weiterhin, aber meistens kam sie ohne Charlies Vater bei ihm vorbei. Sie telefonierten hin und wieder, schickten sich regelmäßig E-Mails, doch alles war darauf ausgerichtet, dass Charlie und seine Kinder nicht dabei waren, wenn sein Vater mal wieder wütend wurde. Im Großen und Ganzen war Charlie froh, diesen Schritt gemacht zu haben, auch wenn er die Organisation bestimmter Dinge komplizierter machte. Die wenige Zeit, die er seitdem mit seinem Vater verbrachte, empfand er jedoch als angenehmer, weil er nicht mehr ständig Angst haben musste. Früher hatte er sich immer vor den Launen seines Vaters gefürchtet, aber jetzt hatte er Vorkehrungen getroffen, um die Probleme, die die Wutausbrüche seines Vaters stets erzeugt hatten, zu vermeiden.

Grenzen ziehen

Das Interessante an diesem Thema ist, dass es – rein rational betrachtet – einfach ist, eine Rechtfertigung dafür zu finden, sich von toxischen Menschen im Leben zu trennen. Alle, mit denen ich darüber spreche, sagen, dass es wichtig ist, Menschen gegenüber, die einem nicht guttun, Grenzen zu ziehen. Das scheint, abstrakt gesehen, für die meisten kein Problem darzustellen. Schwierig wird es allerdings, wenn jemand tatsächlich versucht, einen anderen aus seinem Leben zu verbannen. Dann kommen reale Schwierigkeiten und Gefühle ins Spiel, und an dem Punkt erzählen mir die meisten Menschen, dass sie nicht wissen, wann oder wie sie es anstellen sollen. Manche betonen voller Überzeugung, dass sie sich nicht lösen können, weil die wütende Person so tief in ihrem Leben verwurzelt ist (ein Kollege, eine Vorgesetzte, ein Familienmitglied, der andere Elternteil des gemeinsamen Kindes usw.).

Wann sollte man sich aus einer Beziehung lösen?

Auf diese Frage gibt es keine einfache Antwort. Fest steht, dass dies wesentlich einfacher ist, wenn es um einmalige Interaktionen mit Fremden geht als um langfristige Beziehungen. Bei einmaligen Interaktionen mit einer wütenden Person würde ich einen Rückzug empfehlen, sobald eines der folgenden drei Dinge eintritt: (1) Sie fühlen sich nicht sicher, (2) die Interaktion mit dieser Person tut ihnen nicht gut, (3) Sie sehen ein, dass es keine andere Lösung gibt. Wenn Sie um Ihre Unversehrtheit bangen, sollten Sie sich sofort zurückziehen und sich in Sicherheit bringen. Denken Sie, dass die Auseinandersetzung zu nichts Positivem mehr führen kann, sollten Sie sie beenden und Ihrer Wege gehen.

Diese drei Richtlinien lassen sich auch auf längerfristige Beziehungen anwenden. Es ist Zeit, sich zu trennen, wenn Sie sich nicht mehr sicher fühlen, wenn die Beziehung Ihnen nicht guttut oder wenn Sie überzeugt sind, dass sie nie besser werden wird. Allerdings gilt dies alles in Abhängigkeit vom Kontext der Beziehung zu der wütenden Person. Wie ich in diesem Buch bereits öfter erwähnt habe, können wütende Menschen so stark mit unserem Leben verwoben sein, dass es äußerst schwierig ist, sich von ihnen zu lösen. Mit einem wütenden Vorgesetzten agieren Sie anders als mit einem wütenden Ehepartner oder Elternteil. Und eine langjährige Freundschaft ist sicherlich schwerer zu beenden als eine neue Bekanntschaft. Hier spielen viele Faktoren zusammen. Anders als bei den meisten einmaligen Interaktionen wird die Beendigung einer Freundschaft wahrscheinlich reale Konsequenzen nach sich ziehen.

Deshalb ist es in diesem Zusammenhang wichtig zu wissen, dass ein Rückzug nicht zwangsläufig zu einem vollständigen Kontaktabbruch führen muss. Er kann unterschiedlich gestaltet sein. Ein Rückzug kann so aussehen, dass man sich ganz voneinander löst und nicht mehr am Leben der Person teilnimmt. Aber er kann auch zur Folge haben, dass man einfach weniger Zeit miteinander verbringt, seltener Kontakt hat oder die Interaktionen auf bestimmte Arten der Kommunikation oder spezielle Geschehnisse beschränkt. Wie auch immer, lassen Sie uns nun ein paar Dinge besprechen, die Sie berücksichtigen sollten, wenn Sie entscheiden, wie Ihre Beziehung zu der wütenden Person gestaltet werden soll.

Emotionaler oder körperlicher Missbrauch

Es ist unbestreitbar, dass die Wut einer Person zu physischer oder psychischer Misshandlung führen *kann*. Normalerweise ist das aber nicht der Fall. Wut ist eine sehr gängige Emotion – die meisten Menschen erleben sie mehrmals pro Woche oder pro Tag –, und viele Menschen können mit ihrer Wut gut oder sogar sinnvoll umgehen.[70] Jedoch geht, wie bereits gesagt, Wut oft mit dem Bedürfnis einher auszuteilen. Chronisch wütende Menschen geben diesem Wunsch manchmal nach, und die Menschen in ihrem Leben leiden dann unter den physischen und psychischen Folgen.

Physischer Missbrauch umfasst verschiedene Formen körperlicher Gewalt wie Schlagen, das Verteilen von Ohrfeigen, Treten, An-den-Haaren-Ziehen, Beißen oder eine Vielzahl anderer Möglichkeiten, um einer Person zu schaden (dazu gehört auch die Verletzung einer geliebten Person, eines Haustiers oder die Verhinderung von Medikamenteneinnahme). Wut und andere Gefühle wie Eifersucht oder sogar Angst spielen eine große Rolle bei solchem Missbrauch, allerdings kann er auch durch andere Faktoren wie etwa den Wunsch nach Macht oder Kontrolle über den anderen motiviert sein. In der Regel gibt es für physischen Missbrauch mehr Ursachen als nur die Wut.

Das Gleiche gilt für emotionalen Missbrauch, dazu zählen häufige Beleidigungen oder Kritik, die Einschränkung, Zeit mit Freunden oder geliebten Menschen zu verbringen, der Versuch, andere unter Druck zu setzen, zu demütigen oder bei dem, was sie tun, wie sie sich kleiden, mit wem sie Zeit verbringen usw. zu kontrollieren. Solche Muster sind normalerweise nicht nur durch Wut motiviert.

Die Beendigung oder der Rückzug aus einer missbräuchlichen Beziehung ist ein Thema, das den Rahmen dieses Buches bei Weitem sprengen würde. Für Menschen, die sich aus einer solchen Beziehung lösen wollen, gibt es zahlreiche Hinderungsgründe. Deshalb rate ich jedem, der das Opfer von Missbrauch ist, sich professionelle Hilfe zu holen und sich mit einer Beratungsstelle für Gewalt in Paarbeziehungen in Verbindung zu setzen.

TIPP

Wenn Sie glauben, in einer emotional oder körperlich missbräuchlichen Beziehung zu leben, wenden Sie sich an eine Beratungsstelle. Einige Namen und Kontaktdaten finden Sie am Ende dieses Buches.

Wenn die Beziehung anstrengend ist

Ich habe mit verschiedenen Menschen darüber gesprochen, wie es ist, in einer Beziehung mit einer wütenden Person zu leben, und viele geben an, dass dies Angst macht und emotional auslaugt. Häufig, aber nicht immer, geht es dabei um eine bestimmte Art von wütenden Menschen, und zwar solche, die ihre Wut nach außen tragen oder aggressiv sind und schreien, brüllen oder auf Dinge einschlagen. Dabei fühlen die Betroffenen sich nicht unbedingt selbst bedroht oder haben Angst, die wütende Person könnte sie verletzen. Eher fürchten sie, die Person könnte jemand anderen angreifen, sie in Verlegenheit bringen oder sie mit einem Wutanfall erschrecken.

Da die Wut der anderen Person für sie beängstigend ist, tun sie alles dafür, dass es nicht zu einem Wutausbruch kommt. Sie verwenden oft all ihre emotionale Energie darauf, die Person davon abzuhalten auszurasten. Dies geht mit dem Gefühl einher, nicht sie selbst sein zu können, da sie nur damit beschäftigt sind, die Gefühle der anderen Person zu lenken. Diese Herausforderung ist kraftraubend. Oft fällt das Wort »Eiertanz«, wenn sie das Gefühl des Unbehagens und der Unsicherheit beschreiben wollen, das sie erleben. Sie bemühen sich, ihre eigenen Gefühle zu steuern, nicht um sich gut zu fühlen, sondern um die Gefühle eines anderen zu schützen. Sie übernehmen die Verantwortung für die Gefühle der anderen Person und geben diesen damit Vorrang vor ihren eigenen Gefühlen.

Wenn Sie mit einer wütenden Person einen Punkt erreichen, an dem sich das Zusammensein wie oben beschrieben anfühlt, dann sollten Sie überlegen, ob eine Fortsetzung der Beziehung sinnvoll ist. Natürlich können Sie einiges tun, um mit diesen Gefühlen besser umzugehen, aber wenn Sie bereits einige Ansätze ausprobiert haben, auch solche, die ich vorgeschlagen habe, sollten Sie vielleicht eine Weile auf Distanz gehen, um zu testen, wie sich das Leben ohne die wütende Person anfühlt. Das gilt vor allem dann, wenn Sie Ihre Bedenken und Sorgen vorgebracht haben und die wütende Person diese nicht ernst nimmt oder nicht bereit bzw. fähig ist, sich zu ändern.

Wie schaffen Sie den Rückzug?

Theoretisch ist es einfach, sich aus einer ungesunden Beziehung zu lösen. Sie müssen der Person lediglich sagen, dass Sie keinen Kontakt mehr haben möchten. Dieser Loslösungsprozess kann langsam vonstattengehen, aber auch ganz plötzlich und ohne jegliche Erklärung. In der Realität funktioniert das allerdings nicht so einfach, da es zahlreiche Hindernisse zu überwinden gilt. Das können ganz praktische Aspekte sein, die damit zusammenhängen, welche Bedeutung die Person in Ihrem Leben hat (Elternteil, Geschwister, Arbeitskollege), für andere sind sie eher persönlicher Natur. Eine Beziehung zu beenden, kann zum Beispiel mit Schuldgefühlen einhergehen. Bei anderen nimmt die Beziehung einen so hohen emotionalen Stellenwert ein, dass eine Trennung vor allem am Anfang das Gefühl einer großen Leere erzeugen kann.

Finden Sie heraus, was Sie hindert

Der erste Schritt zur Beendigung einer toxischen Beziehung besteht darin, sich bewusst zu machen, was einen bis dahin davon abgehalten hat. Manchen ist der ungesunde Charakter der Beziehung vielleicht lange nicht klar gewesen, anderen geht es schlecht damit, eine Trennung zu initiieren. Sie fühlen sich schuldig, haben Angst vor der Reaktion der anderen Person oder sind traurig über das Ende der Beziehung. Oft stehen ganz praktische Hindernisse einer Trennung im Weg. So ist ein Kontaktabbruch besonders schwierig, wenn ein gemeinsamer Haushalt oder Freundeskreis existiert. Und schließlich gibt es Menschen, denen der Konflikt, den eine Beendigung der Beziehung auslösen könnte, extrem unangenehm ist. Für sie ist es womöglich einfacher, in der Beziehung zu bleiben. Welchen Hinderungsgrund es auch gibt, wichtig ist, ihn zu erkennen, sodass man daran arbeiten und Lösungen finden kann.

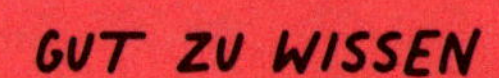

Etwa jede fünfte Frau und jeder siebte Mann hat schon einmal schwere körperliche Gewalt durch einen Partner erlebt.[71]

Beseitigen Sie die Hindernisse

Haben Sie die Hinderungsgründe identifiziert, können Sie anfangen, daran zu arbeiten. Wenn Schuldgefühle oder Traurigkeit der Grund dafür sind, sich nicht zu trennen, dann sollten Sie zu ergründen versuchen, woher diese Gefühle kommen und was Sie dagegen tun können. Überlegen Sie dabei auch, ob es vielleicht nötig wäre, sich professionelle Hilfe zu holen. Sind die Hindernisse eher praktischer Natur, können Sie sukzessive nach Lösungen suchen. Dabei kann es durchaus sein, dass dies einige bedeutende Veränderungen in Ihrem Leben zur Folge hat (wenn Sie mit der wütenden Person zusammenleben, brauchen Sie vielleicht eine neue Wohnung. Handelt es sich um ein Geschwister, müssen Sie eine Lösung für zukünftige Familientreffen finden).

Es muss nicht alles oder nichts sein

Die Lösung aus einer ungesunden Beziehung muss nicht den vollständigen Kontaktabbruch bedeuten. Auch heißt es nicht, dass Sie die Person nie wieder sehen werden. Sie können zum Beispiel den Kontakt nur erheblich einschränken. Anstatt strikt zu sagen: »Ich will von der Person nichts mehr wissen« und sie nie wieder zu sehen, können Sie sich auch bewusst dafür entscheiden, weniger Zeit mit ihr zu verbringen oder die Interaktionen zu begrenzen. Es ist wichtig, dass Sie auch diese Möglichkeiten im Blick haben, denn der Gedanke, sich komplett von einer wütenden Person abzunabeln, ist für viele Menschen beängstigend oder nicht umsetzbar, je nachdem, welche Rolle die Person im eigenen Leben einnimmt. Deshalb ist ein wichtiger Schritt im Loslösungsprozess die Entscheidung, den Kontakt auf das Maß zu reduzieren, das gesund für Sie ist. Ihre Entscheidung sollte dabei mehrere Faktoren berücksichtigen, wie etwa die Belastung, die diese Interaktionen für Sie darstellen, und die Realisierbarkeit angesichts der Rolle, die die Person in Ihrem Leben spielt.

Stellen Sie sich Ihren Schuldgefühlen

Zu den Dingen, die im Zusammenhang mit der Beendigung einer ungesunden Beziehung besonders schwierig sind, gehören die Schuldgefühle, die manchmal auftreten. Diese Schuldgefühle sind völlig normal und sogar gesund und bedeuten nicht unbedingt, dass Sie etwas Falsches getan haben. Schuldgefühle sind Emotionen, und wie jede Emotion erfüllen sie einen wichtigen Zweck im Leben. Sie fühlen sich schuldig, weil Ihr Gehirn Ihnen damit mitteilt, dass Sie *möglicherweise* einen Schaden verursacht haben, und diese Schuldgefühle motivieren Sie dazu, sich den Vorfall anzusehen. Und sie bringen Sie dazu, sollten Sie tatsächlich etwas falsch gemacht haben, den Fehler zu beheben.

TIPP

Achten Sie darauf, woher Ihre Schuldgefühle kommen. Beruhen sie auf echten und vernünftigen Erwartungen oder erwarten Sie zu viel von sich selbst?

Genau wie Wut (ebenfalls ein Gefühl, das auf ein Problem hinweist) hängen Schuldgefühle nicht immer mit der tatsächlichen Realität einer Situation zusammen. Wie überzogene Erwartungen an andere Wut auslösen können, können unvernünftige Erwartungen an einen selbst zu Schuldgefühlen führen (»Mir *sollten* die Bedürfnisse der anderen Person wichtiger sein als meine eigenen«). Es kann gut sein, dass diese Schuldgefühle Sie davon abhalten, die Beziehung zu beenden. Rechnen Sie also damit und bereiten Sie sich darauf vor. Haben Sie tatsächlich Schuldgefühle, dann versuchen Sie herauszufinden, ob sie daher rühren, dass Sie wirklich verantwortungslos agieren oder dass Sie unangemessene Erwartungen an sich selbst haben.

Es kann auch sein, dass die Schuldgefühle nicht durch Ihre eigenen Erwartungen ausgelöst werden, sondern durch die der anderen Person. Dadurch dass sie Ihnen ständig die Botschaft gesendet hat, dass Sie für sie da sein *sollten*, haben Sie diese Erwartung verinnerlicht. Ihre Schuldgefühle sind dann das Ergebnis dessen, dass die andere Person zu Unrecht von Ihnen erwartet, ihr beim Kontrollieren ihrer Gefühle zu helfen.

TIPP

Es ist nicht immer leicht zu erkennen, ob man psychisch manipuliert wird. Das liegt in der Natur des Gaslighting, einer komplexen Manipulationstaktik. Sollten Sie sich diesbezüglich Sorgen machen, ist professionelle Hilfe angesagt.

Eine Fähigkeit, die Übung und gedankliche Anstrengung erfordert

Einzeln funktionieren die neun Methoden, die ich Ihnen bisher vorgestellt habe, in der Regel nicht. In den meisten Fällen reicht nur eine Methode nicht aus, um das Problem aus der Welt zu schaffen. Die Erfahrungen und Interaktionen mit wütenden Menschen sind in emotionaler wie sozialer Hinsicht komplex. Um sie zu meistern, bedarf es meistens einer Kombination von Methoden, die gut aufeinander abgestimmt sind. Das bedeutet etwa, dass Sie ruhig bleiben, während Sie Ihre Ziele bestimmen, dass Sie über die Wut der anderen Person und Ihre Reaktion darauf nachdenken, dass Sie sich mit jemandem befassen, der nicht kommunizieren will, usw. Der erfolgreiche Umgang mit wütenden Menschen ist eine Fähigkeit, die Übung und gedankliche Anstrengung erfordert. Fast noch wichtiger ist aber, das Bedürfnis zu verspüren, diese speziellen Situationen auf eine gesunde und positive Weise zu meistern. Im nächsten Kapitel erörtern wir, wie dieses Bedürfnis geweckt werden kann und wie sich die Methoden kombinieren lassen.

KAPITEL 15

Methode 10: Alle Methoden kombinieren

Eine neue Identität entwickeln

Zum Schluss möchte ich noch einmal auf das zurückkommen, womit wir uns am Anfang befasst haben. Im Umgang mit wütenden Menschen geht es nicht nur darum, dass man das richtige Werkzeug zur Verfügung hat und weiß, wie man es benutzt. Es geht auch darum, sich zu einer Person zu entwickeln, die mit wütenden Menschen produktiv und effektiv umgehen möchte. Und es geht darum, gute, gesunde und klare Ziele bei der Interaktion mit Menschen im Blick zu haben und auch dann daran festzuhalten, wenn die andere Person wütend wird.

Nicht jeder ist dazu in der Lage. Ich denke sogar, dass die meisten Menschen im Umgang mit einer wütenden Person nicht so vorgehen. Sie haben vielleicht weniger nützliche Ziele, weil sie sich rächen oder unbedingt recht haben wollen. Sie betrachten die Situation nicht aus der Perspektive der wütenden Person. Auch versuchen sie nicht, eine Lösung zu finden, und sie erkennen weniger offensichtliche Faktoren, die die Wut der anderen Person womöglich beeinflusst haben (etwa das eigene Verhalten in der Situation), nicht.

Um all dies zu vermeiden, muss man sein eigenes Weltbild in den Blick nehmen und die Linsen erforschen, durch die man selbst sein Umfeld wahrnimmt. In Kapitel 5 ging es unter anderem um die typische Sichtweise von chronisch wütenden Menschen. In der Regel haben sie unangemessen hohe oder ungerechte Erwartungen an andere. Außerdem neigen sie zu Schwarz-Weiß-Denken, zu Alles-oder-nichts-Ansätzen und dramatisieren die negativen Dinge, die ihnen passieren. Was bei dieser Ausführung fehlte, war die Tatsache, dass auch Sie von Vorstellungen und Weltbildern geprägt sind, die bestimmen, wie Sie einzelne Situationen bewerten. Jeder Mensch hat eine spezielle Sichtweise, die seinen Umgang mit anderen Menschen beeinflussen kann.

Vielleicht haben Sie sogar ein sehr ähnliches Weltbild wie die Menschen, mit denen Sie es zu tun haben. Sie haben womöglich ähnlich unangemessen hohe Erwartungen an die andere Person, weshalb sie finden, dass diese keinen Grund hat, wütend zu sein. Möglicherweise neigen Sie so stark zur Übergeneralisierung, dass Sie nicht in der Lage sind, zwischen den *Gefühlen* der anderen Person und ihrem *Verhalten* zu unterscheiden. Wenn Sie gern dramatisieren, empfinden Sie die Wut des anderen womöglich noch schlimmer, als sie eigentlich ist. Kurzum: Die gleichen Denkmuster, die die Wut der anderen beeinflussen, können auch Ihre Reaktion darauf prägen.

Vielleicht werden diese Interaktionen aber auch von ganz anderen Faktoren bestimmt. Zu hohe Erwartungen an sich selbst können dazu führen, dass man zu viel Verantwortung für die Gefühle anderer übernimmt. Dann entstehen Gedanken wie »Ich muss ihm helfen, sich zu beruhigen« oder »Wenn ich das mache, wird er wütend«. Natürlich ist es nicht falsch, auf die Gefühle anderer Rücksicht zu nehmen, aber wenn dies zu anstrengend wird und Sie auslaugt, haben Sie es wahrscheinlich übertrieben. Oder Sie beziehen die Wut der anderen Person so stark auf sich selbst, wie es eigentlich nicht nötig wäre. Sie werten die Wut als Reaktion auf einen Fehler Ihrerseits, den Sie vielleicht gar nicht gemacht haben. Sie ertappen sich bei dem Gedanken: »Sie ist wütend, weil ich schon wieder Mist gebaut habe« und machen sich Vorwürfe.

Das heißt: Für einen effektiven Umgang mit wütenden Menschen ist es wichtig, seine eigenen Gedanken, Gefühle und Verhaltensweisen, insbesondere in Bezug auf andere Menschen, sehr gut zu kennen. Denn wie andere Wut empfinden und ausdrücken, ist zum Teil auch abhängig von

Ihrem Verhalten in den jeweiligen Interaktionen. Und die Art und Weise, wie Sie mit anderen umgehen, ist teilweise beeinflusst von Ihrer Identität und Ihrem Weltbild. Halten Sie sich selbst für einen ruhigen Menschen, der in emotionalen Momenten gute Entscheidungen treffen kann? Sind Sie jemand, der in emotional aufgeladenen Situationen zumindest bemüht ist, das große Ganze im Blick zu behalten? Haben Sie ein Gespür dafür, wo und wann Sie zu viel Verantwortung für die Gefühle anderer übernehmen? Es ist wichtig, sich diese Fragen zu stellen und sich seiner selbst bewusst zu sein, um in diesen Situationen möglichst erfolgreich zu sein.

Noch einmal zu den fünf Leitsätzen

Zu Beginn dieses Buches habe ich fünf Leitsätze formuliert, die Sie im Umgang mit wütenden Menschen im Blick behalten sollten:

1. Manchmal ist Wut gerechtfertigt.
2. Wut ist ein Gefühl und eine Eigenschaft.
3. Wenn jemand wütend auf Sie ist, werden Sie wahrscheinlich auch emotional.
4. Wütende Menschen sind keine Monster.
5. Manchmal sind wütende Menschen toxisch und gefährlich.

Ich möchte diese Leitsätze noch einmal in Erinnerung bringen, weil sie im Umgang mit wütenden Menschen so wichtig sind. Denn die Methoden aus dem zweiten Teil dieses Buches erfordern es, dass Sie diese Sätze im Kopf behalten. Der Grund, warum Sie die Wut einer Person analysieren sollten, ist zum Beispiel, dass Sie so feststellen können, ob die Wut gerechtfertigt ist (auch wenn das anschließende Verhalten der Person Ihnen gegenüber nicht gerechtfertigt war). Sie müssen Wege finden, um ruhig zu bleiben, da Sie in hitzigen Situationen mit wütenden Menschen wahrscheinlich selbst emotional werden. Und auch wenn nicht jeder wütende Mensch unbedingt ein »schlechter Mensch« ist (was er allerdings sein kann), müssen Sie sich vielleicht trotzdem von ihm lösen, weil er Ihnen nicht guttut.

Die Methoden kombinieren

Hier folgen einige Beispiele dafür, wie Sie die genannten Methoden am Arbeitsplatz und zu Hause einsetzen können.

Wut am Arbeitsplatz

Stellen Sie sich vor, Sie sind gerade in der Arbeit und erhalten eine E-Mail von einem Kollegen, in der steht: »Hallo, du hast Mist gebaut! Ich bin echt sauer und möchte mich später mit dir darüber unterhalten.« Ihr Kollege ist also der Meinung, dass Sie einen Fehler gemacht haben, und ist offensichtlich wütend auf Sie.

Wie in Kapitel 12 beschrieben, erlauben es Situationen, in denen Wut in E-Mails oder im Internet aufkommt, sich auf eine Konfrontation vorzubereiten. Nach Erhalt der E-Mail haben Sie Zeit, um sich Gedanken zu dem anschließenden Gespräch zu machen. Wahrscheinlich hat das Lesen der E-Mail auch bei Ihnen emotionale Reaktionen ausgelöst, etwa Angst, Schuldgefühle, Abwehrhaltung oder Wut. In einem solchen Moment müssen Sie erst einmal kurz innehalten und ein paar Dinge tun.

Betrachten Sie zunächst die Situation aus der Perspektive der anderen Person und fragen Sie sich, ob die Wut gerechtfertigt ist. Haben Sie wirklich einen Fehler gemacht oder beurteilt die andere Person die Situation falsch? Wichtig ist außerdem, weitere Faktoren zu ermitteln, die die Wut der anderen Person womöglich beeinflusst haben. Hatte der wütende Kollege in letzter Zeit viel Stress in der Arbeit, sodass er einfach überreagiert hat? Hat er das Geschehen falsch verstanden, sodass seine Wut unnötig stark ist? Hält er die Auswirkungen Ihres Fehlers für schlimmer, als sie tatsächlich sind? Wird seine Wut durch Menschen in seiner Umgebung verstärkt? Wurde seine Wut von seiner Meinung über Sie oder andere an der Situation Beteiligte bestimmt? Nutzen Sie diese Zeit, um sich ein Gesamtbild der Situation zu machen und besser zu verstehen, woher die Wut der anderen Person rührt.

Zweitens: Bleiben Sie ruhig und denken Sie an Ihre Ziele. In einer solchen Situation wird die Wut Ihres Arbeitskollegen, die eventuell negative Folgen für Sie haben kann, wahrscheinlich heftige Gefühle bei Ihnen auslösen. Versuchen Sie, mit tiefer Atmung, Erdung oder einem Mantra die Ruhe zu bewahren. Sagen Sie sich: »Ich schaffe das«, um sich gestärkt zu fühlen, und denken Sie über Ihre Ziele nach. Entscheiden Sie, was Sie in der Situation unbedingt erreichen wollen. Diese Entscheidung basiert auf der Analyse, die Sie bereits durchgeführt haben. Sollten Sie feststellen, dass Sie tatsächlich einen Fehler gemacht haben, könnte Ihr Ziel sein, dies anzusprechen und zu versuchen, den Fehler zu korrigieren. Kommen Sie jedoch zu dem Ergebnis, dass es gar nicht Ihr Fehler war und die Wut des Arbeitskollegen eine Überreaktion ist, können Sie stattdessen beschließen, dies entsprechend zu klären.

Anschließend gilt es zu überlegen, wie Sie Ihr Ziel in Anbetracht der entstandenen Situation am besten erreichen können. Wichtig dabei ist, nichts zu tun, was diesem Ziel zuwiderlaufen könnte. Was sich in der Theorie einfach anhört, ist in der Praxis oft eine große Herausforderung, weil die eigenen Gefühle mitmischen. Wir sind besorgt, wütend oder gehen in die Abwehrhaltung und sagen oder tun dann vielleicht etwas, das unser Ziel unterläuft. In einer solchen Situation versuchen wir eventuell, uns zu verteidigen, indem wir jemand anderem die Schuld für den Fehler in die Schuhe schieben oder den Charakter der wütenden Person angreifen (»Letzten Monat warst du selbst mit einem Projekt zu spät dran«). Ungeachtet dessen, ob die Aussage zutrifft oder nicht, ist anzunehmen, dass man mit einer solchen Reaktion sein Ziel nicht erreichen und das Problem nicht lösen wird. Versuchen Sie stattdessen, Lösungen für das aktuelle Problem zu finden, und verfolgen Sie danach zielstrebig Ihren Weg.

Wut in der Familie

Inzwischen wissen wir, dass wir in unserem Leben in diversen Situationen wütende Menschen erleben können. Und wir haben es nicht immer mit einem einmaligen Ereignis wie oben beschrieben zu tun. Natürlich ist es auch wichtig, mit diesen einmaligen Ereignissen erfolgreich umgehen zu können, aber andere Arten von wütenden Menschen bringen auch unterschiedliche Probleme. Die Menschen in unserem Leben haben vielleicht größere oder allgemeinere Wutprobleme. Wie wir in Kapitel 1 gesehen haben, gibt es auch Menschen mit einer wütenden Persönlichkeit. Sie werden häufig wütend, äußern ihre Wut verschieden (meist nach außen) und lösen bei Menschen in ihrer Umgebung oft Gefühle wie Überforderung, Angst oder gar Schlimmeres aus.

Stellen Sie sich zum Beispiel vor, Sie haben einen wütenden Elternteil.* Wie in der Fallstudie in Kapitel 1 (Izzy) scheint dieser Elternteil während eines Wutausbruchs sich in eine völlig andere Person zu verwandeln. Während er sonst die meiste Zeit liebevoll, unterstützend und freundlich ist, macht Wut ihn schnell aggressiv und gemein. Wie bei Izzy lässt sich so eine Beziehung zu einem Elternteil nicht unbedingt beenden. Denn schließlich besteht eine tiefe emotionale und persönliche Bindung zu den Eltern. Und selbst wenn man sich aus dieser Beziehung zurückziehen möchte, kann die Umsetzung aufgrund anderer Beziehungen, die mit dieser Person bestehen (Geschwister, ein anderer Elternteil, Enkelkinder), schwer durchzuführen sein.

Auf jeden Fall können Sie jedoch die Möglichkeit in Erwägung ziehen, die Art, *wie* Sie mit dieser Person interagieren, zu verändern. Wie oft und wo wollen Sie sie sehen? Worüber wollen Sie reden? Wer soll Sie begleiten? Wenn Sie diese Fragen für sich beantworten, erlangen Sie mehr Kontrolle über die Beziehung. Müssen Sie mit einer chronisch wütenden Person Zeit verbringen, etwa bei einer anstehenden Familienfeier, dann versuchen Sie im Vorfeld und während der Feier, Folgendes zu berücksichtigen.

Denken Sie bereits im Vorfeld über Ihre Ziele nach und planen Sie diese. Was wollen Sie bei der Feier erreichen? Wollen Sie sie einfach nur ohne Streit überstehen? Möchten Sie nur nicht mit der Person reden, aber nicht das Gefühl haben, dass Sie dabei etwas von sich selbst aufgeben? Wollen Sie ein schwieriges, aber wichtiges Gespräch mit der Person führen? Oder möchten Sie ihr lieber komplett aus dem Weg gehen?

* Viele der Menschen, mit denen ich für dieses Buch gesprochen habe, gaben an, dass es sich bei der wütenden Person in ihrem Leben um einen oder beide Elternteile handelte. Sie erzählten mir auch, wie schwer es aus emotionalen und praktischen Gründen für sie war, die Beziehung zu beenden.

Denken Sie über die verschiedenen Möglichkeiten nach, die sich Ihnen bieten, und planen Sie, wie Sie Ihren Zielen näherkommen können. Nur einen Streit zu vermeiden, ist relativ einfach, wenn Sie wirklich lediglich das erreichen wollen. Aber einen Streit zu vermeiden UND nicht das Gefühl zu haben, dabei etwas von sich aufgegeben zu haben, dürfte schon wesentlich schwieriger sein. Wenn Sie sich schon im Vorfeld Gedanken darüber machen, was Sie wollen, finden Sie auch schneller heraus, wie Sie an Ihr Ziel gelangen können und was Sie in der bevorstehenden Situation tun müssen.

Situationen wie diese bringen immer, egal ob es um einen Elternteil oder eine Person, mit der Sie eine langjährige Beziehung haben, geht, eine komplexe und komplizierte Dynamik mit sich. Aufgrund der gemeinsamen Vorgeschichte geht es nicht nur um die Bewertung der aktuellen Situation, sondern um die Bewertung der schwierigen Geschichte, die Sie verbindet. Ganz anders, wenn jemand auf der Straße wütend auf Sie wird. Denn dann beruht Ihre Reaktion auf den spärlichen Informationen, die Sie in dem Moment haben. Handelt es sich bei der wütenden Person aber um jemanden, mit dem eine langjährige Verbindung besteht, fließt in die Reaktion mit ein, für was für eine Person Sie den anderen halten, wie Sie bisher miteinander umgegangen sind, welche Art von Beziehung Sie mit demjenigen haben wollen usw. Wenn Sie den Wutausbruch analysieren, sollten Sie diese komplexe Dynamik berücksichtigen und darüber nachdenken, wie diese sich womöglich auf Ihre Beurteilung auswirkt.

In diesem Zusammenhang ist es wichtig, daran zu denken, dass Wut, wie wir in Kapitel 8 gesehen haben, ganz unterschiedliche Gesichter haben kann. Nicht jede wütende Person schreit, flucht oder äußert ihre Wut nach außen so, wie man es erwartet. Manche wütenden Menschen weinen, schmollen, ziehen sich zurück oder drücken ihre Wut anderweitig aus. Im Übrigen gilt das nicht nur für Wut, sondern ebenso für andere Gefühle: Wenn es um Gefühlsäußerungen geht, verhalten sich Menschen nicht immer so, wie man es erwartet. Und so kann das, was man für Wut hält, in Wirklichkeit etwas anderes sein, etwa Schmerz, Traurigkeit, Schuldgefühle oder Eifersucht. In den meisten Fällen wird es sich bei einem Wutausbruch um eine Mischung aus unterschiedlichen Gefühlen handeln. Schließlich entstehen Emotionen nicht in einem Vakuum, Menschen empfinden viele verschiedene Gefühle gleichzeitig. Deshalb sollten Sie bei der Analyse der Wut auch diese unterschiedlichen Gefühle im Blick haben.

Ist ein Elternteil (oder eine andere Person, mit der Sie eine langjährige Beziehung haben) wütend auf Sie, kommt es schnell und häufig zu absichtlichen oder unabsichtlichen Charakterangriffen. Durch die langjährige Beziehung verfügen beide Seiten über viele Informationen, die sich für mögliche Beleidigungen oder Verallgemeinerungen nutzen lassen. Beispiele aus der Vergangenheit, die sich gegen den anderen verwenden lassen, finden sich vermutlich schnell. Dennoch ist es aus all den Gründen, die ich in Kapitel 13 aufgeführt habe, wichtig, Charakterangriffe zu vermeiden. In der Regel sind sie wenig hilfreich und haben sogar das Potenzial, der Beziehung dauerhaft zu schaden. Besser ist es, sich auf die Ziele zu fokussieren, die Sie am Anfang formuliert haben.

Ein abschließender Gedanke

Es gibt etwas, über das ich beim Schreiben dieses Buches viel nachgedacht habe. Es war vor allem relevant für das erste Kapitel über die wütende Persönlichkeit, besonders als ich mir darüber Gedanken machte, was eine »Persönlichkeit« eigentlich ist. Für mich ist Persönlichkeit ein Konzept, an das ich mich als Elternteil, als Lehrer und in jeder anderen Rolle, in der Menschen zu mir aufschauen, zu erinnern versuche. Am Ende spiegelt sich die Persönlichkeit eines Menschen in seinen Entscheidungen wider. Was jemand in einem bestimmten Moment denkt, ist nicht annähernd so wichtig wie das, was er in dem Moment tut. Ich kann meinen Kindern noch so oft sagen, dass sie sich gesund ernähren, Sport treiben oder freundlich zu anderen Menschen sein sollen, doch wenn ich ihnen diese Werte nicht im Alltag vorlebe, werden sie schnell erkennen, dass mir das alles selbst nicht so wichtig ist.

So bleibt zum Schluss der Eindruck, dass unsere Persönlichkeit die Summe all der kleinen Entscheidungen ist, die wir im Alltag treffen. Wir sind unsere Entscheidungen.* Diese Feststellung ist gerade in diesem Zusammenhang von großer Bedeutung, da das Bedürfnis nach einem erfolgreichen Umgang mit wütenden Menschen bedeutet, das entsprechende Verhalten in die eigene Persönlichkeit zu integrieren. Wie bereits zu Beginn dieses Kapitels erwähnt, geht es beim Umgang mit wütenden Menschen um mehr als nur darum, die richtigen Werkzeuge zu besitzen und zu wissen, wie man sie benutzt. Entscheidender ist, sie nutzen zu wollen. Essenziell ist dabei die Entscheidung, eine Person sein zu wollen, die mit der Wut anderer gut umgehen kann. Dazu gehört auch die Erkenntnis, dass es im Miteinander mit wütenden Menschen nicht darum geht, zu punkten oder einen Streit zu gewinnen, sondern darum, dass am Ende der Interaktion ein positives Ergebnis steht. Haben Sie das einmal für sich entschieden, müssen Sie nur noch diesen Wert im Alltag leben.

* Das heißt nicht, dass wir nicht auch mal einen schlechten Tag haben oder *einige* Entscheidungen treffen dürfen, die nicht unseren Werten entsprechen. Ich kann durchaus gesunde Ernährung wichtig finden und mir trotzdem ab und an ein Eis gönnen. Und auch wenn ich Freundlichkeit und Fürsorge anderen Menschen gegenüber grundsätzlich für gut halte, darf ich manchmal meinen moralischen Anspruch vergessen oder meine eigenen Gefühle in den Fokus stellen.

Danksagung

Wieder einmal bin ich meiner Familie, meinen Freunden, meinen Kollegen und darüber hinaus auch einigen Fremden zu großem Dank verpflichtet, die mir während meiner Arbeit an diesem Buch Liebe, Unterstützung und wichtige Einblicke gewährt haben.

Meiner Familie habe ich erneut viel zu verdanken. In meiner Frau Tina habe ich eine brillante, talentierte, lustige und liebenswürdige Partnerin. Ihre Unterstützung war großartig, und dank ihrer Kommentare ist das Buch noch viel besser geworden. Wir haben zwei wunderbare Kinder, Rhys und Tobin, die eine ständige Quelle der Freude, des Lachens und der Inspiration sind. Wie ich schon in der Widmung am Anfang des Buches sagte, machen sie jeden Tag schöner. Meine Mutter, Sandy, war eine ständige Inspirationsquelle für mich und viele andere. Leider ist mein Vater nur wenige Wochen vor Erscheinen meines Buches verstorben, sodass ich diese Freude nicht mit ihm teilen konnte. Es tröstet mich jedoch zu wissen, dass er auf beide Bücher stolz gewesen wäre. Ich habe drei tolle Geschwister, die alle eine eigene wundervolle Familie haben, die ich sehr liebe. Auch die Familie meiner Frau bedeutet mir sehr viel. Ihnen allen danke ich ebenfalls für ihre Unterstützung bei meiner Arbeit.

Ich habe nicht nur das Glück, von großartigen Freunden und Kollegen umgeben zu sein, die mir mit ihren Fähigkeiten, ihrem Humor und ihren guten Ideen viele Anregungen liefern. Dazu kann ich auf einige tiefe und gute Freundschaften blicken, manche davon reichen bis in die Highschool-Zeit zurück. All diese Unterstützung ist mir sehr wichtig. Außerdem arbeite ich an der University of Wisconsin-Green Bay mit außergewöhnlichen Menschen zusammen. Tagtäglich habe ich es dort mit kompetenten Dozenten, brillanten Wissenschaftlern und fleißigen sowie fähigen Studierenden zu tun. An einem Ort wie diesem zu arbeiten, ohne von der Klugheit der Menschen um einen herum zu profitieren, ist völlig unmöglich. Jedem Einzelnen von ihnen bin ich dankbar, und ich weiß, dass ihr Einfluss dieses Buch noch besser gemacht hat.

In den letzten Jahren habe ich über die sozialen Medien, vor allem über TikTok und Instagram, Kontakt zu Hunderttausenden von Menschen gehabt. Als ich damit begonnen habe, war mir überhaupt nicht bewusst, wie lohnend das sein würde – es ist wunderbar, dass sich so viele Menschen für meine Arbeit interessieren. Noch besser ist, wie viel ich von ihnen gelernt habe. Ihre Geschichten und Ideen haben mich inspiriert. So hat dieses Buch sehr von der Bereitschaft vieler Menschen profitiert, ihre Gedanken und Erfahrungen mit mir zu teilen.

Auch diesmal wieder bin ich dem wunderbaren Team von Watkins Publishing zu Dank verpflichtet, vor allem meiner Lektorin Fiona Robertson, die mich beim Schreiben enorm unterstützt hat (und Geduld mit mir hatte, als ich länger brauchte als gedacht), und meiner Verlegerin Laura Whitaker-Jones mit ihrer positiven Grundeinstellung und ihren guten Ideen. Ich schätze ihre Arbeit und die der anderen Verlagsmitarbeiter sehr. Alle haben dazu beigetragen, dass dieses Buch letztlich zustande gekommen ist.

Schließlich danke ich auch den vielen Wissenschaftlern, die sich mit Wut und anderen verwandten Themen beschäftigen, für ihre unermüdlichen Bemühungen, diese wichtigen menschlichen Erfahrungen besser zu verstehen. Nur so kann es gelingen, Menschen zu einem gesünderen Gefühlsleben zu verhelfen. Nicht nur ich, sondern jeder, der sich um emotionales Wohlbefinden bemüht, ist ihnen großen Dank schuldig.

Anmerkungen

1 »How Americans value public libraries in their communities« (11. Dezember 2013), Pew Research Center, Washington D.C. (USA), www.pewresearch.org/internet/2013/12/11/libraries-in-communities/

2 Burd-Sharps, S. und Bistline, K. (20. März 2023), »Reports of road rage shootings are on the rise«, *Everytown Research and Policy*, https://everytownresearch.org/reports-of-road-rage-shootings-are-on-the-rise/

3 Meckler, L. und Strauss, V. (26. Oktober 2021), »Back to school has brought guns, fighting and acting out«, *The Washington Post*, https://everytownresearch.org/reports-of-road-rage-shootings-are-on-the-rise/

4 www.mindyouranger.com/anger/anger-statistics/

5 www.thehotline.org

6 Martin, R. (2022), »The Anger Project«, www.alltheragescience.com

7 Vouloumanos, V. (23. Juni 2021), »This psychology professor explained how to deal with people when they're angry with you und it's something that everyone should know«, https://www.buzzfeed.com/victoriavouloumanos/anger-researcher-explains-how-to-deal-with-angry-people

8 Dominauskaite, J. (9. Juli 2021), »6 useful tips on how to deal with angry people, according to psychology professor on TikTok«, www.boredpanda.com/how-to-deal-with-angry-people-tiktok/

9 Martin, R. (2022), »The Anger Project«, www.alltheragescience.com

10 Allport, F. H. und Allport, G. W. (1921), »Personality traits: Their classification and measurement«, *Journal of Abnormal Psychology and Social Psychology*, Nr. 16, S. 6–40

11 Allport, G. W. und Odbert, H. S. (1936), »Trait-names: A psycholexical study«, *Psychological Monographs*, Nr. 47(1), S. i–171

12 Allport, G. W., *Pattern and Growth in Personality*, Holt, Rinehart and Winston, New York, 1961

13 Buss, D. M. (1987), »Selection, evocation und manipulation«, *Journal of Personality and Social Psychology*, Nr. 53, S. 1214–1221

14 Cattell, R. B. (1949), »The Sixteen Personality Factor Questionnaire (16PF)«, Institute for Personality and Ability Testing

15 Costa, P. T. und McCrae, R. R., *The NEO Personality Inventory Manual*, Psychological Assessment Resources, Odessa, FL (USA), 1985

16 Deffenbacher, J. L., Oetting, E. R., Thwaites, G. A., Lynch, R. S., Baker, D. A., Stark, R. S., Thacker, S. und Eiswerth-Cox, L., (1996), »State-trait anger theory and the utility of the trait anger scale«, *Journal of Counseling Psychology*, Nr. 43(2), S. 131–148

17 American Psychiatric Association (2022), *Diagnostic and Statistical Manual of Mental Disorders* (5. überarbeitete Ausgabe)

18 Gene Environment Interaction, https://www.genome.gov/genetics-glossary/Gene-Environment-Interaction, Übertragung ins Deutsche durch den Übersetzer

19 Ferguson, C. J. (2010), »Genetic contributions to antisocial personality and behavior: A meta-analytic review from an evolutionary perspective«, *Journal of Social Psychology*, Nr. 150, S. 160–180

20 Wang, X., Trivedi, R., Treiber, F. und Snieder, H. (2005), »Genetic and environmental influences on anger expression, John Henryism und stressful life events: The Georgia Cardiovascular Twin Study«, *Psychosomatic Medicine*, Nr. 67(1), S. 16–23

21 Stjepanović, D., Lorenzetti, V., Yücel, M., Hawi, Z. und Bellgrove, M. A. (16. Juli 2013), »Human amygdala volume is predicted by common DNA variation in the stathmin and serotonin transporter genes«, *Translational Psychiatry*, Nr. 3, S. e283, https://www.nature.com/articles/tp201341

22 Peper, J. S., Brouwer, R. M., Boomsma, D. I., Kahn, R. S. und Hulshoff Pol, H. E. (2007), »Genetic influences on human brain structure: A review of brain imaging studies in twins«, *Human Brain Mapping*, Nr. 28, S. 464–473

23 Eisenegger, C., Haushofer, J. und Fehr, E. (2011), »The role of testosterone in social interactions«, *Trends in Cognitive Science*, Nr. 15, S. 263–271

24 Jeffcoate, W. J., Lincoln, N. B., Selby, C. und Herbert, M. (1986), »Correlation between anxiety and serum prolactin in humans«, *Journal of Psychosomatic Research*, Nr. 30, S. 217–222

25 Panagiotidis, D., Clemens, B., Habel, U., Schneider, F., Schneider, I., Wagels, L. und Votinov, M. (2017), »Exogenous testosterone in a non-social provocation paradigm potentiates anger but not behavioral aggression«, *European Neuropsychopharmacology: The Journal of the European College of Neuropsychopharmacology*, Nr. 27, S. 1172–1184

26 Greenhill, C. (2020), »Genetic analysis reveals role of testosterone levels in human disease«, *National Reviews Endocrinology*, Nr. 16, S. 195

27 Magid, K., Chatterton, R. T., Ahamed, F. U. und Bentley, G. R. (2018), »Childhood ecology influences salivary testosterone, pubertal age and stature of Bangladeshi UK migrant men«, *Nature Ecology & Evolution*, Nr. 2, S. 1146–1154

28 Bandura, A., Ross, D. und Ross, S. A. (1961), »Transmission of aggression through imitation of aggressive models«, *Journal of Abnormal and Social Psychology*, Nr. 63(3), S. 575–582

29 Van Tilburg, M. A. L., Unterberg, M. L. und Vingerhoets, A. J. J. M. (2002), Crying during adolescence: The role of gender, menarche und empathy, *British Journal of Developmental Psychology*, Nr. 20(1), S. 77–87

30 Bailey, C. A., Galicia, B. E., Salinas, K. Z., Briones, M., Hugo, S., Hunter, K. und Venta, A. C. (2020), »Racial/ethnic and gender disparities in anger management therapy as a probation condition«, *Law and Human Behavior*, Nr. 44(1), S. 88–96

31 Marshburn, C. K., Cochran, K. J., Flynn, E. und Levine, L. J. (November 2020), *Workplace anger costs women irrespective of race, Frontiers in Psychology*, Nr. 11

32 Salerno, J. M., Peter-Hagene, L. C. und Jay, A. C. V. (2019), »Women and African Americans are less influential when they express anger during group decision making«, *Group Processes & Intergroup Relations*, Nr. 22, S. 57–79

33 Carstensen, L. L. (1991), »Selectivity theory: Social activity in lifespan context«, *Annual Review of Gerontology and Geriatrics*, Nr. 11, S. 195–217

34 Martin, R. C. (2010), »Contagiousness of Anger« (unveröffentlichte Rohfassung)

35 Martin, R. (2022), »The Anger Project«, www.alltheragescience.com

36 Dimberg, U. und Thunberg, M. (1998), »Rapid facial reactions to emotional facial expressions«, *Scandinavian Journal of Psychology*, Nr. 39, S. 39–45

37 Schachter, S. und Singer, J. (1962), »Cognitive, social und physiological determinants of emotional state«, *Psychological Review*, Nr. 69, S. 379–399

38 Young, S. G. und Feltman, R. (2013), »Red enhances the processing of facial expressions of anger«, *Emotion*, Nr. 13, S. 380–384

39 Zimmerman, A. G. und Ybarra, G. J. (2016), »Online aggression: The influences of anonymity and social modeling«, P*sychology Of Popular Media Culture*, Nr. 5, S . 181–193

40 Stechemesser, A., Levermann, A. und Wenz, L. (2022), »Temperature impacts on hate speech online: Evidence from 4 billion geolocated tweets from the USA«, *The Lancet Planetary Health*, Nr. 6, S. 714–725

41 Rosenthal, L. (2003), »Mob Violence: Cultural-societal sources, instigators, group processes und participants«, in: Staub, E., *The Psychology of Good and Evil: Why Children, Adults und Groups Help and Harm Others*, Cambridge University Press, Cambridge, S. 377–403

42 Alison Vingiano (22. Dezember 2013), »This Is How A Woman's Offensive Tweet Became The World's Top Story«, www.buzzfeednews.com/article/alisonvingiano/this-is-how-a-womans-offensive-tweet-became-the-worlds-top-s

43 www.ted.com/talks/jon_ronson_when_online_shaming_goes_too_far/transcript

44 Fan R., Zhao J., Chen Y. und Xu K. (2014), »Anger is more influential than joy: Sentiment correlation in Weibo«, *PLoS ONE*, Nr. 9, S. e110184

45 UCL Division of Psychological and Language Sciences (PaLS) (17. November 2017), »Audience members' hearts beat together at the theatre«, https://www.ucl.ac.uk/news/2017/nov/audience-members-hearts-beat-together-theatre

46 Schudel, M. (3. November 2021), »Aaron Beck, psychiatrist who developed cognitive therapy, dies at 100«, *The Washington Post*

47 Beck, A. T., *Prisoners of Hate: The cognitive basis of anger, hostility und violence*, Harper Collins, New York, 1999

48 Martin, R. C. und Dahlen, E. R. (2007), »The Angry Cognitions Scale: A new inventory for assessing cognitions in anger«, *Journal of Rational-Emotive and Cognitive Behavior Therapy*, Nr. 25, S. 155–173

49 Martin, R. C. und Vieaux, L. E. (2013), »Angry thoughts and daily emotion logs: Validity of the Angry Cognitions Scale«, *Journal of Rational-Emotive and Cognitive Behavior Therapy*, Nr. 29, S. 65–76

50 De Quervain, D. J., Fischbacher, U., Treyer, V., Schellhammer, M., Schnyder, U., Buck, A. und Fehr, E. (2004), »The neural basis of altruistic punishment«, *Science*, Nr. 305, S. 1254–1258

51 Carlsmith, K. M., Wilson, T. D. und Gilbert, D. T. (2008), »The paradoxical consequences of revenge«, *Journal of Personality and Social Psychology*, Nr. 95, S. 1316–1324

52 Martin, R. (2022), »The Anger Project«, www.alltheragescience.com

53 Zillmann, D., Katcher, A. H. und Milavsky, B. (1972), »Excitation transfer from physical exercise to subsequent aggressive behavior«, *Journal of Experimental Social Psychology*, Nr. 8, S. 247–259

54 Martin, R. (2022), »The Anger Project«, www.alltheragescience.com

55 Spielberger, C. D., *State-Trait Anger Expression Inventory-2*. Psychological Assessment Resources, Odessa, FL (USA), 1999

56 Lazarus, C. N. (2012), »Think sarcasm is funny? Think again«, *Psychology Today Blog. Think Well*, www.psychologytoday.com/us/blog/think-well/201206/think-sarcasm-is-funny-think-again

57 Balsters, M. J. H., Krahmer, E. J., Swerts, M. G. J. und Vingerhoets, A. J. J. M. (2013), »Emotional tears facilitate the recognition of sadness and the perceived need for social support«, *Evolutionary Psychology*, Nr. 11

58 Fabes, R. A., Eisenberg, N., Nyman, M. und Michealieu, Q. (1991), Young children's appraisals of others' spontaneous emotional reactions, *Developmental Psychology*, Nr. 27, S. 858–866

59 Deffenbacher, J.L. (1996), »Cognitive-behavioral approaches to anger reduction«, in: Dobson, K.S. und Craig, K.D. (Eds.), *Advances in cognitive-behavioral therapy*, Sage, Thousand Oaks, CA (USA), S. 31–62

60 Adelman, L. and Dasgupta, N. (2019), »Effect of threat and social identity on reactions to ingroup criticism: Defensiveness, openness und a remedy«, *Personality and Social Psychology Bulletin*, Nr. 45, S. 740–753

61 Martin, R. (2022), »The Anger Project«, www.alltheragescience.com

62 Fan R., Zhao J., Chen Y. und Xu K. (2014), »Anger is more influential than joy: Sentiment correlation in Weibo«, *PLoS ONE*, Nr. 9, S. e110184

63 Berger, J. und Milkman, K. L. (2012), »What makes online content viral?«, *Journal of Marketing Research*, Nr. 49(2), S. 192–205

64 Radesky, J. S., Kistin, C. J., Zuckerman, B., Nitzberg, K., Gross, J., Kaplan-Sanoff, M., Augustyn, M. und Silverstein, M. (2014), »Patterns of mobile device use by caregivers and children during meals in fast food restaurants«, *Pediatrics*, Nr. 133(4), S. e843–e849

65 Zimmerman, A. G. und Ybarra, G. J. (2016), »Online aggression: The influences of anonymity and social modeling«, *Psychology Of Popular Media Culture*, Nr. 5, S. 181–193

66 Martin, R. C., Coyier, K. R., Van Sistine, L. M. und Schroeder, K. L. (2013), »Anger on the internet: The perceived value of rantsites«, *Cyberpsychology, Behavior und Social Networking*, Nr. 16, S. 119–122

67 Aboujaoude, E. und Starcevic, V. (2016), »The rise of online impulsivity: A public health issue«, *The Lancet Psychiatry*, Nr. 3, S. 1014–1015

68 Martin, R. (2022), »The Anger Project«, www.alltheragescience.com

69 Martin, R. C. und Vieaux, L. E. (2013), »Angry thoughts and daily emotion logs: Validity of the Angry Cognitions Scale«, *Journal of Rational-Emotive and Cognitive Behavior Therapy*, Nr. 29, S. 65–76

70 Martin, R. (2022), »The Anger Project«, www.alltheragescience.com

71 CDC, https://www.cdc.gov/intimate-partner-violence/about/?CDC_AAref_Val=https://www.cdc.gov/violenceprevention/intimatepartnerviolence/fastfact.html

Beratungsstellen

Deutschland

Nummergegenkummer

https://www.nummergegenkummer.de/hilfetelefon/wut-aggression/

Telefon:

- für Kinder und Jugendliche: 116 111
- für Eltern: 0800 111 0550

Österreich

Gewaltinfo.at

https://www.gewaltinfo.at/

Informationen und Telefonnummern, u. a. Rat auf Draht (für Kinder, Jugendliche und deren Bezugspersonen): 147

Schweiz

Kompetenzzentrum Alter ohne Gewalt

https://alterohnegewalt.ch/

Telefon: 0848 00 13 13

Titel der Originalausgabe: *How to Deal with Angry People*
Erschienen in Großbritannien und den USA bei Watkins,
einem Imprint von Watkins Media Limited
Copyright © 2023
Design und Typographie Copyright © Watkins Media Limited 2023
Text Copyright © Dr Ryan Martin 2023
Alle Rechte vorbehalten.
www.watkinspublishing.com

Deutsche Erstausgabe
Copyright © 2024 von dem Knesebeck GmbH & Co. Verlag KG, München
Ein Unternehmen der Média-Participations

Projektleitung: Ellen Venzmer, Anja Sommerfeld, Knesebeck Verlag
Übersetzung: Gerrit J. ten Bloemendal, Türkheim
Lektorat: Caroline Kazianka, Türkheim
Umschlaggestaltung und Layout: Favoritbüro, München
Satz und Herstellung: Arnold & Domnick, Leipzig
Druck: Livonia Print, Riga
Printed in Latvia

ISBN 978-3-95728-906-3

Elektronisch ist folgende Ausgabe erhältlich:
eBook (epub): ISBN 978-3-95728-932-2

Alle Rechte vorbehalten, auch auszugsweise.

www.knesebeck-verlag.de